组织文化变革与校本教研

邵水潮　主编

中原出版传媒集团
中原传媒股份公司

大象出版社
·郑州·

图书在版编目（CIP）数据

组织文化变革与校本教研 / 邵水潮主编.— 郑州：
大象出版社，2018. 4
ISBN 978-7-5347-9764-4

Ⅰ. ①组… Ⅱ. ①邵… Ⅲ. ①中小学—教学研究
Ⅳ. ①G632. 0

中国版本图书馆 CIP 数据核字(2018)第 069809 号

组织文化变革与校本教研

ZUZHI WENHUA BIANGE YU XIAOBEN JIAOYAN

邵水潮 主编

出 版 人 王刘纯
责任编辑 袁俊红 张 涛 张 欣 张 阳 阮志鹏
责任校对 裴红燕 牛志远 毛 路 李婧慧
装帧设计 付锬锬

出版发行 大象出版社(郑州市开元路 16 号 邮政编码 450044)
发行科 0371-63863551 总编室 0371-65597936
网 址 www.daxiang.cn
印 刷 新乡市豫北印务有限公司
经 销 各地新华书店经销
开 本 787mm×1092mm 1/16
印 张 21.75
字 数 299 千字
版 次 2018 年 4 月第 1 版 2018 年 4 月第 1 次印刷
定 价 49.00 元
若发现印、装质量问题，影响阅读，请与承印厂联系调换。
印厂地址 新乡县翟坡镇兴宁村
邮政编码 453000 电话 0373-5635065

主　编

邵水潮

副主编

李海龙　杨伟东

编　者

赵　阳　申宣成　李海龙　张　琳

陈保新　刘俊凯　杨伟东　汪豪浩

杨惠茹　王建耀

河南省基础教育教学研究室关于印发《以组织文化变革推进校本教研工作的指导意见》的通知

各省辖市、省直管县(市)教育局教研室,各校本教研实验学校:

近些年来,我省各级基础教研机构以校本教研为抓手,积极推进基础教育课程改革,有力地促进了学生的全面发展和教师的专业成长。经过多年持续的探索和实验,我省在以组织文化变革推进校本教研工作方面,积累了丰富的理论和实践经验,相关研究成果得到教育部基础教育课程教材发展中心以及学术界的广泛认可。为进一步加强组织文化研究,总结经验,推广成果,我室制订了《以组织文化变革推进校本教研工作的指导意见》,现印发给你们,请认真学习文件精神,紧密联系本地区、本学校教研工作的实际,积极探索校本教研的新路径和新方法,推动教研工作的转型和创新,为我省基础教育的内涵发展提供更有力的专业支持。

附件:以组织文化变革推进校本教研工作的指导意见

河南省基础教育教学研究室

2017 年 4 月 19 日

附件：

以组织文化变革推进校本教研工作的指导意见

为了深入贯彻《基础教育课程改革纲要(试行)》《关于全面深化课程改革落实立德树人根本任务的意见》等文件的精神,落实课程改革的目标,推动我省校本教研工作扎实有效地开展,特制定本意见。

一、提高认识

改进和加强教学研究是教育部对基础教育工作明确的要求,校本教研作为促进教师专业发展的重要手段,课改伊始就受到广泛重视,多年来,经过实践探索,我省各地涌现出了一些先进学校,总结了不少典型经验,形成了一批研究成果,取得了可喜的成绩。但是,随着课程改革的深入发展,校本教研工作中也出现了一些问题,如校本教研理念滞后、形式繁多、任务盲目、以考试为中心、专业引领不力、滥用模式、交流机制不健全、认识与实践脱节等。面对这些问题,省基础教研室大力倡导对校本教研的研究,理论与实践并行,尝试从组织文化变革的视角突破瓶颈,积极推进学校新型文化建设,促进教师的专业成长。

组织文化能深刻影响学校的文化内核。先进的组织文化能够带来观念、管理、组织、行为等一系列的变化,有利于理念的更新与学校文化再造,对教师的培育与教师发展有积极的作用。为了切实提升校本教研的质量,有效解决教育教学中的问题,形成学习研究的风气,促进教师专业化水平不断提高和学校的长远发展,各学校要认真总结课改以来在校本教研中取得的好的经验与成果,特别是要深入学习以组织文化变革改进校本教研的一些典型做法,进一步认识变革学校组织文化的重要性与必要性,发掘其背后蕴藏的规律与价值,大胆实践,善于总结,不断提升校本教研工作的品质,推进校本教研工作迈上新台阶。

二、主要措施

1.**加强学习，更新观念。** 学校要建设学习型组织,让学习成为一种教育生活方式。通过对各种先进教育文化、组织理论的了解,扩展视野,结合实际,探寻路径,推进本校组织文化的变革。要进一步更新观念,以师为本,充分发挥教师的主体作用。校本教研中要创造各种条件,调动全体教师深度参与校本教研的积极性,增强教师的职业自豪感,激发教师的创造力,形成干事创业的良好氛围,坚持科学育人、内涵式发展。

2.**变革组织，优化管理。** 适应当前教育发展的形势,进一步搞好校本教研工作,变革组织、优化管理是关键。学校应加强人文管理,减少干预,淡化行政色彩,倡导建设开放型、协调型、服务型的校本教研管理模式。要将管理重心下移,合理授权,特别是要给年级组、教研组以及教师更多的专业自主权,实施扁平化管理,培育本校专家、发挥其专业引领作用。

倡导学校积极尝试双轨运行的管理方式,将传统管理与临时性组织的管理有机结合起来,自上而下、自下而上互相补充。学校校本教研工作中既要进一步发挥传统管理所体现的严密性、稳定性、规则性等优势,也要重视其中出现的一些问题。学校应不断进行组织文化变革,寻求适合自身且具有本校特色的办法。通过多种形式的临时性教研组织的建设等方式,加大本校组织变革的力度,优化管理。目前,一些学校以有机适应型组织理论为依据,形成了丰富多样的各种临时性教研组织,这种组织具有自主、可调适、非命令性、灵活机动等特点,对于高效完成任务效果明显。同时,便于了解实情,缩短管理距离、提高执行力、同伴互助以及组织文化再造。在校本教研工作中,辩证地运用传统管理与临时性组织管理两种方式,对于培植专业精神、重塑学校文化,深入推进课程改革意义重大。

3.**创新方式，自我培育。** 要基于学校,整合校内各种教研资源,创新培养方式,促进教师发掘个人潜能、自我培育。特别是应加大校内各级各类教研活动开展的力度,在教育管理层面,如学科组之间、年级组之间的跨界教研、班主任论坛等;在教学研究方面,如课题研究、名师讲堂、精品课堂、教师论坛、课后访谈、教学反思、教学故事、教学随笔、阅读社区等,通过有主题的、针对性的活动,提供多维视角、多种路径,让教师学习、展示、分享、提升。校本教研还要重视运用微博、博客、微信、QQ 等方便、快捷、实用的平台,有效利用互联网资源,促进不同类型、不同层次教师的专业发展,提升教师的教研水平。

4.校际互动，联片教研。 联片教研是一种广义的“同伴互助”，是一种“大校本”教研的工作机制,对于教师、学校的发展都有积极的作用。学校要打破校际壁垒,加强合作交流,优化整合学校、学科、教师等资源,实现互惠共享。特别是学校与学校之间的平行关系,更易于形成“有机适应型组织”,这种组织有扁平化、临时性、交叉性、专业性、问题驱动式等特征,对于解决教学问题具有即时性、针对性、有效性的优点,能够切实提升校本教研的效率,实践效果明显。学校要因地制宜,采取适切的联片教研形式,积极建设形式多样的临时性教研组织,实现优势互补,促进均衡发展。

5.改革评价，科学导向。 学校评价是学校组织文化的重要组成部分,也是促进校本教研的重要因素,学校要与时俱进,改革评价,科学导向。评价要指向教师的专业发展及其成长,防止以片面追求考试成绩甄别、奖惩教师的做法,应从师德、理念、专业素养、能力、业绩等多角度对教师进行全面评价,杜绝片面评价。评价主体要多元化,包含管理者、同伴、教师本人、学生、家长、社会等参与的评价,全面地反映教师工作的情况,更好地促进教师的发展。在评价方法上,要坚持树立整体评价观,将定性与定量评价相结合,有效、适度地运用利益补偿机制;建立教师专业成长档案袋,提倡表现性评价。学校要用好评价工具,切实发挥其正确的导向作用。

三、保障机制

1.建立组织，提供条件。 校长为校本教研工作的第一责任人,要成立有利于扁平化管理的工作小组,明确小组成员的分工及职责。学校要对校本教研工作进行总体规划,将校本教研制度建设和校本教研活动的开展列为学校工作的重要内容,制定符合本校情况的教研制度与可行性方案,提出学年及中长期工作目标和教研计划,确定相关活动内容、方式以及推进的措施。要创造条件,提供时间、场地、财力、物力、人力等多方面的支持,促进教研活动持续有效地开展。

2.以点带面，示范引领。 我省自2012年分两批先后公布的67所实验学校,几年来积极开展教研活动、承担研究任务、探究改革模式,总结出了典型的经验或做法,这是一笔宝贵的校本教研改革资源,要用好这个资源。同时,实验学校也要积极发挥示范、辐射带动作用,主动联系1—2所薄弱学校进行对口支持;要定期开展校本教研专题活动,共享成果;有条件的学校要建立校本教研信息网页,或校本教研专栏,将线上教研与线下教研结合起来,切实发挥实验学校的示范引领作用。

3.提供平台，专业支持。 各级基础教研室要多提供展示平台,让在校本教研改革中取得突出成绩的教师、教研团队、学校分享经验,对先进典型进行表彰鼓励,并在教研活动、教师培训、论文评选、课题研究等方面提供机会。通过多种方式,帮助学校解决在校本教研推进中出现的问题。

4.三级联动，协同指导。 省、市、县(区)三级教研机构形成合力,协同指导学校校本教研工作。市、县(区)基础教研室每学期要深入学校调查研究,根据实际需要,提供教研指导和支持。省基础教研室采取学科对接与区域管理相结合的方式,建立长期稳定的服务指导关系,通过不定期的集体视导活动,跟进校本教研工作开展的情况,推动全省校本教研工作科学有效地开展。

目 录

第一部分 课题研究

第二部分 优秀案例

第一部分

课题研究

从2010年开始,河南省基础教育教学研究室正式将校本教研列为省基础教研工作持续推进的重点工作之一,并推出了一系列管理方法和举措。2012年6月,为进一步提升校本教研工作的品质,河南省基础教育教学研究室李海龙同志领衔申报了“以有机适应型组织理论改进校本教研的实践研究”课题。这一课题于2012年12月被批准为全国教育科学“十二五”规划2012年度单位资助教育部规划课题(课题编号:FHB120458)。之后,课题组按照立项申报书预定的计划,结合研究过程中遇到的实际问题,开展了持续而有效的研究工作,圆满完成了研究任务。以下从研究概况、研究成果及社会影响、主要结论与研究局限三个方面对研究情况加以总结。

第一章　研究概况

一、课题的提出

（一）校本教研是我国新世纪基础教育课程改革推出的一项重要制度

校本教研自诞生以来一直受到教育行政部门的关注。2003 年 3 月，教育部颁布了《普通高中课程方案（实验）》（教基〔2003〕6 号），在其“课程实施与评价”部分明确提出了“建立以校为本的教学研究制度”。同年 12 月，教育部在上海启动了“创建以校为本教研制度建设基地”重大研究项目，并在全国确立了 80 余个校本教研建设基地。从 2003 年到 2007 年，项目组坚持每年召开一次“创建以校为本教研制度建设基地项目”研讨会，为校本教研的开展积累了宝贵的经验。随着课程改革的深入，校本教研逐渐成为基础教育理论研究的热点和课改推进的主要力量。2012 年 8 月，国务院颁发的《关于加强教师队伍建设的意见》（国发〔2012〕41 号）再次强调“校本研修”是教师学习培训的一条重要模式。由此可见，校本教研是与我国新世纪基础教育课程改革相伴而生的一项重要制度，落实这一重要制度对推进我国的基础教育课程改革具有重要意义。

（二）校本教研在实施过程中遇到了诸多棘手的、亟待解决的问题

正如管理学大师克里斯·阿吉里斯（Chris Argyris）所说，人们所信奉的理论与他们所使用的理论之间常常存在着很大的差异。这一论断对校本教研尤

其适用。课改十多年来,校本教研在实施过程中可谓问题丛生、阻力重重,具体表现在以下四个方面。

第一,专业引领不够,教研工作在低水平上重复。顾泠沅教授的团队所做的一项大型调查发现,教师对专业引领的要求强烈,但实际上得到的支持却明显不足。[①] 在这方面,省级教研部门、大学及专业研究机构做得还很不够。同时,部分专家的指导针对性不强,也使专业引领的效能大打折扣。[②] 因为缺乏有效的引领,导致大多数学校的教研在低水平上重复。

第二,教师参与校本教研的积极性不高。校本教研存在任务布置多而具体落实少、浅尝辄止多而深入探究少、疲于应付多而主动参与少等问题,教师参与校本教研的积极性不高。

第三,教师之间的合作与交流不够。问题意识差,交流对话少,教师之间缺乏真正的合作也是校本教研的突出问题。这一方面是因为很多教师主观上不愿意与同事交流,另一方面是因为很多教师缺乏良好的人际交往技能,不知道如何与同事交流。

第四,重管理轻服务,重形式轻内容。这主要体现在,注重自上而下的制度要求而忽略了专业指导和资源提供,没有充分认识到校本教研自下而上的特点,缺乏激发教师主动开展校本教研的有效措施和手段,从而导致校本教研的形式化和低效率。

(三)有机适应型组织理论为校本教研问题的解决提供了新路径

针对校本教研乃至整个学校变革中所遇到的种种问题与阻力,国内外许多知名学者积极探究原因,并提出了相应的解决方案。

加拿大著名教育学者迈克尔·富兰(Michael Fullan)通过一系列的实证研究发现,世界各国自上而下强力推行的教育变革大多虎头蛇尾甚至无疾而终,其主要原因在于影响教育变革的因素太多(他归结为三类九种),众多的影响因素不但使教育变革问题丛生,而且使变革始终处于一种非线性的、不稳定的状

① 王洁、顾泠沅:《学校教研现状与问题诊断:上海市"八区联动"校本教研专题调研之一》,《上海教育》2005年第11期,第24—26页。

② 王鉴:《校本教研:问题与策略》,《基础教育课程》2007年第4期,第15—17页。

态中,而要改变这一状态,化繁为简,推进变革,其主要策略就在于变革学校文化、建立学习型组织。

日本学者佐藤学则认为导致课程改革步履维艰的主要原因在于教师之间的专业壁垒和“学科内容主义”。教师习惯于孤军作战而很少合作攻关,重视“学科内容”的研究而忽略了教学法知识的作用。改变这一状况的主要策略就是加强教师之间和学校之间的业务联系,构建活动、合作、反思的学习共同体。

尽管富兰和佐藤学对课程改革困境分析的视角不同,但他们都强调了从组织的变革入手,解决课程改革中遇到的问题,推进课程改革的实施。其实,放眼其他领域也不难发现,组织文化变革是关乎各个领域变革的关键。金·S.卡梅隆(Kim S. Cameron)和罗伯特·E. 奎因(Robert E. Quinn)在《组织文化诊断与变革》一书中指出:有关企业运作的大量实证报告表明,失败的组织文化变革导致了其他方面的挫折。

由此可见,解决校本教研实施中的问题也必须从组织文化的变革做起。那么,到底如何通过组织的变革推进课程改革的实施呢?近几年,河南省基础教研室结合本省情况进行了持续探索。2010 年,河南省基础教研室下发了《关于申报河南省中小学校本教研实验学校的通知》(豫基教研字〔2010〕20 号),正式启动“校本教研实验学校”的评选和建设工作。经过学校申请、各市基础教研室推荐、省基础教研室考查审核等程序,最终确定并公布了 61 所“河南省校本教研实验学校”,选定了各校的重点培育学科,实现了实验学校与省教研员的对接,从而克服了省级教研员与基层学校隔离的弊端,开始了从教研组织结构层面改进校本教研的实践探索。这些做法和经验都为本课题的研究提供了实践和理论的基础。

在此基础上,本研究借鉴美国著名管理学大师沃伦·本尼斯(Warren Bennis)关于“有机适应型组织”的论述,从省级教研层面提出了一种新的校本教研的管理机制和思维模式。该机制以省级校本教研实验校为抓手,以有机适应型组织理论的四要素模型为指导,打破了传统的省、市、县、校在专业指导上的线性结构,力图建立一种新型的组织文化,为校本教研的改进提供一种新路径。

二、核心概念界定

本课题中的“有机适应型组织”是沃伦·本尼斯提出的概念。有机适应型组织指的是那些由各种专家组成的、聚焦于问题解决的、灵活多变的系统。该系统是一种扁平化的组织结构，它给予了组织成员更多的自由空间，因而更富有活力，应对环境变化的能力也更强。

本课题中的“校本教研”指的是以学校为基础、以教师为主体、以行动为导向的学校教育教学研究，它从学校教育教学实践中的具体问题出发，通过全体教师的共同研究，并在专家的引领与指导下，解决实践问题，提高教育教学质量，提升教师的专业成长。

本课题中的“改进”借用了“学校改进”(School Improvement)之意。按照世界经济合作与发展组织(OECD)教育研究中心和剑桥大学教育学院学校改进研究小组的定义，学校改进是教育变革的一种重要策略，它强调以学校为中心、在关注课程变革的同时也关注教师的专业投入和学校的组织变革。

三、相关研究现状

(一)校本教研的内涵和特点

朱慕菊认为，“以校为本的教学研究要以新课程为导向，以促进每个学生的发展为宗旨，以课程实施过程中学校所面临的各种具体问题为对象，以教师为研究的主体”，它“强调理论指导下的实践性研究，既注重切实解决实际问题，又注重理论概括、提升，总结经验，探索规律”。[①] 在这一界定的基础上，肖川借用行动研究的理论，将其界定为“以学校为基础、以教师为主体、以行动为导向的学校教育教学研究”，它“旨在从学校教育教学实践中的具体问题出发，通过全体教师的共同研究，并在专家的引领与指导之下，达到解决困扰性的问题、提高

① 朱慕菊：《改进和加强教学研究工作　深入推进新课程实验》，《人民教育》2003年第5期，第24页。

教育教学质量的目的,最终提升教师的专业成长”。[①] 吴刚平认为校本教研是“教学研究机制系统的一个重要组成部分”,其基本特征是“学校为本”,“即直接围绕学校自身所遇到的真实教学问题而开展教学研究活动”。[②]

分析以上几种定义,我们认为,校本教研主要有以下几个特点。

第一,校本教研是扎根于学校的。具体而言,校本教研是为了学校,在学校中,基于学校的教学研究,它不同于那些发生在大学或其他学术研究机构中的学术性的理论研究。

第二,校本教研的主体是教师,他们在教学实践中分析问题、提炼问题,作为自己的研究课题,承担起“教”和“研”的双重角色,并以研究者的身份置身于教学情境之中,以研究者的眼光审视、思考和解决教学实践中的相关问题。虽然大学教师和各级教研机构的人员也会介入其中,甚至起到重要的帮助和引领作用,但是他们只能是辅助的作用,而一线教师自始至终都应该是校本教研的主角。

第三,校本教研的对象是教学中具体的、真实的实践性问题。与通常人们热衷于各种“方法”不同,校本教研的基本精神在于解决教学中的问题,而方法仅仅是解决问题的工具而已。[③] 而且,校本教研关注的问题不是那些宏大的教育原理性的问题,而是那些中观、微观层面的教学问题,这些问题看似琐碎,却和教师的日常教学生活息息相关。

(二)校本教研的实施方式

1.人际互动层面的校本教研实践形式

针对校本教研的实践形式,学者做了大量的研究。余文森认为,教师个人、教师集体和专业研究人员是校本教研的三个核心要素,自我反思、同伴互助和专业引领是校本教研的三种主要的实践形式。[④] 崔允漷则对这三种形式做了进一步的分析,将自我反思分为事件记录型、他人比较型和自我批评型,将同伴互导分为目标发散型、目标聚焦型、目标多重型,将专家引领分为构件需求型、支

① 肖川、胡乐乐:《论校本教研与教师专业成长》,《教师教育研究》,2007 年第 1 期,第 18—19 页。

② 吴刚平:《校本教学研究的意义和理念》,《人民教育》2003 年第 5 期,第 28 页。

③ 刘良华:《“问题”还是“方法”? ——走出校本教研的“方法中心”》,《教育发展研究》2004 年第 9 期,第 64 页。

④ 余文森:《论以校为本的教学研究》,《教育研究》2003 年第 4 期,第 53—58 页。

架需求型和心智模式型。[①]

2.学校层面的校本教研实践形式

从学校层面来看,校本教研可以分为三种主要的实践形式:教学型教研、研究型教研和学习型教研。教学型教研以教为着眼点,以课例为载体,其实践形式包括一人同课多轮、多人同课循环、同课异构、互助式观课、邀请式观课和反思式观课;研究型教研以研为着眼点,以课题为载体,课题研究的主要步骤包括界定研究内容、设计研究方案、开展行动研究、总结研究成果;学习型教研以学为着眼点,以阅读为载体,其内容包括读书、读图、读人。[②]

顾泠沅作为教育部"创建以校为本的教研制度建设基地"项目的首席专家,对校本教研有深入的研究。他和他的团队基于对教师专业特性的认识,提出了"行动教育"的实践方式。这一实践方式的理论依据是,教师的专业发展是靠实践性知识保障的,而实践智慧是一种缄默性的知识,它隐含于教学实践过程中,是高度情境性和个体化的,难以形式化或通过他人的直接讲授而获得,只能在具体的教育实践中发展和完善。因此,行动教育不同于通常的教师培训形式,它是以课例为载体,在教学行动中开展包括专业理论学习的教师教育方式。行动教育强调的两大策略分别是互助指导和案例教学,在案例分析中引导教师进行全过程的行为自省。行动教育主要包括三个阶段和两次反思:三个阶段即原行为阶段、新设计阶段和新行为阶段;第一次反思是寻找自己与他人的差距,第二次反思是寻找设计与现实的差距。[③]

3.区域层面的校本教研实践形式

在区域层面推进校本教研方面,最为重要的实践是教育部"创建以校为本教研制度建设基地"项目引领下的持续探索。2003 年 12 月,教育部在上海正式启动这一项目并召开了首届研讨会。会上,项目组组长顾泠沅介绍了他们在上海四个区推进校本教研的经验,其探索主要体现在四个方面:一是区教师进修院校在校本研修中如何发挥专业支持的中介作用;二是通过骨干教师研修班的

---

① 崔允漷:《有效教学》,上海:华东师范大学出版社,2009 年。

② 余文森:《校本教学研究的实践形式》,《教育研究》2005 年第 12 期,第 25—31 页。

③ 顾泠沅、王洁:《教师在教育行动中成长:以课例为载体的教师教育模式研究》(上),《课程·教材·教法》2003 年第 1 期,第 11 页。

种子计划，在学员所在学校开展因校制宜、形式多样的教研活动；三是根据教研任务的需要探讨校本教研的多种组织形式；四是在四个区建立一批校本教研的实验性示范性扎根学校。应该说，这些经验其实已经触及到了校本教研的核心问题，其经验具有很大的借鉴价值。可惜的是，尽管这些成果在多家学术期刊上发表，却并没有引起人们足够的关注，甚至全国各地的项目单位也没有真正彻底地消化和吸收这些成果。之后召开的几次全国性的项目研讨会，其议题发生了不同程度的游移，这在一定程度上削弱了该项目成果的影响力。

在这一国家级项目的引领下，大部分省确立了本省的校本教研制度建设基地，其中湖南、江西、山西、北京和河南做得较为扎实。如山西探索出了校本教研推进的三种实施模式，[①]河南西峡县探索了“三疑三探”模式，[②]河南新乡市对说课这种教研形式作了深入的探索。

审视这些区域推进的经验不难发现，省级教研部门在校本教研的实施中主要扮演的是引导者的角色，其作用主要是培育和管理，而较少深入到基层学校对其校本教研的实施作具体指导。因此，除了上海，由省级平台上推出的校本教研经验极为少见，这不能不说是一个缺憾。2010 年以来，河南省基础教研室启动了校本教研实验校项目，以实验校为抓手，实施省市联动、重点培育、任务驱动、分类指导、典型示范、以点带面的行动策略，使省级教研员和一线学校建立了直接联系，发挥了专业引领和管理推动的双重作用，取得了初步成效。

（三）学校组织变革和有机适应型组织理论

1.组织文化变革在学校变革中的重要性

关于组织变革的研究缘起于对企业的研究，从 20 世纪 80 年代开始，学界逐渐认识到，学校改革必须从教育教学的层面推进到学校组织的层面，学校的结构制度、管理风格和相应的类型成为改革的对象。进入新世纪，关于学校组织变革的研究日渐深入，操太圣和卢乃桂认为，学校组织变革可大致分为三种

① 陈秋宾、李晓红：《以校为本 区域推进：山西省太原市杏花岭区校本教研探索》，《教育理论与实践》2005 年第 8 期，第 28—30 页。

② 河南省西峡县基础教育教学研究室编：《课堂教学的革命：西峡“三疑三探”教学模式理论与实践》，开封：河南大学出版社，2009 年。

形态，即提案变革（initiative change）、流程变革（process change）和文化变革（culture change）。提案变革指的是各种新计划、新方案的采用；流程变革指的是行事方式的改变，它在确认组织的核心流程之后，再通过工作细化、附加值评估及其他改革活动进一步完善；文化变革指的是组织运作之根本概念的改变，它挑战及修正的是深植于组织系统中的价值观及信仰，以产生全新的文化或组织认同为终极目标，因此又称为转型变革或深层变革。[①] 显然，在这三种组织变革形态中，组织文化变革扮演着举足轻重的角色。校本教研作为学校工作的一个组成部分，它的改进自然也与组织文化的变革息息相关。

2.有机适应型组织的研究

在组织文化变革的研究领域，美国管理学专家彼得·圣吉（Peter M. Senge）的学习型组织理论影响很大。他认为，学习型组织指的是那些在剧烈变化的外在环境面前，能够通过自身结构的精简化、扁平化、弹性化及团队成员持续的学习和改造以维持竞争力的组织。学习型组织包括五项要素，即系统思考、自我超越、改变心智模式、团队学习和共同愿景。

在圣吉看来，学习型组织不存在单一的模型，它是人们对组织的一种态度和理念，是用一种新的思维方式对组织的思考，其最高目的是实现心灵的转变，其最大的特点是结构的扁平化，即从最上面的决策层到最下面的操作层，中间相隔层次极少。它尽最大可能将决策权向组织结构的下层移动，让最下层单位拥有充分的自决权，并对产生的结果负责，从而形成以“地方为主”的扁平化组织结构，确保上下级及时沟通，形成互相理解、互相学习、整体互动思考、协调合作的群体，最终使组织产生巨大而持久的创造力。

被《福布斯》杂志称为“领导学大师们的院长”的沃伦·本尼斯曾经是彼得·圣吉在麻省理工学院斯隆管理学院的同事，他发展了学习型组织理论，并进而提出了有机适应型组织理论，该理论认为有机适应型组织就是由各种专家组成的、解决问题的、暂时的多个系统，在评价任务的管理专家的协调下成为一个不断变化的组织。[②] 这种组织具有任务导向性的特征，机构因任务而设置，任

① 操太圣、卢乃桂：《论学校组织变革中的教师认同》，《华东师范大学学报（教育科学版）》2005年第3期，第43—48页。

② 沃伦·本尼斯著，姜文波译：《领导的轨迹》，北京：中国人民大学出版社，2008年，第88页。

务来源于工作中的问题;组织结构是非平衡的、有机的。具体而言,有机适应型组织的特点主要有四个:第一,层次简单的扁平结构,组织由高层管理者和底层专家组成,没有中间层。第二,组织内部由交叉并存的若干任务小组构成,组织成员间的角色具有互替性和合作性,成员可以在各小组之间兼职,并由此实现小组间信息的横向交流。第三,组织成员是平等的,构成是有机的,谁能解决工作问题谁就发挥领导作用,无论他预定的角色是什么。第四,个人愿景与组织愿景的高度吻合。

由此可见,有机适应型组织总体上继承了学习型组织的理念,但与后者相比,它更强调组织对环境的适应能力,它将组织的这种适应能力分为对外部环境的适应和对内部环境的适应,即"外适应"和"内适应"。与此同时,该组织更强调问题解决和项目制,即由能够解决某一问题的专业人员组成各种临时的项目小组开展工作。

3.有机适应型组织理论在学校组织变革中的应用

与其他组织相比,学校是专业性较强的一类组织,正因为如此,我们认为,有机适应型组织理论更适合于学校的组织变革和校本教研的改进。虽然在已有的学校变革的实践中,很少有人明确提出使用了有机适应型组织的理论,但是这种理论强大的生命力和适用性,已经在一些较大规模的实验项目和某些单个学校的变革中得到证明。例如,叶澜教授主持的"新基础教育"基地学校——上海新基础教育实验学校尝试了非行政性组织的探索,实行由骨干教师领衔"项目工作站",即由骨干教师组织部分教师组成课题组,提出所在学科、年级、部门遇到的焦点问题及研究计划,经学校的"学科委员会"(同样是"民间组织",由学科带头人和教研组长组成)审批立项,组成工作站。工作站因问题的发现而产生,因问题的解决而完成使命,因新问题的发现而重新组成。[①] 这种"项目工作站"的组织运行模式正是有机适应型组织所倡导的。近几年来,北京十一学校在学校组织变革领域取得了显著的成效。该校校长李希贵在他编著的《学校转型:北京十一学校创新育人模式的探索》一书中详细介绍了他们的做法。该书的第四和第五两个部分具体阐释了该校的"扁平化管理模式"。在这

① 李继秀:《教师发展与学校组织变革创新》,《教育研究》2008年第3期,第82页。

种管理模式下,原本复杂的学校组织层级被精简为三层:教代会、校长、校务会并列为第一层;初中学部、高一学部、高二学部、高三学部、国际部、办公室并列构成了第二层,该层每一个部门的领导分别由一个副校级干部兼任;师生为第三层。因为副校级干部分别负责第二层的一个部门,他们就成为三个层级的连接点,这样一来,师生的需求就可以在最短的时间内得以反映,并直接上达决策的层面。由此,学校就从一个科层制的组织转变为一个集决策、管理、执行为一体的低重心的组织系统,提高了组织运行的效率,为学校的整体发展和教学研究的展开提供了组织的保证。① 上述关于有机适应型组织的理论和实践,为我们的研究提供了有益的借鉴。

四、研究设计

(一)研究目标

其一,分析有机适应型组织的特质,揭示有机适应型组织对激发校本教研活力的独特意义。

其二,梳理出具备有机适应型组织特征的校本教研组织运行模式,分析其在改进校本教研工作品质中的作用和价值。

其三,培育一批具有有机适应型组织特征的校本教研实验校和区域性的校本教研共同体,发挥其在全省校本教研工作中的示范引领作用。

其四,以校本教研专项课题研究为载体,引导实验校和校本教研共同体开展校本教研,发表具有较高水平的研究论文,将相关成果结集出版。

(二)研究内容

1.有机适应型组织的内涵及其与校本教研的关系研究

具体研究内容包括:(1)研究有机适应型组织的运行方式,揭示有机适应型组织的内涵和特征;(2)分析校本教研的终极意义所在;(3)从文化变革的角度分析有机适应型组织对提升校本教研品质的意义。

---

① 李希贵:《学校转型:北京十一学校创新育人模式的探索》,北京:教育科学出版社,2014 年,第 170—173 页。

2.校本教研组织改进的实践研究

具体研究内容包括:(1)在本省确立的校本教研实验校中选取3—5所学校进行组织变革的尝试;(2)在自愿的前提下成立不同范围的校本教研共同体;(3)运用各种形式总结推广实验学校和校本教研共同体的经验。

3.以有机适应型组织改进校本教研的组织模式

具体研究内容包括:(1)总结以有机适应型组织改进校本教研的不同模式;(2)分析这些模式的优点和局限;(3)分析这些模式对改进校本教研的作用和价值。

4.探索热点问题,形成研究成果

围绕校本教研的组织模式、制度沿革、课例研究、专业阅读等专题,针对校本教研中的热点问题,如学案导学、探究性学习等,设立校本教研专项课题,以此为抓手,引导学校和教师从理论和实践层面进行深入探索和分析,形成系列论文集、课例集。

(三)研究方法

1.文献研究法

围绕研究主题收集组织变革和校本教研领域的重要文献并进行评析,发现既有研究的主要贡献和不足,为本研究提供理论方向和实践基础。

2.行动研究法

在本研究中,课题组成员经常进入研究现场,深度参与到学校或校本教研共同体中,发现并解决校本教研中存在的真实问题。

3.案例研究法

在本研究中,我们在全省61所校本教研实验校中选取3—5所实验校为重点合作研究学校,并由此展开多案例研究,比较不同特点学校和不同范围校本教研共同体的组织特征和变革策略。

五、研究过程

按照课题的时间进程,本课题研究经历了启动、实施和总结三个阶段。

（一）课题启动阶段（2012 年 12 月—2013 年 3 月）

图 1　课题开题报告现场

图 2　吴刚平教授在开题报告上作点评

本课题于 2012 年 12 月获准立项之后，课题组立即着手准备课题的开题工作，2013 年 3 月 14—15 日，课题组在郑州市第九中学召开了“全省校本教研工作推进暨教育部规划课题开题会”。河南省基础教研室各学科教研员，各省辖市、省直管县基础教研室课题管理负责人，全省校本教研实验校负责人以及 2012 年度立项的校本教研专项课题的主持人等 200 多人参加了会议。会上，课题主持人李海龙作了开题报告；省教育科学研究所王身佩主任、郑州九中校长田宝宏博士、华东师范大学课程与教学研究所博士生导师吴刚平教授分别对开题报告进行了点评，指出了课题设计的主要问题，并提出了中肯的建议。王身佩研究员建议我们进一步梳理课题的核心概念，并注意对校本教研存在的问题开展调研。吴刚平教授建议课题研究重点关注两个问题：一是形成一种具有有机适应型组织特征的校本教研组织模式；二是形成一系列的校本教研改进的实践案例。这些建议对我们之后的研究起到了重要的引领作用。随后，吴刚平教授以“校本教研中的问题意识”为题作了专题报告。开题会议之后，我们立即根据点评专家的建议修改完善了开题报告，并按时报送全国教育科学规划领导小组办公室存档。

（二）课题实施阶段（2013 年 4 月—2014 年 12 月）

开题之后，课题组随即按照开题报告书的计划进入了紧张有序的研究工作。从 2013 年 4 月到 2014 年 12 月，在一年半多的时间里，我们主要开展如下研究活动。

1.开展了多次专题调研活动

2014 年 3 月 31 日至 4 月 2 日，课题组负责人李海龙和教研员杨伟东、张琳、杨爱珍、刘富森赴信阳进行了调研。本次调研选取了信阳市实验小学、信阳市第五初级中学、信阳市第三小学三所学校，每位教研员听课 3—5 节，参加了两次学校学科教研会议，一次信阳市第五中学课题开题会议，较为深入地了解了河南省校本教研工作的现状，为课题研究的推进提供了第一手资料。

图 3　课题组在信阳调研

为深入了解组织文化变革在校本教研中的作用，总结经验、发现问题，进而确定改进的方案和措施，2014 年 5 月 5 日至 6 日，课题组成员分两组赴濮阳和信阳调研。在调研之前，课题组制订了详细的调研计划，确定了调研的目的、程序和形式。本次调研的主题为“学校教研机制对校本教研实施的影响”，采取的调研形式主要是召开学校领导班子座谈会、教研共同体主持人和骨干成员座谈会以及现场的听评课活动。在两天紧张的调研之后，两个小组都形成了高质量的调研报告，为课题研究的中期总结和方案的推进与调整提供了第一手资料。

除集中的调研之外，有的教研员还主动深入到所联系的校本教研实验校进行调研，并形成了调研报告。如小学德育学科教研员杨爱珍完成了《把学校建成幸福共同体：河南省小学德育实验学校考察纪实》，小学科学学科教研员杨新瑞完成了《始终走在思考—行动—分享的路上：二七区实验小学校本教研实验校调研报告》等，都及时总结了校本教研实验校的工作情况，梳理了经验，发现了问题，明确了方向。

2.组织了4次全省性的校本教研研讨会

(1) 校本教研濮阳会议。2013年9月29日至30日,河南省基础教研室在濮阳市召开了2013年度全省校本教研暨课题成果交流会。会议由省基础教研室主办,濮阳市中小学教研室承办。河南省基础教研室各个学科的教研员、各市级课题管理负责人、全省61所校本教研实验校的校长和重点培育学科的教师代表、校本教研专项课题主持人以及濮阳市的教师代表共400余人参加了会议。

图4 校本教研濮阳会议现场

会议总结了河南省校本教研工作的进展,明确了工作要求。之后,围绕课例研究这一专题,申宣成博士作了题为"读课STYLE:教师如何做课例研究"的专题报告。9月30日上午,中学组的参会教师在濮阳四中,小学组的参会教师在濮阳实验小学,分学科深入班级听课、评课。

这次会议围绕课例研究的专题,既有学术报告,又有分学科的听课评课,针对性和实效性都很强,收到了分享校本教研经验、交流课题研究成果的效果。

(2)校本教研济源会议。2014年4月9日,课题组在济源市高级中学召开了校本教研重大课题总结交流会。济源市副市长到会致辞,省基础教研室邵水潮、李海龙及各学科教研员,各省辖市、省直管试点县、重点扩权县基础教研室课题管理负责人,全省校本教研实验学校校长、教研课题骨干教师以及济源市各学校课题研究骨干教师近600人参加了会议。

图5 校本教研济源会议颁奖现场

会议对河南省的校本教研工作进行了总结，对荣获"河南省校本教研先进单位"的20所学校进行了表彰，公布了第二批"河南省校本教研实验学校"，并邀请华东师范大学胡惠闵教授作了专题报告，题目是"在传统教研基础上发展校本教研"。该报告梳理了我国教研制度的沿革以及现代学校教研工作中存在的问题，结合实践提出了问题解决的方案和策略，既有理论的高度，又有实践的探索，给与会代表很大的启发，为课题研究的深入推进提供了方向。9日下午，小学组参会代表和中学组参会代表分别在济源市黄河路小学和济源市高级中学进行了分学科听评课活动。

(3)校本教研郑州会议。2014年9月29日至30日，课题组在郑州市第十一中学召开了全省校本教研成果交流会。会议的主题为教研组织的建设。参加会议的人员包括省基础教研室学科教研员、各省辖市（省直管县）基础教研室课题管理负责人、全省校本教研实验校教研组和教师代表、全省非校本教研实验校代表以及自发参会的代表。会议预计参会人数为240人，实际参会人数达300多人，充分说明校本教研工作在一线教师中产生了越来越大的影响。

图6 校本教研郑州会议现场

9月29日下午，与会人员齐聚郑州市第十一中学礼堂，举行了简短的开幕式，课题主持人李海龙对河南省校本教研的推进情况作了简要的总结。而后，会议进入了分组展示的环节，与会代表分小学一组、小学二组、中学文科一组、中学文科二组、中学理科一组、中学理科二组等6个小组进行了展示。全省69所校本教研实验校和30多所非校本教研实验校的先进教研组代表和先进个人进行了经验分享，并最终推出了13个优秀的组织和个人代表。

(4)校本教研信阳会议。2015年4月23日至24日，课题组在信阳市羊山中学召开了本课题的总结交流会。河南省基础教研室学科教研员、各省辖市（省直管县）基础教研室课题管理负责人、全省校本教研实验校教研组和教师代

图 7　课题主持人李海龙作结题报告

表、全省非校本教研实验校代表以及自发参会的代表共 300 余人参加了会议。会上，课题主持人李海龙代表教育部规划课题“以有机适应型组织理论改进校本教研的实践研究”总课题组，作了课题结题报告。该报告从研究设计、研究过程、研究成果和社会影响、研究结论等几个方面详细地介绍了课题研究情况。之后，河南省教育科学研究所的徐万山研究员对李海龙的报告进行点评，并对课题的研究给予了很高的评价，认为研究规范、过程扎实、成果丰硕，同时提出了改进的建议。在下午的后半时段，信阳市的四所实验学校介绍了各自的校本教研工作经验。羊山中学的谈运斌校长作了题为“让人人成为管理者”的报告，介绍了羊山中学组织变革的经验，其新颖有效的做法获得了与会教师的高度认可。之后，信阳市第三实验小学王建新校长、淮滨高级中学臧传发主任分别介绍了各自学校的经验。

4 月 24 日上午，成都大学师范学院的陈大伟教授带来了一场题为“开展有效研修，助推教师成长”的学术报告。报告从“让研修成为一种生活方式”“创造研修的幸福生活”“有效研修的关键：人因思而变”“面向实践的观课议课”等四个方面展开论述，事例具体，分析深刻，生动有趣。报告给与会教师很大的启发。

《教育时报》4 月 29 日第 2 版对本次会议作了报道，并以《有效研修是课改利器》为题，发表了记者对陈大伟教授的专访。

3.审批了 173 项子课题

为了吸引更多的学校和教师参与到课题实验研究中来，2013 年 3 月，课题组向全省中小学尤其是校本教研实验校发出了课题子课题申报工作的通知，并于 6 月以河南省基础教研室的名义发文立项了 74 项专项课题。2014 年 12 月，课题组再次在严格筛选的基础上以河南省基础教研室的名义发文立项了 99 项专项课题。这些课题的立项，调动了实验校和非实验校参与课题研究的积极性，扩大了课题研究的队伍。在这些子课题的引领下，一些学校的校本教研取得了显著的成效,不但解决了教学中存在的突出问题,而且发表了一批高水平的研究论文,这对于中小学一线教师来说难能可贵。

4.组织了9次学术沙龙

为了提高课题研究的学术品位,及时交流课题研究的心得,课题组坚持组织学术沙龙活动,围绕校本教研、教师专业发展等话题展开深度研讨。自从课题实施以来,学术沙龙活动已经开展了9期。借助学术沙龙活动,课题组与省基础教研室学科教研员及一线校长和教师就校本教研中的热点、难点问题进行了深入的研讨,提高了课题的研究品味,对课题的研究起到了促进和引领的作用。同时,学术沙龙还在省基础教研室营造了浓厚的研究氛围,带动一些非课题组成员参与到校本教研的研究中来。历次学术沙龙的情况见表1。

表1　课题组组织的历次学术沙龙情况一览表

时间	地点	主讲人	讲座题目
2013年2月28日	河南省基础教育教学研究室中型会议室	李海龙	有机适应型组织理论与校本教研
2013年3月28日	河南省基础教育教学研究室中型会议室	杨伟东	参与式培训:案例与思考
2013年4月23日	河南省基础教育教学研究室中型会议室	张琳	中小学教师内观策略探微
2013年8月30日	河南省基础教育教学研究室中型会议室	杨惠茹	校本课程开发:基于未来人才培养视角的再思考
2013年9月22日	河南省基础教育教学研究室中型会议室	陈保新	校本教研制度与文化建设的思考
2013年11月27日	河南省基础教育教学研究室中型会议室	丁武营	教师专业发展:校本、师本、生本
2014年2月28日	河南省基础教育教学研究室中型会议室	刘俊凯	有机适应型组织视角下的教研组建设
2014年7月31日	河南省基础教育教学研究室中型会议室	杨伟东、申宣成	教师如何做课题研究
2014年9月23日	河南省基础教育教学研究室中型会议室	邵水潮	当前中小学课程改革的若干问题

5.编发了 9 期课题研究简报

从 2013 年开始,课题组每个季度都出一期研究简报,总结上一季度的研究进展和成果,列出本季度的研究计划。每期简报都以电子版的形式发给课题组成员、实验学校以及相关单位和人员,同时上传到单位网站。目前已经出简报9 期。

(三)课题总结阶段(2015 年 1 月—2015 年 5 月)

在这一阶段,课题组主要做了以下工作。

1.出版了两本课题研究论文集

为集中展示课题研究的成果,课题组精选校本教研实验校及子课题研究的成果,形成了两本文集,分别是《校本教研与组织变革:学校建设篇》和《校本教研与组织变革:教师探索篇》。两本文集围绕“以组织变革改进校本教研”这一专题,分别从团队建设和教师发展两个层面,呈现了课题研究以来的实践探索和理论成果。两本书共计 80 余万字,由大象出版社出版。

2.召开了课题总结表彰会议

2015 年 4 月 23 日至 24 日,课题组在信阳召开了课题结题总结暨全省校本教研经验交流会。会上,课题主持人李海龙作了课题的结题报告,河南省教育科学研究所徐万山研究员对结题报告作了点评。来自全省校本教研实验校和各个地市的教科研骨干参加了结题会议。会上,课题组还对在课题研究中做出贡献、取得突出成绩的 20 个校本教研先进组织、75 位校本教研先进个人进行了表彰。

第二章 研究成果及社会影响

一、研究成果

（一）实践成果

1.建立了三种新的校本教研组织模式

课题研究实施以来，课题组以有机适应型组织理论为指导，建立了富有活力和实效的校本教研运行机制，具体表现为三种模式。

第一种模式是颠覆了传统组织结构的项目组模式。该模式的典型代表是信阳市羊山中学。羊山中学是信阳市羊山区的一所示范性初中，该校建成仅5年。5年来，学校采用了“三纵三横+专项工作室”的有机适应型组织模式。“三纵”指的是羊山中学七、八、九三个年级的管理科室教导一处、教导二处和教导三处；“三横”指的是直接对全校师生进行管理的三个科室，它们分别是学校办公室、团委和总务处。专项工作室包括语言文字工作室、教育叙事工作室、心理健康工作室、端敬书法工作室、体验式活动工作室、读书专项工作室、绩效工资工作室、职称评定工作室等，每个专项工作室就是一个项目组。该校不设副校长，三个教导处分别负责三个年级的工作，向下直接面对老师、学生，向上直接对校长负责，在贯彻落实各项工作方面起核心作用，从而避免了责任不清、人浮于事的情况。

专项工作室弥补了“三纵三横”留下的空缺，使更多人参与到学校管理工作当中来，也让更多在某方面有专长的人得以施展自己的才能，为他们创设良好的成长平台，使他们充分发挥自己专长的示范、引领、辐射作用。如教育叙事工作室由教师中的写作高手杨家厚负责，他借助校园网，组建工作室的核心团队，引领大家共写教育叙事，推荐优秀文章，及时结集汇总，仅 2013 年，全校教师共写教育叙事 5000 余篇，编辑优秀教育叙事 7 本。端敬书法工作室由擅长书法的汪丹老师负责，取名“端敬”，源于《弟子规》中的：“磨墨偏，心不端；字不敬，心先病。”与该校大力弘扬优秀传统文化的理念相契合。该工作室是一个以专业特长为基础，低复杂化、非标准化的研究组织，几名成员凭借着对书法的爱好以及愿意为学校做贡献的责任感，制定了学校整体的书法教育规划，定期组织全校范围的书法比赛和书法讲座，持续指导学生日常练字，明显提高了全校师生的书写水平。

第二种模式是融合了传统组织结构和有机适应型组织结构的双轨制教研模式。该模式的典型代表是濮阳市实验小学。濮阳市实验小学是河南省的一所名校。近 3 年来，该校运用有机适应型组织理论，在既有的“教科室—教研组（备课组）—教师个体”组织轨道之外增设了濮阳市实验小学适度教育研究所，聘请省内外一些知名专家做顾问和特约研究员。研究所下设三个研究室，研究室又打破年级组、教研组界限，根据大家的共同志趣、爱好，组织一部分教有余力的骨干教师建立了 11 个研究共同体。每个研究共同体的负责人由研究顾问、特约研究员、学校校长（副校长）和中层担任。由此形成了组织结构的另一个轨道，即“研究所—研究室—研究共同体”。传统的轨道以年级和学科为边界，吸引教师全员参与，托起了校本教研的“底儿”；新的轨道则以研究专长为边界，聚集对某专题有研究、有兴趣的教师参与，有利于选拔出校本教研的“尖儿”。与传统的组织轨道的“例会式”的研讨方式不同，新的组织轨道增加了随机式、约请式和成果推广式，使研究共同体的活动更为灵活、更为自主。

（1）随机式。这种活动形式不受时间、对象、地点的限制，是研究者围绕一个研究主题在一种身心放松状态下的“侃”或“聊”，环境宽松、自由，因此能最大限度地促使教师愉悦而自主地参与，使教师在无拘无束的状态下直抒己见，观点争鸣，思维交锋，释放潜能，产生一种研究的“后效应”。随机式包括围绕教学工作的随意交谈，针对个别学生的“集体会诊”，教学疑难问题的咨询商讨，教师反思性阅读、撰写专业日志，教师与研究人员或校长的对话等。

（2）约请式。这种方式是某一研究者（学校任何一个角色）或研究组织（教研组或研究共同体）根据自己存在的困惑，提出问题或设想，以邀请的方式，发请柬邀请有相关经验的教师参与的一种研究形式。约请式可以通过座谈、辩论、网上对话等形式来进行，以问题、课例、案例等为载体开展分析研讨活动，在同伴与同伴熟悉的问题情景中，探讨、分析从新理念到教学实践的各个环节。

（3）成果推广式。各个研究共同体利用自己的优势，组成了各具特色的教师培训团队，承担起了校本培训、校本课程开发等系列任务。这样既能促进教师队伍的整体提升，又能进一步推动优秀教师的专业化进程。张金香老师的单元整组教学、史斐老师的舞蹈艺术、老校长刘延义的情思作文、教导主任窦明琦的班级管理、美术教师陈庆忍的书写艺术和优秀青年教师李玉萍的儿童阅读等专题研讨活动，紧贴教育教学工作的实际，深受老师们喜爱。

正是借助“双轨道三层级”组织结构，濮阳市实验小学从根本上转变了研究组织的角色定位，淡化了其管理和驱动作用，充分释放出研究组织的专业特性，发挥了专业引领和资源整合的作用，靠学术确立地位，用专业赢得尊敬，使校本教研真正起到了促进教师专业化成长，培养学生学科素养，提升学校教育教学质量，打造学校办学特色的作用。

第三种模式是跨学校、跨区域的教学研究共同体模式。这一模式的典型代表是商丘小学语文网络教研团队。商丘市小学语文教研员李斩棘老师开办了“语韵飘香（河南商丘小语）”新浪博客，组建了商丘小学语文 QQ 交流群。群里面既有来自本市的一线骨干教师，还有来自全国各地的小学语文教学专家、一线教师、教研员和杂志社编辑等。大家每月围绕一个专题进行一次话题研讨，实实在在地解决一个问题，并将研讨内容整理后放在交流群空间和博客里共享。

通过网络教研，很多老师的论文、随笔等被群里的编辑选中发表。李老师还邀请了交流群中的专家、一线优秀教师亲临商丘开设讲座、授课，传经送宝，让商丘老师得到了近距离与名师接触的机会，促进了教师的专业成长。

2.促成了校本教研工作的四种变化

在以上三种校本教研模式的带动下，河南省的校本教研呈现出了蓬勃的生机和活力，其改变主要体现在如下四个方面。

（1）组织结构趋于扁平。在课题研究实施之前，河南省校本教研的组织结构主要是单一的、自上而下的科层制结构。这种结构主要由四层组成:省基础教研室、地级市基础教研室、县基础教研室、基层学校。省学科教研员与学校的一线教师建立联系,往往需要经过各级组织的层层传递,指导起来很不方便,信息的衰减也非常严重。在引入有机适应型组织理论之后,我们利用项目组的形式,围绕一个研究项目,省学科教研员直接和实验学校甚至是一线教师建立联系,直接深入到项目学校调研指导,听课评课、开设讲座。这种扁平化的组织结构使参与课题研究的成员之间沟通非常顺畅,减少了许多客套和麻烦,节约了时间,提高了效率。

(2)运转方式更为灵活。在实施了有机适应型组织理论之后,实验校的校本教研工作开始由行政推动变为专业推动,由任务驱动变为问题驱动。以往的校本教研工作都是由学校教科室规定主题甚至题目,而后各个学科按照要求完成任务。而在本课题研究中,研究问题的产生则是由教师自主确定的,研究的组织也是由关心这一研究专题的教师自由组合而成。项目组的牵头人是在这个问题上有兴趣、有专长的教师,而不一定是学科组长或其他领导。由于大家是因共同的兴趣自觉走到一起的,参与研究的内驱力很高,研究的效果也更好。如濮阳市第一高级中学刘本举老师牵头组建的“专业阅读项目组”,围绕学科教师专业阅读积极引领本校教师以专业阅读促进教师的专业发展,取得了显著的成效。两年来,仅他本人即在生物学科专业期刊上发表论文 5 篇,其中 4 篇被中国人民大学报刊复印资料中心全文转载。

(3)人际关系更为和谐。随着课题研究的推进,同一项目组中不同身份的合作研究者的关系日益融洽。大家除了定期面对面地研讨之外,还经常以手机、微信、电子邮件讨论项目中遇到的问题。对于项目组中的一线教师来说,省学科教研员不再是令人敬畏的专家,而是专业上的领路人,生活上的朋友;课题组和其他省学科教研员也在与大家的交流中更深地了解了一线教师的所思所想、生活状况,从而使自己的业务指导更符合教学实际,更适合教师的需要。

(4)管理评价更重实效。在课题研究实施之前,省基础教研室各个学科对教学研究的指导主要是通过层层下发文件和评优设奖来完成的,文件发了很多,但具体对教研工作有多大促进,大家的心里却没有数。课题研究实施之后,课题组按照有机适应型组织理论的要求,强化了教研管理的专业化取向,变纵向的等级评价为横向的专业研讨,通过举办不同范围和级别的研讨会,为不同地区、不同发展水平的学校搭建了一个个交流沟通的平台,大家针对自己感兴趣的问题交流经验、分享智慧,有效地调动了学校和教师参与校本教研的积极性,提高了评价管理的实效。

3.形成了校本教研的五大交流平台

在课题研究中,课题组成员达成了这样的共识:推进组织变革,改进校本教研,关键在于建立各种有效的教研交流平台,为全省基础教育领域的教师找机会、搭台子。为此,我们在课题研究的过程中,尝试调动各种力量,运用各种形式,以省级校本教研实验校为支点,搭建起了五种富有成效的校本教研交流平台:一是定期的校本教研交流会。在整个课题研究中,课题组共召开全省性的校本教研专题交流会四次,参会人数累计超过 3000 人,邀请 5 位专家,作学术报告 5 场,累计有 30 个学校介绍自己的校本教研经验,累计观课 100 节。借助这个平台,全省的校本教研实验校就有一个集中展示和交流的机会。二是组织学术沙龙活动。课题组坚持组织学术沙龙活动,加强学术研讨,提高课题研究的学术品位。三是学科内部交流平台,如河南省小学语文校本教研交流平台,在总课题组成员、省小学语文学科教研员张琳老师和小学语文学科负责人时光郑老师的带领下,以课例研究为抓手,定期举行研讨活动,深受一线教师的欢迎。四是网络交流平台。五是区域性交流平台。这些平台相辅相成、互为补充,从多个层面、多种角度促进了全省的校本教研工作,从而形成了一个以校本教研实验校为中心的校本教研平台网络(如图 8)。

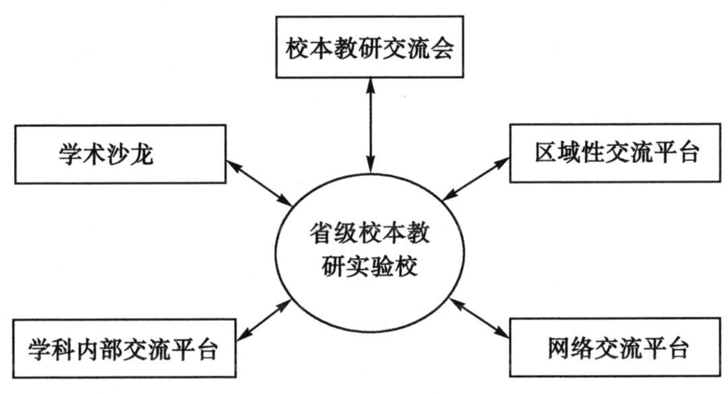

图 8 校本教研五大交流平台关系图

4.培育了一批具有辐射引领作用的省级校本教研实验校

在省级校本教研实验校建设的过程中，很多学校在课题组的引领和指导下，发挥自身优势，形成了校本教研的特色，促进了教师的专业发展，推动了学校的课程改革，并辐射引领了周边的学校。除了上文提到的濮阳市实验小学、信阳市羊山中学，还有一些实验学校在校本教研方面发挥了辐射引领的作用。

河南省第二实验中学李涵校长基于自己对未来教育的深刻思考，联合省内外学校和大学研究机构，积极探索“网络环境下优质教育资源区域协作共建共享”的模式，以“教学切片”的制作和使用为核心，建立了未来教育联盟。李涵校长将教学切片定义为“根据课程标准和学生需要将知识碎片化，直指具体而微的知识点，通过 PPT 转化而成的带有教师讲解和音频、视频等资源在内的教学视频文件”。教学切片制作简单，硬件只需要电脑和麦克风，在录屏软件的支持下，个人即可独立完成制作。

联盟校的优秀教师依据课程标准和学科特点，对教学切片制作内容框架进行了讨论和细化，最终达成了教学切片录制的共识，确定了各学科共 550 多个切片录制的内容。随后各联盟校依据本校优势，通过协商分解了切片录制内容，确定了规划，开始了教学切片的录制。

随着教学切片制作工作的开展，许多教师就切片制作产生了不同的认识。为了帮助教师澄清认识，更好地确定优秀教学切片的标准，该校还组织教研组，从教学内容、设计、教师语言表达和音质画质等维度，开展了教学切片的评比活动，通过评价发现问题，总结经验，达成共识，为下一步教学切片制作工作的开展指明了方向，真正促进了优质教育资源的共建共享。截至 2017 年年底，该校共制作了涵盖语文、数学、英语、道德与法治、历史、地理、物理、化学、生物等 9 个学科的 190 个教学切片。

信阳市第五中学通过政策导向和制度支撑，构建研究共同体。该校以课题研究为抓手，通过舆论层面的倡导、行为层面的扶持和推广层面的指导，增强了教师的教科研意识与能力，提升了校本教研品质，构建了以合作为基本特质的校本教研文化。该校余俊老师主持的河南省基础教研室研究课题“初中自主互动作文教学研究”以一个网站和两个博客为平台，将作文评改由课内延伸到课外，由纸上转到网络上，创造性地给学生营造了一个网络化的教室，凸显了学生在作文批改过程中的主体地位，多快好省地提高了学生的写作水平。余俊老师的《“网络互动作文”评改方法探微》等多篇与课题相关的研究论文在全国中文核心期刊《教学月刊》等报刊上发表。

洛阳市实验小学以教师发展需求为抓手，从教师读书、青蓝工程、教师讲堂三方面进行思考和实践，提升教师的专业发展。为了了解教师的实际专业需求，洛阳市实验小学设计了《洛阳市实验小学教师专业发展需求调查问卷》，从教师专业发展现状、专业发展困惑、专业发展需求等方面向全体教师调研；而后根据教师的专业发展需求制订了《洛阳市实验小学教师读书方案》，并根据教师的年龄特点和专业发展需求为教师提供阅读书目，采取学校购买、活动奖励和教师自购三个渠道落实这些书目。在有书可读的前提下，他们开展了丰富多彩的读书活动，如至少每周记录一次读书感言，每月提交一篇读书心得，每期开展一次读书论坛等，有效地促进了教师的专业阅读。

濮阳市第四中学围绕该校提出的“生态和谐高效课堂”模式，扎实做好课例研究。他们坚持通过推门听课、公开课、示范课、研讨课、跟踪听课等形式，揭示课堂教学的设计理念、教学思想、教学方法，解决课堂教学实践中的疑难问题，分享和推广成功的教学经验，增长教师的教学实践智慧。

每学期初，学校便开始每人一节的公开课，教研组成员全员全程参与听评课。授课结束后，向授课班级的学生代表发放“生态和谐高效课堂”学生评价表，将学生对本节课的总体评价、学生认为最高效的环节、学生最喜欢的学习方式以及意见或建议等及时反馈给授课教师。在评课时，首先是授课教师谈自己的授课设计及感受，然后听课教师分为三个小组，以小组为单位讨论、评价本节课。每个听课者至少要做到“三个一”：发现一个亮点，找出一个缺点，提出一条改进措施。在此基础上，每个小组选出一名代表进行评课，授课教师谈听大家评课后的改进措施，小组内其他成员谈听评课的收获，进而把“听出来”转变为“上出来”“做出来”，使每一次听评课都成为一次共享收获的校本研讨。在听评课的基础上，大家再进行进一步的归纳、反思，总结提炼出操作性强的教学流程和优秀课例，编辑成册。

济源市济水一中通过开设教育“微创新”论坛等举措，较好地解决了教师参与校本教研的积极性和创造性不足等问题。该校的校本教研“微创新”活动采取自主申报和组织推荐的方式,在每周的教师例会上交流分享,极大地鼓舞了全体教师的积极性。为了确保“微创新”论坛深入持久地开展下去,学校采取了一系列的措施:一是通过学校领导班子会议和全体教师例会,对教育“微创新”进行专题解读、引领性学习和动员。二是结合校本教研特点,制订了教育“微创新”论坛活动实施方案,细化活动流程,完善了保障机制。三是定期开设教育“微创新”论坛,搭建交流展示的平台。全体教师可以采取自主申报或组织推荐的方式参与学校“微创新”论坛的交流和展示。四是创建激励性评价方案,设立“‘微创新’论坛评价表”,全体教师现场打分,进行等级评价。同时,为了鼓励大家踊跃参与,学校还决定实行教育“微创新”与校本教研考核直接挂钩,对于特别优秀的做法进行立项研究,用课题运作来提升和推广。目前,人民网、新华网等网络媒体及《教育时报》等报刊都作了典型报道。

5.专项子课题对学校的校本教研起到了很好的促进作用

为更好地推进校本教研工作,课题组以省基础教研室的名义,审核批准了173项校本教研专项子课题。这些课题所选取的都是与校本教研有关的、学校和教师们亟待解决的问题。各个子课题组定期向总课题组汇报研究的进展以及遇到的困难,总课题组则根据具体情况给予必要的指导和支持。在大家的通力协作下,部分子课题取得了显著的成果,有力地促进了学校教师的专业发展,推动了学校的课程改革。

(二)理论成果

1.发表了一系列较高学术水平的研究论文

在研究过程中,课题组主持人和主要成员根据研究目标以及研究中遇到的问题,不断学习、不断思考、不断交流,围绕课题形成了一系列学术论文。其中,课题主持人和课题组主要成员在全国中文核心期刊上发表论文6篇,在CN类刊物上发表论文1篇,中国人民大学报刊复印资料中心全文转载1篇。173个子课题目前已经发表论文64篇,其中在核心期刊上发表12篇。课题主持人及课题组主要成员发表的论文见表2,子课题主持人在全国中文核心期刊上发表的部分论文见表3。

表 2 课题组成员在课题研究期间公开发表论文一览表

论文题目	作者	杂志名称	刊期	备注
以组织变革改进校本教研的思考与尝试	李海龙	现代中小学教育	2014 年第 7 期	全国中文核心期刊
读课:名师成长的必由之路	申宣成	语文教学通讯(B)刊	2013 年第 32 期	全国中文核心期刊;中国人民大学报刊复印资料中心全文转载
论体育教学目标分类	刘俊凯	体育学刊	2013 年第 5 期	CSSCI 来源期刊,全国中文核心期刊
胚胎工程等内容教学现状的调查及教学建议	陈保新、胡玉、刘本举	中学生物教学	2014 年第 11 期	全国中文核心期刊
“新时代的劳动者”教学设计	杨伟东、闫彦强	思想政治课教学	2013 年第 5 期	全国中文核心期刊
小学语文教师内观策略探微	张琳	语文建设	2014 年第 7 期	全国中文核心期刊
索证、立标、循序:专业听评课的“三部曲”	申宣成	河南教育(基础教育版)	2014 年第 6 期	CN 类刊物

表 3 子课题主持人在课题研究期间公开发表的部分论文一览表

论文题目	作者	杂志名称	刊期	备注
苯环学说:稳固稳定的核开创新的范式	冯涌	化学教育	2013 年第 11 期	全国中文核心期刊
印度 NCERT 高中化学教材介绍	冯涌	化学教育	2014 年第 21 期	全国中文核心期刊
新加坡 Chemistry A’level 教学交流活动观察与思考	冯涌	化学教与学	2014 年第 9 期	全国中文核心期刊
“DNA 的复制”科学史的分析与教学建议	刘本举	生物学通报	2014 年第 3 期	全国中文核心期刊

（续表）

论文题目	作者	杂志名称	刊期	备注
“植物细胞的吸水和失水”实验的分析与教学建议	刘本举	生物学通报	2013 年第 2 期	全国中文核心期刊
生物学教学的几个常见误区及分析	刘本举	生物学通报	2014 年第 10 期	全国中文核心期刊
试论“实验的参观者”角色及转换	刘本举	生物学通报	2013 年第 12 期	全国中文核心期刊
课例研究引领学校教研文化——基于信阳市五中语文课例研究的研究	余俊	中小学教师培训	2014 年第 7 期	全国中文核心期刊；中国人民大学报刊复印资料中心全文转载
“网络互动作文”评改方法探微	余俊	教学月刊	2013 年第 8 期	全国中文核心期刊
阳光兴趣课程　引领学生个性成长	张随学	中国教育学刊	2014 年第 6 期	全国中文核心期刊
尝试教育思想在我县的落地生根	于传珍	人民教育	2014 年第 15 期	全国中文核心期刊

2.出版了两本课题研究文集

课题组精选了课题研究期间省级校本教研实验校以及各子课题学校的课题研究论文和教师的教学案例，编辑出版了《校本教研与组织变革：教师探索篇》和《校本教研与组织变革：学校建设篇》。

《校本教研与组织变革：教师探索篇》一书汇集了课题实施以来河南省校本教研的先进经验。全书共分为三个部分：第一部分以课题研究引领方向，收录了 4 篇荣获 2013 年度河南省校本教研专项课题一等奖的研究成果，它们不但过程规范、成果丰硕，而且采用了研究报告、成果公报和研究叙事等不同的文体，在研究成果的表达方面值得借鉴。第二部分收录了 3 所学校的组织变革经验，为学校组织文化的变革和校本教研的创新提供了新视角。第三部分用课例展示成果，讲述了 4 位教师的课例研究故事，生动鲜活，耐人寻味。

《校本教研与组织变革：学校建设篇》精选了 46 篇典型材料，分为网络教研、校际教研、学校层面教研、教研组层面教研和名师工作室 5 个部分，反映了河南省中小学全面深入开展校本教研的崭新面貌与团队建设新成就。课题组的主要成员及在此研究领域学有专长的名师（教研员）还对这些材料进行画龙点睛式的评析，对读者深入思考组织变革中的团队建设具有很好的启迪和引领作用。

3.对校本教研中存在的一些热点问题进行了梳理和分析

新世纪课程改革带来了新的教学理念，与这些新的教学理念相适应，各种教学思潮和教学模式也应运而生，这些思潮和模式自然成了校本教研的主要内容。但是，由于教育教学是一种高度情境化的活动，无论是哪一种先进的教学思潮和教学模式，如果不经过学校的本土化处理，就很难发挥改善教育教学、促进基础教育课程改革的作用，有时甚至会适得其反。因此，对这些思潮和热点进行系统的梳理，挖掘蕴含其中的本质性的东西，就成为校本教研一个难以回避的重要问题。否则，教师就不能真正理解它、运用它。在本课题的研究中，课题组借助调查研究、学术沙龙等活动，对基础教育领域的一些热点问题，如学案导学、探究性学习、课例研究等进行了梳理和分析。如针对学案导学这一教学热点，课题组进行了深入的讨论，挖掘出了其产生的背景，指出了实践中存在的问题，提出了相应的对策。

二、社会影响

（一）课题组成员申宣成在“提升学生学习质量”论坛作主题报告

2013 年 11 月 21 日至 23 日，课题组主要成员申宣成博士应天津市滨海新区教育局的邀请，参加了该区和华东师范大学课程与教学研究所联合举办的“提升学生学习质量”论坛，并在大会上作主题报告。申宣成博士的报告是《探究性学习的功能和设计要领》。该报告围绕新课程提倡的探究性学习这一主题，首先结合三个教学案例分析了探究性学习的三大取向，即能力取向、体验取向和社会取向，归纳了探究性学习的三种教学存在形式，即以教学环节形式存在的探究性学习、以独立课时形式存在的探究性学习、以项目形式存在的探究性学习。之后，申博士再次结合案例分析了探究性学习的两大设计要领：一是情境的设计要具有真实性、趣味性、参与性的特征;二是问题的设计要体现深度、向度、梯度等。由于理念先进、案例丰富、生动有趣,该报告在与会人员中引起了很大的反响。之后,申宣成博士还先后应邀在洛阳举行的"河南省第三届课改先锋公益论坛"以及北京市五路居第一中学作"探究性学习的功能和设计要领"的主题报告。

(二)课题成果在全国基础教研系统负责人联席工作会议上展示交流

2013 年 12 月,第二届全国基础教研系统负责人联席工作会议在上海召开,河南省基础教育教学研究室以"创新工作机制,加强专业指导,促进校本教研品质的提升"为题作了汇报交流,集中呈现了河南省的校本教研工作经验以及课题研究成果,得到兄弟省市基础教研部门的认可和关注。

第三章　主要结论与研究局限

一、研究的主要结论

（一）学校组织结构的变革是改进校本教研的关键

1.对校本教研终极意义的肤浅理解束缚了校本教研的深入推进

要解决校本教研实施中存在的问题，我们有必要回到问题的原点，思考这样两个基本问题：一是校本教研是什么；二是我们实施校本教研的终极意义是什么。只有弄清楚了这两个问题，我们才有可能顺藤摸瓜，找到问题的症结所在。换句话说，如果我们连校本教研这两个基本问题都没有弄清楚，那么校本教研的实施也就必然会目的不清、方向不明。关于校本教研的内涵和意义，目前比较通行的说法是，校本教研是以教师为研究主体，以教师自己工作的学校为基地，以教师自己在教育教学过程中发现的具体问题为研究对象的一种教学研究活动。其直接目的是为教师解决新课程实施过程中遇到的具体问题提供一个路径，促使教师反思教学，互帮互助，从而尽快提高教师的新课程实施能力，深刻理解新课程理念；其长远目标是要在学校形成“以教师为主体的、具有鲜明学校特色的一种群体学习与合作文化”。[①]

课题组认为，上述说法虽然抓住了校本教研的一部分特征，如以教师为主体、以问题为内容、以反思和合作为手段等，但它们仅仅是一些显性的、表层的特征，远非校本教研的核心。而正是由于理解的局限，导致人们在推进校本教

① 胡庆芳、陈向青、徐谊等著：《校本教研制度创新》，北京：教育科学出版社，2007年，第29页。

研时要么徘徊不前,要么行而不远。

2.校本教研的终极意义在于唤醒教师的教研热忱和专业自觉

那么,校本教研的终极意义究竟是什么呢?德国著名教育学家斯普朗格曾说过一句话:“教育的最终目的不是传授已有的东西,而是要把人的创造力量诱导出来,将生命感、价值感唤醒。”这句话原本是提醒教师应如何对待学生的,但它对学校管理者同样适用:要让教师唤醒学生的生命感和价值感,学校的组织者和教学管理者首先要能够唤醒教师的生命感和价值感。正如余文森教授所言:校本研究只有转化为教师个人的自我意识和自觉自愿的行为,才能真正地落实和实施。[①] 让教师从教育问题的解决和教学现象的罗列走向自我价值的认同和生命意义的探寻,才是开展校本教研的终极意义和核心使命。因此,校本教研表面上看是为了发现并解决教育教学中存在的问题,而其实质则是通过问题解决和反思合作,激活教师的研究热情和工作动力,使他们发现生活的意义和教学的价值,提升专业的自觉和生命的质量,体验生命的精彩和职业的幸福。简言之,唤醒教师的教研热忱和专业自觉才是校本教研的终极意义。

3.校本教研终极意义的凸显有赖于组织结构的改变

在弄清了校本教研的终极意义之后,再来回顾与反思我们十余年的校本教研实践就不难发现,我们在实施校本教研时存在很大的问题。例如,从推进手段来看,我们强调的是检查、监督和灌输,却忽略了信任、诱导和唤醒;从环境营造来看,我们强调的是集中、封闭和单一,却忽略了民主、开放和多元等。在这诸多问题中,组织文化变革具有举足轻重的意义。正如管理学家卡梅隆和奎因所说:组织文化变革是变革的关键因素,忽视组织文化或失败的组织文化变革将导致其他方面的挫折。[②] 变革组织文化,较为便捷而有效的途径就是从组织结构的变革做起,通过组织结构的变革,让学校管理从烦琐、僵硬、垂直转向简单、灵活、扁平,以组织结构的变革促成人际关系和生态环境的变化,从而唤醒教师的生命感和价值感,激活他们参与教学研究的内部动力。而组织结构变革的具体路径则是以有机适应型组织补充或代替科层制组织。

---

① 余文森、洪明编著:《校本研究九大要点》,福州:福建教育出版社,2007 年,第 3 页。

② 金·S. 卡梅隆、罗伯特·E. 奎因著,谢晓龙译:《组织文化诊断与变革》,北京:中国人民大学出版社, 2006 年,第 2 页。

（二）传统的科层制学校组织结构无法适应校本教研的内在需求

目前，绝大部分的学校组织包括校长、副校长、中层干部、教研组长和普通教师等五个层级（如图9），有的学校还在教研组之下设有备课组长，这就成了六个层级，从而构成了一种典型的科层制结构。

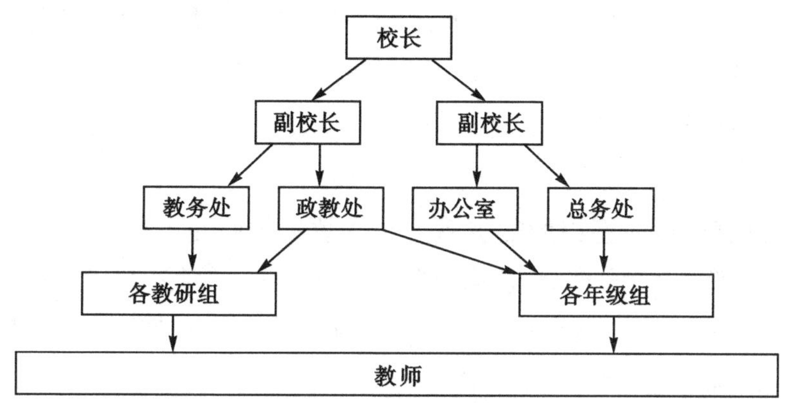

图9 传统的科层制学校组织结构示意图

科层制组织主要具有五个基本特征，即专业分工细密、等级管理严格、规章制度繁复、非人格化和职业定向。严密的制度、森严的等级和明确的分工使成员各负其责；非人格化管理排除了人情关系，这些特征对于标准化生产的工厂的确是高效的，但运用到学校管理尤其是校本教研上，反而极有可能遏制教师的教研热情，削弱他们的工作动力。原因主要有以下两方面。

1.烦琐的组织层级阻塞了校本教研的信息交流通道

“听君一席话，胜读十年书。”“独学而无友，则孤陋而寡闻。”这两句话从正反两个方面说明了信息交流在为学中的重要性。自由的、无所顾忌的研讨气氛可以在很大程度上激发人的研究灵感、点燃人的创造精神。正因为如此，在校本教研中，除个人反思之外，人们还特别提出了同伴互助和专家引领两个途径。而无论是同伴互助还是专家引领，其前提都是彼此之间信息畅通。烦琐的组织层次不但增加了组织成员之间信息传递的时间，造成信息的衰减和讹误，而且极容易增加组织成员之间的心理疏离感。在科层制的学校组织架构中，教师要和校长沟通信息，需经过四五个层级，其心理距离是非常大的。由于组织架构的层层阻隔，不少校长已经成了十足的行政领导者，难以发挥其专业领导者的作用。

2.过度的外部控制损伤了教师的专业自主性和创新力

学术研究作为一种高层次的精神创造活动,它与流水线式的作业有着根本的不同,熟练的技术工人需要严格的操作规程,而研究和创造则需要尽可能宽松的环境。和谐密切的人际关系、富有弹性的人格化管理不但有利于在教师之间建立学习共同体,增强教师的专业自尊心和职业归属感,而且可以成为研究创新的润滑油和催化剂。而繁复的规章制度所带来的心理压力和外部控制都会对精神的自主和创造带来消极的影响。

(三)有机适应型组织能够满足校本教研的内在需求

为了变革科层制的弊端,美国管理学大师沃伦·本尼斯提出了一种新的管理学理论——有机适应型组织。该理论为我们变革学校组织提供了新的思路。

1.有机适应型组织的定义和特征

所谓有机适应型组织,就是由各种专家组成的、解决问题的、临时的多个系统,在评价任务的管理专家的协调下成为一个不断变化的组织。这种组织因任务而设置,任务来源于工作中的问题;组织结构是非平衡的、有机的。具体而言,有机适应型组织主要有四个特点:第一,这种组织是层次简单的扁平结构,由高层管理者和底层专家组成,没有中间层。第二,组织内部由交叉并存的若干任务小组构成,组织成员间的角色具有互替性和合作性,成员可以在各小组之间兼职,并由此实现小组间信息的横向交流。第三,组织成员是平等的,构成是有机的,谁能解决工作问题谁就发挥领导作用,无论他预定的角色是什么。第四,个人愿景与组织愿景高度吻合。

由此可见,有机适应型组织所秉承的基本文化建设是,在信息高度发达和分工日益精细的新媒体时代,组织中的每个人都可能是专家;在高效运转的组织中,没有任何一个人(包括组织管理者)能够包打天下,管理者的角色应该是赋权、尊重、发现,唤醒组织成员的生命感和价值感,让专业的人做好专业的事。这与校本教研对组织文化的要求可谓不谋而合。

2.有机适应型学校组织的基本架构

为了有效地推进校本教研,需要在有机适应型组织理论指导下对当前的学校组织结构进行变革,使学校成为一个以教师为核心的、扁平结构的有机适应型组织(如图10)。

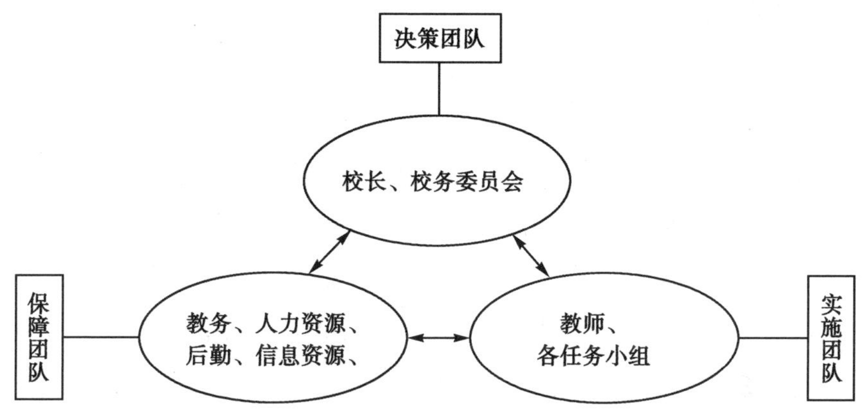

图10　有机适应型的学校组织结构示意图

这个组织由三部分组成,即决策团队、保障团队和实施团队。其中,决策团队是组织的领导者。需要注意的是,这里的决策者不是校长个人,而是一个团队。它和其他两个团队之间不是简单的领导与被领导关系,它们之间存在着双向的信息交流,不再是校长对教师具有绝对权威。保障团队是由原来学校的中间管理层而来,但在新的学校组织结构里,其功能由管理转化为服务和保障,主要是为实施团队的各任务小组提供后勤保障和技术支持。实施团队由专业教师组成,他们直接与决策层对话,与保障团队平等合作,共同推动学校的发展。学校的运行程序大致是这样的:校长(决策团队)通过与实施团队和保障团队的深入交流提出学校的愿景,实施团队的教师根据学校教育教学的实际需要和问题或根据校务委员会的要求自愿组成若干任务小组;他们经过与决策团队的交流,确认任务的必要性和完成的可能性后成为正式的任务小组,问题或任务的提出者即担任小组的临时负责人。小组负责人通过校务委员会向保障团队提出任务完成的后勤保障和技术支持要求,在实施任务中允许改变研究方向或生成新的任务从而成立新的小组。任务完成后由校务委员会组织教师专家小组进行任务评价,小组解散。可以看出,有机适应型学校组织中,教师成为学校的核心,是决策的参与者、任务的提出者、实施的组织者、效果的评判者,真正成了学校的主人,从而唤醒教师的自我意识,使他们自觉自愿地完成工作任务。

(四)以有机适应型组织改进校本教研的三种模式

1.项目组模式

这种模式是对传统校本教研组织模式的一种深刻的变革。按照有机适应型组织理论的要求,建立以各种项目组为核心的学校教研运行机制,变科层制的组织结构为扁平式的组织,减少了组织内部的层级,加强了教师之间的信息交流,凸显了教研的专业化取向。但是,因为这种模式涉及对现行学校组织的深度变革,其遇到的阻力自然更大。推行这种模式,要求管理者具备较高的管理艺术和个人魅力,能够妥善地处理组织变革中出现的复杂问题。

2.双轨制模式

这种模式是对传统教研组织模式的一种改良。该模式不是对传统组织模式的颠覆,而是运用变革中的加法原则,在传统学校组织层级之外,另外设立一个以专业为主导的组织架构,两个结构并行不悖,分别履行自己的职责。如濮阳市实验小学在既有的"教科室—教研组(备课组)—教师个体"组织轨道之外增设了濮阳市实验小学适度教育研究所,聘请省内外一些知名专家做顾问和特约研究员。研究所下设三个研究室,研究室打破了年级组、教研组界限,根据大家的共同志趣、爱好,组织一部分教有余力的骨干教师建立了 11 个研究共同体,每个研究共同体的负责人由研究顾问、特约研究员、学校校长(副校长)和中层领导担任。由此形成了组织结构的另一个轨道,即"研究所—研究室—研究共同体"。该轨道利用教师的研究专长,聚集专题研究,采用随机式、约请式和成果推广式的教研方式,有效地激发了教师参与教学研究的积极性。

3.共同体模式

与项目组模式和双轨制模式相比,共同体模式的主要特点是摆脱了学校组织的限制,它不是某个学校领导者引领的组织变革,而是完全由"术业有专攻"的某一个或某几个教师发起,在某个学校内部或不同学校之间成立的教研共同体。这种组织的自发性、灵活性更强,对学校内部组织变革的依赖性也更小。由于信息技术的飞速发展,共同体模式的组织变革日益表现出强大的生命力。在自媒体时代,教师们借助各种网络平台,可以更为便捷地进行研讨交流。按照共同体涉及的空间区域,可以将共同体模式分为网络教研共同体、区域教研共同体、校际间教研共同体、校内教研共同体等。在我们课题研究实施的过程中，商丘小学语文网络教研共同体、项城课题研究网络共同体都吸引了众多的教师，开展了卓有成效的研讨活动，在全省乃至全国引起了较大反响。

二、研究中存在的问题

(一)需要进一步开发系统的、更具创新力的工具

在整个研究的过程中，我们在校本教研的组织文化变革和教研平台建设方面取得了较大的成效，但其间也发现了一个亟待解决的问题，那就是我们在推进实验校的建设中还缺乏系统的、更具创新力的工具。比如，在第一次全省校本教研交流会之后我们发现，尽管每个校本教研实验校都进行了经验交流，但是由于大家你说你的做法，我说我的做法，研讨的主题不聚焦，研讨的广度有余而深度不足，这在很大程度上削弱了交流的效果。于是，在召开第二次和第三次全省性的校本教研交流会之前，我们就事先确定了研究主题，比如我们将第二次校本教研交流会的主题确定为课例研究，所有参会的学校代表都围绕这个主题进行研讨交流，加上专家的学术报告、现场的听课评课，大家感觉收获很大。但是，即便是研讨的主题聚焦了，这种交流的次数毕竟很有限，会议的容量也很有限。由此我们意识到，要想更快地推进校本教研实验校的课程改革，就必须围绕某个主题，开发出系统的、更具创新力的校本教研工具。仍以指导校本教研实验校开展课例研究工作为例，尽管我们明确了课例研究的重要性，提出了课例研究的三种方法，但要想让教师真正掌握这些方法，真正变革教学理念，并不是一两次会议和培训就能够解决的，而是需要围绕课例研究这一主题，设计出一个具有创新力和冲击力的培训课程，并在校本教研实验校不间断实施(时间可能是一个学期、一个学年甚至更长)，才能让教师发生更大的改变，才能使校本教研更有实效。目前，课题组成员着手在这方面进行尝试，如申宣成博士开发了《以课例研究为载体的教师参与式培训课程纲要》，并已经在一个校本教研实验校展开了实验。这将是我们下一步研究的重点。

(二)需要加强有机适应型组织理论的本土化研究

在整个课题研究过程中,我们引入了一种颇具生命力的组织文化理论——有机适应型组织理论,用这种理论指导整个校本教研文化的变革,收到了良好的效果。而且,这种力量也对河南省基础教研室自身产生了深刻的影响。2014年,省基础教研室的几项重点工作就采取了项目组推进的方式,六个项目组全部是一种专业导向的、灵活的组织。但是,在将这种理论付诸实践的过程中,无论是校本教研实验校还是省基础教研室自身,都不可避免地遇到了一些曲解和阻力。这一方面是因为在专业导向的组织变革中,有些实验校的领导一时还难以适应,有时会自觉不自觉地对教师的研究进行行政干预;另一方面是因为有机适应型组织是基于西方社会的文化和结构提出的理论,它自身也需要纳入中国传统文化中优秀的东西,如在进行专业合作时,我们传统文化中的“言无不尽”“和而不同”“谦虚严谨”等理念就非常重要。

(三)需要适当加强定量的研究

由于本课题的研究主要是一项综合性的行动研究,其主要目的是在工作中研究、以研究促进工作。加上研究范围涉及全省,研究的难度较大、任务较重。在整个研究推进的过程中,会议的组织、各个参与单位之间的协调消耗了课题组成员大量的时间;加上本研究在研究设计时侧重于思辨,而对实证研究方法关注不够,这使得整个研究数据定性研究有余而定量研究不足,以至于有些研究结论还缺乏足够的说服力。这也是我们下一步研究需要重点改进的地方。

参考文献

[1]王洁,顾泠沅. 学校教研现状与问题诊断:上海市“八区联动”校本教研专题调研之一[J],上海教育,2005(11).

[2]王鉴. 校本教研:问题与策略[J],基础教育课程,2007(4).

[3]朱慕菊. 改进和加强教学研究 工作深入推进新课程实验[J],人民教育,2003(5).

[4]肖川,胡乐乐. 论校本教研与教师专业成长[J],教师教育研究,2007(1).

[5]吴刚平. 校本教学研究的意义和理念[J],人民教育,2003(5).

[6]刘良华. “问题”还是“方法”? ——走出校本教研的“方法中心”[J],教育发展研究,2004(9).

[7]余文森. 论以校为本的教学研究[J],教育研究,2003(4).

[8]崔允漷. 有效教学[M],上海:华东师范大学出版社,2009.

[9]余文森. 校本教学研究的实践形式[J],教育研究,2005(12).

[10]顾泠沅,王洁. 教师在教育行动中成长:以课例为载体的教师教育模式研究(上) [J],课程·教材·教法,2003(1).

[11]陈秋宾,李晓红. 以校为本 区域推进:山西省太原市杏花岭区校本教研探索[J],教育理论与实践,2005(8).

[12]河南省西峡县基础教育教学研究室. 课堂教学的革命:西峡“三疑三探”教学模式理论与实践[M].开封:河南大学出版社,2009.

[13]操太圣,卢乃桂. 论学校组织变革中的教师认同[J],华东师范大学学报(教育

科学版),2005(3)。

[14]沃伦·本尼斯. 领导的轨迹[M]. 姜文波,译. 北京:中国人民大学出版社,2008.

[15]李继秀. 教师发展与学校组织变革创新[J],教育研究,2008(3)。

[16]胡庆芳,陈向青,徐谊,等. 校本教研制度创新[M]. 北京:教育科学出版社,2007.

[17]余文森,洪明. 校本研究九大要点[M]. 福州:福建教育出版社,2007.

[18]金·S. 卡梅隆, 罗伯特·E. 奎因. 组织文化诊断与变革[M]. 谢晓龙,译. 北京:中国人民大学出版社, 2006.

[19]邵水潮, 申宣成. 论有机适应型组织对普通高中新课程实施的促进作用[J]. 当代教育科学,2012(20).

[20]埃德加·沙因. 组织文化与领导力[M]. 马红宇,王斌,等译. 北京: 中国人民大学出版社, 2011.

[21]舒悦. 当代美国学校学习共同体问题探析[J]. 外国教育研究, 2007(2).

[22]杨炎轩. 教研组文化变革:组织文化变革理论的视角[J]. 教育发展研究,2010(10).

附 录

培育机制变革典型 促进教研工作创新
——信阳市羊山中学等三所省级校本教研实验校调研报告

校本教研信阳调研组 赵阳 刘俊凯 申宣成(执笔人)

为进一步了解省级校本教研实验校开展教研工作的情况,寻找以组织文化变革推进全省校本教研工作的新思路,根据课题组的安排,2014 年 5 月 5 日至 6 日,我们对信阳市羊山中学、信阳市第五初级中学(以下简称"信阳五中")、信阳市第三实验小学三所学校进行了主题为"学校组织文化变革(学校教研机制)对校本教研实施的影响"的调研。现将有关情况汇报如下。

一、调研过程

按照调研计划,5 月 5 日全天,调研组在羊山中学开展了调研活动。调研组于上午 10 点到达信阳高铁站,10 点 30 分即召开了三所学校中层以上领导的座谈会,参加人员包括羊山中学的校长谈运斌、信阳五中的校长罗德勇、信阳第三实验小学的校长王建新以及三所学校的业务副校长、教务主任、教科室主任、省级课题主持人等。会议首先由三名校长围绕"学校组织文化变革对校本教研实施的影响”这一主题进行了汇报；接着各个学校的副校长和中层领导谈了本校校本教研机制的优点、缺点和亟待解决的问题；最后，调研组介绍了课题研究的想法，明确了重点培育学校的任务，鼓励大家形成研究共同体，为全省校本教研工作探索新路。座谈会一直持续到 12 点 30 分。

下午 2 点 30 分开始，调研组成员分别深入课堂听课，申宣成听了一节语文课，赵阳听了一节思想品德课，刘俊凯听了一节体育与健康课。课后，分别组织听课的老师进行了评课，其中参与语文听评课活动的还有信阳五中的三位语文教师。

下午 4 点 30 分到 6 点，调研组组织召开了羊山中学学校工作室代表座谈会，该校工作室的主持人和代表共 10 人参加了座谈会。羊山中学的谈运斌校长和五位年级主任也参加了座谈会。会议首先由各个工作室的主持人从工作的收获、存在的问题以及下一步工作的建议三个方面进行了简单的汇报。调研组的成员在每个主持人汇报后都有针对性地提出了问题。

5 月 6 日上午，调研组在信阳五中调研，羊山中学的三位年级主任参与了听课和座谈。上午的调研主要有两个活动：听了一节“自主互动作文”的展示课；展示课结束之后进行了评课并围绕课题研究对校本教研的影响进行了座谈。下午，调研组在信阳第三实验小学听了一节小学五年级的数学课，之后进行了评课和座谈活动。

二、调研结果

（一）信阳市羊山中学的调研结果

在以组织文化变革促进校本教研实施方面，羊山中学的力度较大，该校采用的“三纵三横”的组织模式，与有机适应型组织的特征契合度较高。通过 5 月 5 日组织的两次座谈会（学校领导座谈会和工作室代表座谈会）和三节公开课（一节语文课、一节思想品德课、一节体育与健康课），我们发现该校的组织模式和运行机制存在以下优势和问题。

1.羊山中学组织模式和运行机制的优点

（1）该校全新的组织模式有效地激发了学校的教研活力。与一般的学校相比，该校的组织层级很少，科室主任、工作室主任直接对校长负责，组织的结构是扁平的。在与校领导和工作室代表的座谈中,我们发现这种组织结构有四大优势:一是有效调动了广大教师参与学校管理和教学研究的积极性。每个工作室负责学校的某项事务,在这项事务中,工作室的主持人和成员就是主导者和领导者,从而激发了教师参与学校事务的积极性。二是让教师感受到了应有的尊严。这种组织模式较好地体现了"让专业的人干专业的事"这一理念。在专业事务中,校长不但要倾听教师的意见,还要听从教师的指导和安排,让教师感受到应有的尊严。三是让广大教师学会了换位思考和自我管理。在工作室成员参与专业事务和管理的过程中,他们体会到了作为管理者的酸甜苦辣,学会了换位思考和自我管理。四是增加了学校工作的透明度,减少误解和矛盾。可以说,"扁平""赋权""专业""单一""透明"是该校组织特点的关键词。

(2)组织的领导者具有先进的教育教学理念和较强的执行力。该校谈运斌校长对教育本质的理解较为深刻,他奉行人本主义和自主管理的理念,提出"凡是教师喜欢的就多做,凡是教师不喜欢的就少做",为教师提供了较为宽松的发展空间。同时他做事细致,善于将理念转化为行动。例如,在他的办公室中,我们看到了该校校史工作室提供的"资料收集箱",随时保存学校事务的原始资料,颇具创意。谈校长提出的从读书、叙事和课例研究三个角度促进教师专业发展的路子也颇有见地,与我们课题组提出的教师专业发展的思路基本一致。

(3)该校组织内部的人事关系相对简单,人心较齐,士气较旺。这一方面得益于学校是一所新建的学校,也得益于校长先进的治校理念和治校风格。

2.羊山中学组织模式和运行机制中存在的问题

(1)工作室作为一种非官方的机构,执行力不够强。在与工作室负责人的座谈中,我们发现很多工作室成员反映一些科室和班主任有时不配合工作室的工作,从而影响了工作的效率。比如绩效工作室往往不能及时收到各个处室提供的数据,端敬书法工作室在组织全校书法活动时班主任不传达活动的通知等。其他学科教学研究工作室的成员没有在座谈会上表态,运作情况如何还需要深入调研。这让我们感觉到有机适应型组织也需要科层制的配合。但在座谈会之后的非正式访谈中,我们了解到,学校校长发现这个问题之后,曾想让科室主任分工负责辅助各个工作室的工作。对于校长的这一想法,有的工作室主持人表示支持,有的工作室主持人则不太同意,他们认为工作室是一个"民间"组织,校领导的介入会改变其固有的结构，消解其优势。看来，在我国的学校环境中，有机适应型组织和科层制的融合和平衡是一个有意义的、复杂的研究问题。

（2）工作室主持人和成员的专业素养难以满足工作的需要。如书法工作室、心理咨询工作室的主持人都感到自己的专业素养不能满足工作的需要，要求学校定期邀请专业的书法家、心理咨询师到学校讲学。但从另一个角度来看，教师意识到了自己专业的不足，恰恰为其发展提供了动力。这其实是一件好事。

（3）从学校提供的几节公开课来看，该校教师的课堂教学能力和课程实施能力亟须加强。因为该校不但建校时间短，而且教师的平均年龄只有 29.5 岁，大多数是刚走上工作岗位的大学生，这些教师教学热情高，学科知识基础扎实，但他们教学经验不足，不知道用什么办法将自己的知识教给学生。展示的三节公开课从教学的整体设计到细节处理都存在很多问题，尤其是体育学科的教学。该校虽然有很好的体育教学设施，但其体育课程的实施水平却很低。我们认为，导致这一状况的原因可能有两个：一是缺乏体育课程教学专家的专业引领；二是该校迫于中招考试的压力，对体育学科的教学不太重视。如果后一种状况真正存在的话，那么该校必须及时调整自己的办学思路，否则其课程改革的效果会受影响。

（二）信阳市第三实验小学的调研结果

1.信阳市第三实验小学教研机制的优势

（1）该校的领导班子具有较强的学习能力。该校的组织架构虽然较为传统，但校长和领导班子有较强的学习能力，做事目标明确，汇报思路清晰，知道什么时候用什么方式做事。这为校本教研的开展奠定了基础。

（2）该校采用的捆绑式教研有助于教师的专业合作。但对其是如何开展捆绑式教研的，我们还没有进行细致的调查研究。

（3）该校的课题研究开展得较为扎实。以该校承担的一项关于小组合作学习的课题研究为例，从对王章成老师的一节小学数学课的观摩中，我们发现该校提倡并开展的小组合作学习是真实有效的。教师们结合自己的教学实践在这方面进行了认真的探讨，也总结出了一些行之有效的方法。

（4）该校教师年龄结构较为合理，教师的整体素质较高。从该校提供的一节数学课来看，该校教师的课程素养也较高。

2.该校在校本教研方面主要存在的问题

(1)组织的活力有待加强。由于该校建校的历史较长,教师的年龄偏大,从座谈中可以发现,他们参与研讨的积极性没有羊山中学的教师高。这需要学校用一些新的思路激发教师的教研热情和活力。

(2)学校的硬件设施较差。其中的一座教学楼还是20世纪70年代建成的,非常老旧。学校整体的硬件设施与羊山中学相比差距很大。

(三)信阳五中的调研结果

对该校的调研聚焦在以课题研究引领校本教研这一领域,调研情况如下:

1.在校本教研领域的优势

(1)领导和教师参与课题研究的热情较高。该校同时承担了4项省级课题的研究,参与课题研究的教师多,骨干教师的引领作用发挥得较好,研究取得的成果也较多。

(2)从对该校祁东老师自主互动作文展示课的观摩来看,他们的课题做得比较扎实,教师在课题研究中付出了很大的努力,如提供了自主互动作文的基本程序,创新了作文活页纸的设计等。

(3)参与课题的教师真正体会到了课题研究对教学的促进。

2.存在的问题

(1)对于课题研究,该校许多教师在认识上还存在误区。从座谈和课堂观摩中,我们发现该校还存在教学工作和课题研究两张皮的现象,对课题研究的作用理解不到位,对课题研究尤其是对理论的学习有恐惧感。

(2)从展示课来看,其课题研究在实践操作层面还不太完善。例如,其作文评改程序的设计和实施都存在一些问题,在时间的分配、作文评改标准的呈现、优秀习作的展示、学生作文兴趣的激发等方面都有待进一步的研究和提升。

三、对进一步推进校本教研工作和课题研究的建议

本次调研使我们进一步了解了校本教研实验校在组织文化变革方面的实际做法,也让我们对我省校本教研工作和课题研究产生了一些新想法和新思路。总

体来看,我们过去两年的校本教研和课题研究工作在理论引领、平台构建、理论研究上有所突破,但在对校本教研实验校的个体诊断和区域推进方面缺乏深度的介入和有效的措施。为了落实2014年我室"加强专业引领 促进教研创新"的工作思路,体现部级课题"实践研究"的特点,在下一步的校本教研工作和课题研究中,我们亟须改变研究方式、优化研究内容,从面的指导转向点的培育,从理念的引领转向策略的改进,从间断的联系转向持续的跟进。具体建议有以下三点:

(一)加强系列化跟进式指导,形成新的校本教研工作和课题研究路线图

为了加强对省级校本教研实验校的专业引领,我们有必要选择2—3个地市、6—7所校本教研实验校,在深度调研诊断的基础上,设计出系统的改进方案,最终通过方案的实施促进样本区域和样本学校教研品质的提升。而后以此为样本,带动全省校本教研品质的提升。

(二)加强研究的顶层设计,形成有创新性和竞争力的服务产品

要做好选点区域和实验校的指导和改进,我们就要拿出一个系列化的方案。以提高教师的课程实施能力为目的,以教研员和省名师为培育主体,以专题讲座、名师作课评课为主要形式,以校内外的协同共进为主要动力,以课堂教学指导为主阵地,从学科教学的改进和课堂变革切入组织文化的变革,以组织文化的变革反作用于校本教研的改进,实现区域共同体的协同发展。

(三)信阳市和羊山中学等三所实验校具有较好的合作条件

信阳作为河南省较为偏远的地区,从地域来看符合我们教研指导向偏远地区侧重的原则。羊山中学作为一所新建学校,一方面其组织运行机制灵活,与我们的课题研究思路契合度高,另一方面其教师普遍年轻,热情有余但经验不足,课堂教学亟须改进,因此提升的空间很大。同时,其校长教育理念较新,愿意接受新的东西。这些都为我们的合作研究提供了良好的条件。因此,我们可以以羊山中学为重点,以其他两所学校为两翼,成立信阳校本教研实验校区域培育的共同体。与此同时,在郑州、濮阳建立相应的区域培育共同体开展实验研究。

第二部分

优秀案例

第一章　区域教研组织变革优秀案例

基于有机适应型组织理论的网络教研
——以“商丘小语”主题网络教研为例

案例持有人：李斩棘

所在单位：商丘市基础教育教学研究室

主要合作者：巩长虹　刘伶俐　朱剑峰　李志华　王清梅

一、问题的提出

我国网络教研的发展是随着互联网的发展逐步实现的。1997 年，广东顺德区碧桂园学校的教师开始利用顺德电信开通 BBS 教育版，共同探讨教育教学问题，拉开了我国网上教研活动的序幕。2000 年，一篇名为《一个跨越时空的学科网上虚拟教研中心》的文章发表在《化学通报》上，这是在学科刊物上首次出现“虚拟教研”，标志着我国相关研究者开始了对虚拟教研理论的研究。

在先进技术的支持和专家的理论指导下，网络教研的环境得到不断改善，逐渐形成了与传统教研不同的网络教研形式。伴随着新一轮基础教育课程改革的不断深入，网络教研在基础教研中的作用越来越大。在 2004 年，新课程网络教研平台由教育部基础教育课程教材发展中心主持并创建。从此，网络教研的相关研究迅速增多。

已有的网络教研研究从网络教育的实现形式、活动内容、运行模式、平台构建、活动流程等方面分别作了具体的实践探索。我们可以得出结论:相关教育理论工作者和一线教师一直关注网络教研的发展变化,他们已从不同的视角,对其进行了广泛而深入的研究,取得了一定的理论和实践成果,并且有启发意义和应用价值。但综合来看,从个案研究和问卷调查相结合的角度了解中小学教师参与网络教研活动的现状及具体专业成长情况的研究还是比较少,还需要不断完善,对如何结合网络教研的实际促进教师专业成长的策略研究不够细致。

2009 年,我们进行了现状的调查。调查发放试卷 300 份,回收 278 份,有效试卷 266 份。从参与调查的人员来看,90%的身份是一线教师,以小学教师为主,教龄以 5—9 年、10—19 年的为主,参与调查的教师遍及全国 11 个省市。

教研活动内容中,学生情况和班级情况这两项就占了 90%。由此可见,教师关注的问题以现象为主,只是问题本身,很多时候不能追本溯源,这是制约一线教师教育教学水平发展的一大瓶颈——理论知识匮乏。50%左右的教师认为常规教研活动效果一般。不足之处主要表现在计划性不强,流于形式,交流深度、强度、范围不够,组织不力,成员积极性不高。

未参与到网络教研的教师中 43%是因为信息技术水平有限,很难开展网络教研活动,45%的教师是没有意识到运用网络来开展教研工作。另外,通过问卷还可以发现 50%左右的教师对自己的信息技术水平感到不满意。由此可见,教师的网络技术能力有待进一步培训与提高。

关于网络教研是否需要制定约束机制的问题大家意见比较集中,73%的教师认为不需要。这或许是因为网络教研的时间并不在工作时间里,而往往安排在晚上。同时,7%左右的人认为还是需要约束机制的,这说明他们有较强的上进心,值得鼓励。

在网络教研活动中,大家普遍遇到的问题是网络设施不完善,常常因为网络故障而影响效果;教师的来源范围广,群体不固定,关系松散,信息技术水平参差不齐,影响网络教研效果。这两项占了 90%。这也是我们网络教研需要重点思考和解决的问题,正是带着这些问题我们走上了网络教研之路。

二、核心概念的界定

沃伦·本尼斯认为,未来的组织结构将是有机适应型组织,它具有这些特征:临时性,组织将变成适应性极强的、迅速变化的临时性系统;围绕着有待解决的各种问题设置机构;解决工作问题要依靠由各方面专业人员组织的群体;组织内部的工作协调有赖于处在各个工作群体之间交叉重叠部分的人员,他们身兼数职,同时属于两个以上的群体;工作群体的构成是有机的,而不是机械的,谁能解决工作问题谁就发挥领导作用,无论他预定的正式角色是什么。

周卫华老师在《网络教研绽开智慧之花》一文中指出:"所谓网络教研,是借助网络这个大舞台,让教师在有组织、有目标、有方案、有策略、有过程、有反思、有总结的情况下的一种教研形式。"网络教研是一种依托网络平台开展教研活动的新方式,它充分利用网上丰富的资源,基于教师个体成长和学校整体发展的需要,把教育教学实践和教师研究活动紧密结合起来,以教学实际问题的解决来直接推动教师专业的自主发展,让教师养成一种持续学习的习惯,成为专业发展的主人。

"商丘小语"是依托商丘市基础教研室小学语文学科成立的一支集教研员、省市级名师、骨干教师于一体的学习型、实践型、科研型的网络教研团队。多年来,商丘市教研室小学语文学科一直坚持将网络教研作为学科常规工作来开展。"商丘小语"因此而变成了本地的学科名片。

"商丘小语"以传播教育信息、探索教育规律、交流教育经验、研究课堂教学为宗旨,在市教研室的支持和引领下,依托商丘市小学语文名师工作室和网络工作室团队,广聚人才,共享资源,且行且研,达到共同进步、共同发展、共同成长的目的。

"商丘小语"的发展经历了四个时期,从 2009 年就尝试开展活动,中间经历了启动期—组建期—实践期,一直到现在的发展期。2013 年以"依托网络平台进行网络教研 促进小学语文教师专业成长"为题申报了河南省基础教研室的有机适应型组织下的校本教研课题。该课题于 2013 年 6 月获批准立项,2014 年 8 月结题。2016 年 12 月,该项课题成果申报第二届河南省优秀教学成果奖评比,获得了省级一等奖。

三、解决问题的过程与方法

多年来,“商丘小语”的组织结构、运转方式、人际沟通和管理评价方面正是践行了有机适应型组织理论。

(一)有机适应型组织在“商丘小语”网络教研平台开发中的体现

要想开展网络教研,活动平台很重要。“商丘小语”网络教研刚开始就是随机选取 QQ 群,后来因为发起者自己比较喜欢新浪博客,就选择了新浪博客,看到呱呱视频平台可以播放课件,就选取了呱呱视频工作室,看到别人都在用微信公众号,又申报了微信公众号。

这些平台在刚开发的时候是随意的,没有考虑到关联性。经过一段时间的尝试后发现,因为平台太多,降低了教师参与的积极性。参与网络学习的教师,信息技术水平参差不齐,那些水平不高的教师,想学习却因为网络平台复杂而放弃。基于这种状况,我们选择减少网络平台的使用。2015—2017 年,我们保留了三种平台:QQ,博客、微信。这样就由随机选择的平台,转化成了为研修教师提供系统化、立体化的网络研修平台,体现了有机适应型组织理论,保证了网络研修的效果。

(二)有机适应型组织理论在“商丘小语”网络教研团队建设中的作用

1.专业化网络教研共同体的组建

“商丘小学语文交流群”于 2011 年 11 月创建。由刚开始的几十人发展到了现在的 2000 多人,一路走来也不是一帆风顺的。刚开始,我们把在外面的语文群里认识的朋友拉了进来,后来这些朋友又拉了他们的朋友进来。此时这些教师都是自发、随机地走到一起来的。

随着人员的增多,问题又出来了。很多商丘本地的教师虽然加入了交流群,但因为市级、县区教研员和学校领导都在群里,大家轻易都不说话,虽然人多,但没有活力。

组建合理化的人才资源体系迫在眉睫。一个群里既要有高在云端的专家，也要有脚踏黑土的一线教师；既能进行理论的讨论，也能进行实战的探讨。

在大家的努力下，一些出版社、杂志社的主编、副主编、编辑，优秀的教研员、名师，还有一些有思想、爱语文的教师纷纷被请到群里，队伍慢慢壮大了。群里这个时候就存在很多不同层次的人，有大学教授、全国名师，有教研员、一线教师，还有出版社、杂志社的编辑。这样，有专家引领，有教师参与，有媒体支持，一个网络教研团队就形成了。

研修成员的大样本和异质性是网络研修成功的关键因素。“商丘小语”吸引了一大批学者、教师、国内知名的专家教授进入研修团队。这样，形成了四个具有差异化的教师学习共同体：专家学者、优秀教研员、知名教师、普通教师。这个团队因为有了专家学者的理论提升、优秀教研员的专业引领、知名教师的示范辐射、普通教师的实践研讨，将活动实效指向了专业化发展。

自 2013 年开始，在商丘市教研室的大力推进下，各县、区小学语文教研员带动当地的骨干教师也陆陆续续成立了教研群。其间发展了五个以县、区教研员为主的网络教研分群，与“商丘小语”一起拥有群成员 6000 余人，形成了以“商丘小语”主群为中心的环绕式教研共同体。

这个团队的组织结构是临时性的，然后变成了适应性极强的、迅速变化的临时性系统，符合本尼斯的有机适应型组织理论。

2.网络教研管理共同体的建立

活动的顺利开展离不开为交流群义务服务的人。群里有人了，当然还需要甘于奉献、乐于服务的团队成员，这就产生了“商丘小语”管理团队。

首先在群里找到那些有思想、有时间、熟悉网络、敢说话、热爱“商丘小语”的成员组建管理团队。因为我们的组织是自发的，为了打造平台需要消耗很多时间和精力，团队成员的所有工作又都是无偿的，所以“热爱”非常重要，从某种程度上说，这也是平台建设的关键所在。“商丘小语”要求大家树立三种观念：合作观、服务观、共建观。

目前，我们的管理团队拥有成员 60 多人。在每次活动中，这些成员有的负责一项工作，有的身兼数职。有组长、有活动主持、有宣传、有录音、有文本整理等，这样的分工使得每一次活动都有条不紊、有序进行。每次开展活动都会发挥每个人的特长。大家都是志同道合的朋友,在一起是开心愉悦的,团队意识、奉献意识都很强。这一点,符合有机适应型组织解决工作问题要依靠由各方面专业人员组织的群体及强调组织成员的彼此信任等特点。

(三)有机适应型组织理论在网络教研研修活动中的引领

多年来,“商丘小语”长期坚持以开展丰富的、多样的、高质量的网络教研活动为宗旨。从刚开始随机确定话题,到现在以主题研修为主开展活动;由之前平台利用充满无序性到现在研讨活动定期定时稳步进行;从原来随意邀请活动者到现在有计划、有目的地选择权威的发言人……活动的开展越来越规范,越来越有计划性。“商丘小语”成了小语界口碑较好的网络团队之一,充分体现了有机适应型理论的特点。下面就介绍一下我们开展的主题研修活动。

1.有计划的“接龙”活动

“商丘小语”的几个网络教研共同体,在团队的整体规划下,呈现了一个接龙状态。我们会在周一至周日,分别在各个群进行教研活动。如:周一在“民权小语交流群”,周二在“梁园区小学语文群”和“夏邑小语群”,周三在“商丘前进小语群”,周四在“商丘小学语文交流群”和“商丘示范区小语群”。

课程安排实行资源共享,部分课程安排得一样,这些相同的课程会在各个群里轮流进行教研活动。每到活动的时间都会有专职的管理员进行宣传,在各个群里发群视频链接,点击链接进入群视频,就可以参与活动。教师只加入一个群就能参与其他几个群的网络学习。这样的接龙形式方便教师在业余时间进行网络学习。

与此同时,我们还不忘打造各群的特色,群负责人可以自主选择其他教研内容,做到了教研内容的多元化。

2.目标明确的主题研修活动

为了保证每次教研的质量,团队还精心统筹安排活动内容,以主题研修为主。如:以理论学习为主题的研修活动,以课题研究为主题的研修活动,以语文板块教学(识字教学、习作教学、群文阅读、绘本阅读、微课制作等)为主题的研修活动,以课例(专家的课、大赛的课、自己的课等)研究为主题的研修活动和以“同课异构”“同课同构”为主题的研修活动等。

“同课同构”“同课异构”网络研修活动是2016年我们“商丘小语”网络教研的创新点。我们首先在网上呼吁,招集愿意参与网络研修的人员,然后进行集中分工,按低、中、高学段分三组。由组长负责分工进行网上集体备课,一组是以“同课同构”的方式备课,一组是以“同课异构”的方式备课,一组是不同的人备不同的课,之后形成方案录制课例。然后,分组在主群里展示,并邀请专家点评、指导,然后再分组教研,再备课,再录制,再展示。后来这种网络备课方式被我们用在了商丘师范学院国培计划的培训上,效果显著,被省教育厅认可并推广。

3.教材培训的网络研修活动

我们还将线下的培训引入网络。比如,2017年暑假商丘进行了小学语文统编教材一年级的教材培训,主讲老师是商丘市小学语文名师工作室成员,每人分担一个板块,培训效果很好。于是,我们就在暑假里请他们来到“商丘小语”群里进行新教材培训。这样的培训不仅让本地教师受益,群里来自全国各地的教师都能听到讲座、都能受益。

“商丘小语”网络教研,因按时、正规、高质量而得到越来越多人的认可和效仿。几年来,“商丘小语”成功举办网络话题讨论、视频培训、课例研讨等活动400余次,参与讨论教师近3000人。很多优秀的农村教师一直苦于无人引领、无处学习,“商丘小语”和我们这样的做法极大地吸引了他们,提高了他们学习的积极性。

活动之后,管理人员要整理实录,写出报道发表在“语韵飘香”(河南省“商丘小语”)新浪博客和“语韵飘香商丘小语工作室”微信平台上,做好资料的整理、积累和展示,不仅有效利用了这些平台,还让参与教研的人有所收获,得到展示自己、宣传自己的机会。这些体现了有机适应型组织理论所提出的工作群体的构成是有机的,而不是机械的,谁能解决工作问题谁就发挥领导作用,无论他预定的正式角色是什么这一特征。

(四)有机适应型组织理论对“商丘小语”网络教研的影响

依托有机适应型理论,“商丘小语”由原来的一些志趣相投的教师聚在一起,利用业余时间做自己喜欢的小学语文教研形成的自发组织,发展到现在的依托商丘市基础教研室小学语文学科,集教研员、省市级名师、骨干教师为一体的学习型、实践型、科研型团队，已有八年时间。团队中的教师纷纷成长起来，商丘小学语文教学也依托这个平台培养了很多优秀的骨干教师，提升了我市的小学语文教学质量。

此时的“商丘小语”成员已经不仅仅来自商丘，而是来自全国各地。群里有很多愿意自我成长的教师，也都很优秀。发现这样的教师，我们就组成专家团队帮助他们成长。商丘本地的教师，我们把他们作为重点培养对象，帮助他们备课、磨课，做教科研；外地的教师，我们就在网络上给他们找师傅，进行师徒结对，让他们采用同伴互助、自我反思、推广阅读等方式进行专业的提升。

“商丘小语”网络教研为一线教师提供了更为快捷的学习、交流平台，消除了地域、时间的限制，促进了一大批青年教师的成长。如商丘市第一实验小学的马娜、商丘市民主路第二小学的张捷、夏邑县圣源学校的娄海英等老师均在全国各类大赛中获奖。一些教师还主编了《超好看　最暖作文》《晨读经典》《新语文读本》等书籍。商丘当地的教师通过网络教研有了更广阔的平台，群里经常可以看到他们发表文章的消息。很多在商丘网络平台讲过课的专家和老师被邀请成为“国培计划”特约讲师，并到多地进行讲座、讲课。

“商丘小语”团队也受到了社会的关注，《小学语文教学》杂志在 2013 年第 6 期为我们出版了专刊，我也有幸成为《小学教学》《语文知识》的封面人物。

群里来自全国的小学语文教师，因自己积极、认真参与，取得耀眼成绩的不胜枚举。如安徽马鞍山的张文娟老师，笔耕不辍，坚持群内学习，自我提升，后来经过层层推荐和评审，最终成为安徽省农村教师中为数不多的特级教师；河北的李二猛老师把自己的课堂设计拿到群里研讨，经由打磨参加全省大赛获得一等奖；等等。

（五）有机适应型组织理论促进“商丘小语”网络教研的推广

在有机适应型组织理论的影响下，我们越来越感受到了网络教研的优势，于是将经验进行推广。

1.网络教研制度的推广

为了让网络教研制度化、责任化，团队制定了群内规章、管理员章程、培训手册、管理人员职责等制度。这些制度都是我们在长期实践中不断摸索、修改而制定下来的，现在被推广运用在各个群里。

2.网络教研活动的推广

(1)语文学科网络教研活动影响到其他学科。

在商丘小学语文学科的影响下，我室教研员也纷纷在各学科名师工作室的基础上成立了中学语文群、中小学英语群、中学数学群等。

其中，2017 年在商丘课题群里开展了一系列的课题通识培训。主讲人基本都是各县、区课题办负责人、中原名师和往年做得比较好的省级课题主持人。就这样，我们将全市的课题培训从线下走入线上，节约了很多时间。

(2)网络教研影响到其他教师。

随着“商丘小语”的逐渐成熟，网络教研活动内容除了原来的小学语文学科专家、名师做讲座，又增加了普通老师的个人成果展示和当地学校校长做讲座等活动。

群里的成员来自全国各地，可谓卧虎藏龙。在活动中，我们发现有思想的教师，便邀请他们做讲座；遇到自己做研究且卓有成效的教师，给他们创造机会在群里做经验交流；聘请教研员为活动点评专家。

2016 年，我们专门开设了校长讲坛，邀请商丘当地的校长到群里做讲座。这些校长有商丘重点小学的，也有县、区小学的，还有农村小学的。学校环境不同，校长们的讲座角度不同，内容都很精彩。这些活动改变了校长们对网络教研的认识，同时也让他们学校的教师多了一条学习的途径。这些学校的教师纷纷参与到网络教研活动中来。“商丘小语”网络教研得到更多人的认可和效仿，影响力逐渐扩大。现在很多学校都有自己的教研群和微信群，并开始了扎实有效的教研活动。

(3)网络教研影响到其他区域。

我们还邀请了外地市小学语文教研员做讲座。如邀请了濮阳市教研员张自福、濮阳油田教研室韩素静、许昌市教研室吕蔚屏、济源市教研室王海燕做客“商丘小语”，让他们体验网络教研形式，感受它的好处，以便将这些方法运用到他们所在的地市中去。这种推广方式进一步扩大了有机适应型组织的理论影响力。

四、“商丘小语”网络教研的典型问题

西南大学教育学部教授、教育学博士于泽元参加我们的网络教研活动之后，给予了指导。他指出了三点不足：一是对有关网络主题研修组织方式的效果还缺乏非常深入的统计处理；二是有关研修的主题系统性还不是很强，还具有一些随机性的特征；三是对有关网络主题研修的组织方式还缺乏系统的总结。这些方面如何改进是我们下一步需要思考的问题。

此时的“商丘小语”已经不仅仅代表课题组的几个成员，不仅仅代表商丘本地的教师，它代表的是追寻小学语文教研幸福感的团队，代表的是一种理想，一种追求。“商丘小语”将伴随教师们在网络教研的道路上一路欢歌、携手同行！

基于有机适应型组织理论的中小学新概念快速作文教学网络区域教研

案例持有人:曹洪彪
所在单位:濮阳市中小学教育教研室
主要合作者:晁忠强　赵志喜　王瑞金　贾瑞芳　贾红亚

一、问题的提出

(一)教育困境,亟须解决

《国家中长期教育改革和发展规划纲要(2010—2020年)》中提出:把促进教育公平作为国家基本教育政策,把提高教育质量作为教育改革发展的核心任务。教育公平,除了体现在工资待遇方面,还体现在让每位教师获得均等的学习机会及发展空间上。作为肩负教育重任、走在时代前沿的教师群体,渴望有更多学习、交流、提升专业素养的机会。“请进来、走出去”的传统模式已满足不了教师专业发展的需求。这种教育困境亟须解决。在“互联网+”的信息时代,网络教育更要走在前面。

(二)网络兴起,教研嬗变

随着网络的普及,课堂教学焕然一新,教研也迎来一股清新之风。教研的主体是教师,教研的形式灵活多样,如个人反思、团队互助和专业引领等。教师要想提高教学水平,就必须走教研之路。有了网络教研做支撑,区域教研就有了更多的选择和便利。当大多数人仅把网络当作一般交流工具时,濮阳市中小学教育教研室2009年就已开始启动了中小学新概念快速作文教学网络区域教研活动。

（三）应时而生，创群建制

根据“有机适应型组织理论”的适应性特点，2009 年 3 月 6 日，在濮阳市教研员曹洪彪的积极倡导下，我们创建了新概念快速作文呱呱视频平台，每周三晚上 8:00 至 9:30 进行网络教研活动。为便于广大教师交流，2015 年秋季我们将教研平台从呱呱视频平台转移到 QQ 群平台，建立了新概念快速作文交流群，即新概念快速作文工作坊。这个群刚开始是教育部初中语文示范性工作坊语文教师交流群，几乎涵盖河南省全省语文学科的骨干教师，现在已发展成为国培学习交流平台，其成员来自全国各个省市，已发展到 3000 多人。

网络教研室下设 7 个小组，以新概念快速作文工作坊为主阵地，以 10 个 QQ 群、微信交流群、新概念快速作文公众号和新概念快速作文网站四大网络平台为依托。2009 年 3 月至 2015 年 2 月，由 4 个教研小组轮流组织活动。从 2015 年 3 月开始，由市直学校、县区单位语文教研组组织活动。2017 年 4 月 7 日至今，由新概念快速作文教学骨干培育团队 13 个教研团队轮流组织教研活动。

二、过程与方法

（一）统筹规划，善始善终

每学期，开学第一周周三晚上 8:00，准时召开本学期网络教研活动计划研讨会，统筹活动目标、内容、小组分配、人员分工，确定活动时间等。学期末，召开总结会议，总结取得的经验、收获、成就，同时查找不足，以作为下学期教研突破的重点。截至 2018 年 2 月，中小学新概念快速作文网络教研活动已开展了 261 期，积累了宝贵的经验，取得了丰硕的成果。

（二）日志引领，步步推进

2017 年 4 月 7 日，在濮阳市教育局、濮阳市教研室的大力支持下，中小学新概念快速作文教学网络教研团队开始了新概念快速作文教学骨干燃梦行动，小学、初中、高中语文老师共339人,每天坚持自发地思考教育教学、思考(感悟)人生,每人每天自发写教学反思、教学日记、随笔。13个中小学语文教师团队,339位老师自愿参与,截至2018年2月,已经有超过10万篇教学反思、教学日志。每个团队都有专人负责统计本班每天的日志,并在微信和QQ骨干引领群里发布。无论节假日还是工作日,教师们每天写作,从不间断。坚持写日志已成为新概念快速作文教学团队语文骨干教师的一种习惯,已成为一种自发的专业成长方式。每周提前公布的共写话题,也是下周网络教研活动的主题。共写话题的优秀日志会作为教研活动交流的重要内容。

提前一周,群工作团队把下周活动主题以校讯通或微信方式发给每个成员,让教师提前思考活动内容。负责播放视频的教师提前准备好与话题有关的教学实录或讲座,主持人提前做好调试耳麦等细节工作,小组成员提前准备好与之有关的教学设计或做法,保证网络教研活动顺利进行。

(三)规范操作,崭露头角

每周三晚8:00至9:30是活动时间,信息发布员会再次在微信群、QQ群里发公告,邀请全国各地的教师参加活动。活动平台是新概念快速作文工作坊QQ群的视频房间。

活动开始时,主持人宣布本期活动主题、活动议程、话题选取的意义以及需要解决的问题等。然后,播放准备好的相关视频,包括名师课堂、专家讲座、专题研讨等。播放视频的同时,成员可以随时交流。视频播放之后,主持人作总结,邀请教师代表发言,发言的过程就是思想碰撞的过程。活动结束时,主持人对整个活动作总结和点评。来自清丰县的晁忠强老师和国家级贫困县台前县的赵志喜老师,参加网络教研活动200多期,每期都精心准备发言内容,和大家交流自己的想法和做法。到目前为止,他们的发言稿已达50万字之多,这本身就是一笔丰厚的财富。他们的文字有的已在国家级刊物上发表,有的已是省课题研究的重要材料。

(四)资源共享,惠及教师

网络教研活动结束后,负责人撰写编辑教研通讯,并把教研活动视频和通讯发到群文件里资源共享。教研通讯、教学日志、优秀反思同步发送到公众号里,内容涉及审题方法、构思方法、结构安排法、教研感悟等,篇篇皆是教育教学的营养大餐。

我们还计划将优秀日志和优秀发言内容结集成书,让这些宝贵的经验惠及更多教师。

三、教研成果

(一)构建高效网络教研运行机制与结构

根据著名管理学大师沃伦·本尼斯提出的有机适应型组织理论,新概念快速作文网络教研团队形成了一个有机教研机制。自发有序的健康运行体系,解决了学校教研甚至是教育行政部门不能及时解决的教学教研问题,积累了一定的宝贵经验,取得了显著的成效。

1.专家团队，答疑解惑

中小学新概念快速作文网络团队,是由新概念快速作文创始人、享受国务院特殊津贴专家、特级教师曹洪彪,中原名师路桂荣,省级教育教学专家贾瑞芳,特级教师史丽平、于秋存、陈瑞花等80余名专家,张怀文等100余名市、县、区教研员,朱玉荣等300余名中小学骨干教师带领的优秀团队。每周三晚8:00定时开展教研活动,探究全国各地的教师在教学教研中感到困惑的问题,不同层面的问题由不同的骨干教师帮助解决。若遇到疑难问题,及时请求专家答疑解惑。

2.“双三”模式，助推成长

专家团队带领两三千人的教研团队,经过酝酿、尝试、实践、推广、探索出中小学新概念快速作文网络教研“双三”教研模式(该模式的要素和流程见下页图),使共同体的所有成员都在反思中进步、成长,尤其能让那些在传统教研工作会议上缺乏自信、不善言辞、碍于面子、不敢主动参与问题讨论的教师畅所欲言,增强参与的自信心,更给有志于教研却没有条件的农村偏远地区的教师搭建了学习和展示的平台。

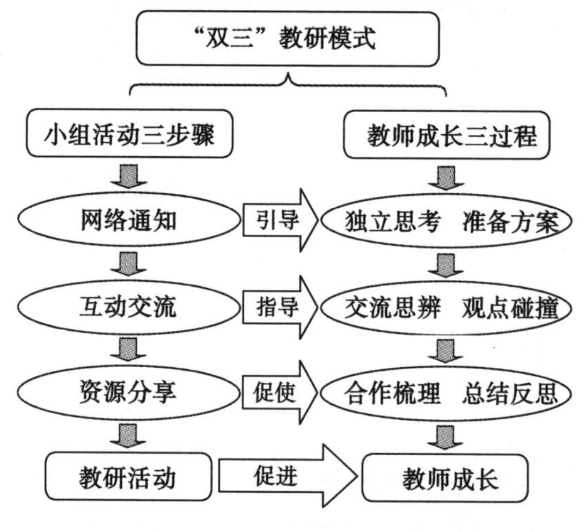

“双三”教研模式的要素和流程示意图

3.交流便捷，规范科学

中小学新概念快速作文网络教研室研讨形式有专家引领和伙伴交流。

专家引领包括专家亲临指导、观看专家讲座、研讨专家课例等。通过观看讲座或课例等,我们可以汲取专家的思想精髓,获取有用的信息和教学经验。

伙伴交流包括研讨问题交流、学术讨论、经验介绍等。交流形式既可以在群里公开提问,也可以通过私聊与专家、同伴单独对话,还可以进行语音交流。伙伴交流不管是自己提出问题,还是答复别人的问题、简要陈述自己的观点,都能促进教师进行反思,激发教师从现象到本质的思考,实现同伴互助、共同提高的目的。

（二）价值与特色

1.网络教研的多元价值

(1)携手网络,创新模式。在教育领域,“互联网+教研”已经普遍被大家认可。互联网与传统教研深度融合体现了时代对教育的新要求。此时,中小学新概念快速作文团队的网络教研活动已经开展了 7 年,印证了“互联网+教研”在教师成长的过程中不可忽视的作用,创新了教研活动的新模式。

(2)机制发力,破解难题。中小学新概念快速作文团队利用网络跨时空、多主体、互动强的功用,破解了个人无法解决的教学、教研过程中遇到的深层问题，助推教师专业发展。团队规范运作，形成机制，持续发力，每周固定时间，确定专人主持。团队成员即使不能第一时间参与，也可以通过浏览研讨记录、下载QQ群文件、查阅公众号内容等方式进行学习。这种活动形式使团队站在了教研的前沿，破解了“独学无友”的难题，弥补了教育行政部门组织的各类培训的不足。

(3)示范引领，多维辐射。经过几年的发展，从呱呱视频到QQ群视频，中小学新概念快速作文网络教研室吸引了全国各地教师竞相参与，其中，北京、浙江、广东、山东、新疆、贵州、云南、安徽、重庆、福建、甘肃、广东、广西、贵州、河北、湖北、湖南、江苏、江西、陕西等25个省(直辖市、自治区)已经超过3000人。值得一提的是，引起更多外地市教师模仿、借鉴和参考，开创了“百花齐放”的网络教研形式，为全国兄弟学校搭建了网络教研桥梁。

(4)开拓创新，体验幸福。网络教研以“自下而上”的教研形式，团队成员不计个人得失，自愿组织到一起，析教材、探教法，拓展了校本教研的空间，创新了校本教研的方式。新概念快速作文网络教研室以其专家引领、同行思辨、自我反思、即时互动等优势，成为语文教师深度学习的场所、研究交流的家园、专业成长的中心和体验幸福的乐园。

2.教研活动的务实特色

教育是一门科学，也是一门艺术，新概念快速作文网络教研尊重科学规律，注重教研艺术，更注重务实。这主要体现在三个方面：

(1)网络教研，立体覆盖。中小学新概念快速作文网络教研室教研的范围涵盖小学、初中、高中所有教育阶段的作文教学。参与研讨人员有一线教师、教研员、教研组长、教研主任、教学副校长、校长、名师、专家，还有学生家长和学生。研讨人员来自不同地区，有农村、县城、市区、油田、省城，有本省的，也有外省的，覆盖面较广。

(2)围绕问题，多元互动。除研讨房间管理员提出的研讨话题、序列话题之外，参与研讨的成员还可以随时把难题、困惑如教研员教研问题、教师教学问题、家长辅导问题、学生写作问题、作文序列问题、作文课程问题等打在公屏上，研讨主持人针对所提问题发表见解，与大家共同商讨解决方案。遇到大家都解决不了的难题，房间管理员会电话邀请名师、专家团队成员，适时进房间，给大家答疑解惑。

(3)方便快捷,提升效率。中小学新概念快速作文网络教研室有多个活动阵地,网络教研方便快捷、信息量大,节约时间和经费,实现了教师跨区域、同时间、大范围、多层面的交流,对于平衡地域教育发展水平,破解不同地区、不同学校教师的成长难题,突破传统教研协作的瓶颈,补充传统教研的不足,有着重要作用。在网络教研室和名师对话,凡是不明白的地方都会得到专家名师的悉心指导,这对农村一线教师来说机会难得,也是传统教研模式望尘莫及的。

四、效果与反思

(一)显著的效果

网络教研的宗旨是服务一线、服务基层,让参与教研活动的教师研有所获。中小学新概念快速作文教学网络教研八年多来坚持常规做法讲规范、规范做法讲创新、创新做法讲突破、突破做法讲坚持。实践证明,网络教研坚持讲规范、讲创新、讲突破、讲坚持,是当前和今后开展网络教研的主要趋向。

1.国家级教学成果奖的诞生

中小学新概念快速作文教学网络教研促进了国家级教学成果奖——中小学新概念快速作文教学实验研究的诞生,催生了“中小学新概念快速作文教学实验研究”“新概念快速作文应用实验研究”等16项省级优秀教科研成果奖,让数以百万计的师生从中受益,教师学会了教作文,学生学会了写作文。

2.开创了中小学作文教学的序列体系

261个网络教研日的研讨积累,261期网络教研活动的开展,创立了中小学作文教学目标序列、内容序列、写法序列、思维序列、情志序列等五大序列体系,出版了涵盖小学、初中、高中三个阶段的作文课程《新概念快速作文课本》12本,在当前中小学作文教学领域产生了强烈反响,被《中国教育报》以《开创作文教学序列体系》为题重点报道。

3.加速了全国各地语文教师的专业成长

网络教研惠及全国不同地区、不同学校的教师,使他们得以共同成长。如本市范县农村教师王丽霞被评为河南省最具成长力教师,被选调到县教研室工作，指导全县的作文教学；网络教研室成员路桂荣、于秋存、晁忠强、赵志喜、刘桂彩等32名教师被评为省、市级教学名师；史丽平等4名教师被评为特级教师。另外，董金刚、马祥勇等120名四市两省的骨干成员参与撰写了《新概念快速作文课本》。外省市的许多教师如黑龙江的白语歌、四川的王春秀、山西盂县第一中学的王强等也在网络教研中受益。一大批教师在参与网络教研的过程中走上了自觉研究的道路，体验到了做教师的职业幸福。

（二）不凡的道路

八年多来，我们收获了网络教研的喜悦，也体验了不少前进道路中的辛酸。参加网络教研的教师都是自发参与，克服了没有时间、没有经费等诸多困难。

在网络教研中我们也遇到了一系列困难，比如有的教师不会播放视频，有的教师话筒调不出声音，不能和其他教师进行语音交流，还有的教师不知如何进入研讨房间等，但这些困难都被我们逐一克服了。下一步我们还打算召开更多成员参加的技术培训会，对教师们在网络教研中遇到的技术难题进行培训，以便进一步提高参与者的网络教研水平。中小学新概念快速作文网络教研将继续携手广大一线教师，在新的征程中焕发新的光彩。

网络教研助推卢氏教育均衡发展

案例持有人:王群力

所在单位:卢氏县基础教育教学研究室

主要合作者:李卫玲　王万青　赵新亮　吕金宏　段建芳

一、问题的提出

卢氏县是深山区县、国家级贫困县和革命老区,到处是连绵不断的大山、曲折迂回的河流,恶劣的自然条件制约着卢氏县教育的发展。这主要表现在五个方面:一是教学规模不均衡。卢氏县有中学 25 所,小学 261 所,教学点 231 个,在校生 54059 人,大部分学校信息闭塞,交通不便。学生规模上千的学校和十几个、几个学生的教学点并存。二是硬件建设不均衡。学校占地面积严重不足,功能室几乎没有,器材奇缺,运动场地不达标。三是教育质量不均衡。城区学校的质量名列全市前茅,农村学校质量却极低,城乡差距悬殊。四是教师素质偏低。中级教师、特岗教师是卢氏教育的主力军,存在着教师观念落后,专业化不够、专业教师严重不足,体、音、美教师奇缺等现象和问题,很多教学点体、音、美课开不齐。五是教研教改不均衡。条件较好的学校已经开始尝试"翻转课堂",条件差的学校还停留在抄写纸质教案上。

二、解决办法:推行"互联网+"城乡教育、教学一体化

卢氏县教体局正副局长、各科室主任、教研室和电教馆全体成员、全县部分中小学校校长先后赴北京、上海、深圳、山东等教育较发达地区学习"互联网+教

育”的经验；多次召开网络教育教学专题会议研究部署“互联网+教育”推进的策略和方法；出台了《卢氏县“互联网+”城乡教学教研一体化实施方案》（卢教文字〔2017〕63 号）、《卢氏县网络课堂研究实施方案》（卢教文字〔2017〕139 号）、《卢氏县均衡创建课程直播活动实施方案》（卢教文字〔2017〕88 号）；明确了现实条件迫使卢氏县教育只能走“互联网+城乡教学教研一体化”道路的这个共识，预期实现常规管理有新突破、教师发展有新期待、教学质量有新提升三个目标；成立了以教体局正副局长为正副组长、教研室和电教馆正副主任为组员的领导小组；要求全县各级教育部门和教育工作者进一步细致规范做好网络教研，借助网络平台适时发布国家课程资源、校本课程资源、网络直播课程，各校按需要选择使用，并建立反馈机制，实时按需要建设和推出新的课程资源。

三、主要内容

（一）强化应用，助推教研纵深发展

1.利用信息技术迅速传播教改教研信息和优质教育资源

我们迅速建立 QQ 群、微信群等交流平台，使各种通知、教研信息迅速传达到卢氏县的每个角落。在此基础上建立起“集体备课联盟”，可以跨校、跨乡甚至跨县、跨市进行集体备课。部分学校还借助地理优势，和周边县、市及外省市一些名校建立联盟，较好地解决了小规模学校教师的备课问题。在建设“集体备课联盟”的同时，教体局还适时开通了教育资源平台和视频课平台，全县各学科教研员组织优秀教师上传自己的教学设计、课件、训练题、检测题、课堂实录、特色课程等内容，供教师们下载使用。目前，资源网上保存着近五万份课件、视频、测试题等资源，全县教师都可以凭账号和密码随时获取。

2.利用信息技术做到乡镇教师足不出乡便可参与大型教研活动

目前，卢氏县已建 26 个视频会议室，乡镇教师已经实现了足不出乡参与大型教研活动的愿望。2016 年 9 月 14 日，卢氏县进行了第一次网上“说听评三位一体展评”活动，标志着卢氏县与百里奔波开大会的教研模式彻底告别。《教育时报》以《卢氏县：让网上教研成为新常态》为题报道了这件事，提到网上教研活动的开展不仅便利、快捷，还大大节约了成本，取得良好实效。自此以后，每周

中小学两次教研活动已成惯例，从不间断，各种研讨会、竞赛、大型实践活动、学科质量分析、教师培训也都使用信息技术进行直播，效果良好。

3.利用信息技术丰富优质视频资源

目前，卢氏县已在县直和各乡镇建起了25个录播室，在2015年的“一师一优课，一课一名师”活动中，录课2150节，其中860节被评为市级优质课。三门峡市教委发文称：“卢氏县在这次活动中表现尤为突出，他们领导高度重视、认识到位，电教、教研部门沟通深入、合作默契，整个活动起步早、动作快，活动范围广、参加人数多，工作细致认真扎实，晒课多且评课材料齐全规范，值得其他县及市直学校学习。”2016年录课1825节，191节被评为市级优质课，再次夺得全市第一。2017年录课1632节，233节被评为市级优质课，又一次夺得全市第一。三年中，102节获省级优质课，20节获国家级优质课。这些各级优质课大大缓解了优质视频资源不足的问题。

4.利用CCtalk直播平台开展网络教研

到目前为止，卢氏县已建起了CCtalk各级平台500多个。其中，教研平台1个，学科平台20多个，学校平台72个，学校学科群226个，学生家长群188个，班级平台50多个，直播课程近60门，线上线下学习不下5万人次。

(1)应对突发事件。卢氏县东城小学二(4)班、二(6)班因为水痘疫情停课两周，任课教师利用CCtalk开设语文、数学网络直播课程，实现放假不停课，确保学生成绩不受影响。2016年11月22日，一场暴风雪突降豫西大地，卢氏县教研室迅速响应市教体局号召，组织实施网络课程。从“三门峡云课表”看，在这场活动中共计直播30节课程，有20节来自卢氏县。这两个事例对教师、教育主管部门和学生家长影响很大，教师队伍迅速掀起了学习CCtalk直播技术的高潮。

(2)实现多场活动同时直播。北京市委为卢氏县开展两次“水源地送教到卢氏活动”，卢氏县教研室成功解决了录播教室和CCtalk结合的难题。全县8个学科教师2000余人在自己学校通过手机、电脑观看了直播活动，效果良好。多场活动同时直播问题的解决具有重大意义，自此以后，同一天分学科开展网络教研活动在卢氏县已经变成现实。

(3)实现户外直播。在卢氏县每学期召开教育教学流动现场会已成常态，其中重要的一项活动是同时通过 CCtalk 直播多节观摩课,并直播阳光大课间以及下午大会实况。通过集体攻关,成功把摄像头和笔记本电脑结合起来,解决了户外直播问题。户外直播问题的解决,标志着网络教研不仅可以走进每一间教室,而且可以走进校园网络信号覆盖的任何一个角落。

(4)助推高效课堂的深化。我们把网上说听评三位一体研讨课、教学评估"高效课堂"抽检课直播、学校特色课堂展播三方面结合起来,通过直播课堂实况,做到榜样带领和差课曝光,引起学校和教师高度重视,推动了高效课堂步步深入。

(5)实现优质课大赛、课题立项。卢氏县的各学科优质课大赛完全通过 CCtalk 直播方式进行。评委们在各自电脑前观看比赛、打分、现场公布成绩。选手们可以通过视频查看其他教师的教学实况,把自己和同行的课进行比较,从而使参赛的每位教师对自己的成绩心服口服。这种公开、透明的竞赛方式,赢得了一线教师的一致好评。2016 年,卢氏县近 100 个课题立项,我们也尝试通过 CCtalk 直播方式进行,借此提高课题立项的透明度,加大了教师对课题的重视程度,也提升了课题研究的质量。

5.条件较好的学校尝试"翻转课堂"

卢氏县实验中学六至八年级 24 个班、沙河中学七至九年级 8 个班、杜关中学七年级 2 个班尝试了"翻转课堂"。卢氏县教研室多次进入这三所学校调查研究,和实验教师一起研究教学策略、基本流程、课堂实操,解决难题,特别提出了与其协同发展的学校的自适应组织这一概念,目前教学运转良好。

(二)助推教育均衡发展

1.助推均衡县创建

卢氏县为了加快教育均衡发展步伐,独辟捷径,创造性地开展义务教育均衡县创建工作。卢氏县教体局出台了《卢氏县均衡创建课程直播活动实施方案》(卢教文字〔2017〕88 号)等文件,全县 60 所迎检学校以及各乡镇非完全小学,按易地新建、改扩建和无项目学校三类分组,按项目建设、校园文化、功能室建设管理与使用、特色学校建设、档案整理、教学点均衡创建、课程体系建设、德育课程实施、城乡小学及教学点一体化管理等专题,每周直播一次,每次初中、小学各 2 所。通过直播活动的开展,各学校明晰了创建节点,加大了创建力度,借鉴突出做法,瞄准本校短板,加大改进力度,提高了创建实效。

2.助推课程均衡

为了实现农村学校课程均衡,卢氏教体局先后出台了《卢氏县"互联网+"城乡教学教研一体化实施方案》(卢教文字〔2017〕63 号)、《卢氏县网络课堂研究实施方案》(卢教文字〔2017〕139 号)两个文件,为实现课程均衡提供制度层面的保障,同时下大力气推出网络同步课堂、名师课堂、专递课堂。

(1)主推——同步课堂。教研员及城区名师主讲的优质课、城区学校三位一体活动课、各种优课大赛活动都提前将课表公示在卢氏县教研网上,目前共配送 500 余节同步课供农村学校选择使用,使农村学校的学生同步学习,享受县域内优质教育资源。

(2)引入——名师课堂。教研室还为各学校引进了"美丽乡村"课程、南京栖霞区名师课程、"彩虹花"课程、夏加尔美术、快乐手工、"酷思熊"哲学童话、"鲨鱼公园"儿童科学频道等名师公益课程。

(3)配送——专递课堂。针对小规模学校多、一人一校教学点多的现实,卢氏县教研室把小学体、音、美网络系列课程建设的任务分包给了县直的优秀体、音、美教师。在网络一端,县直的教师们直播着体、音、美课程;在网络的另一端,深山区的孩子们看着大屏幕兴致勃勃地进行着各种学习活动。跟不上直播教学节奏的学校,可以自行利用 CCtalk 生成的教学视频,采取回放的形式组织体、音、美教学,效果依然良好。为了确保网络教研县域全覆盖,教研室还通过"扶贫助研"活动,为偏远小学送去教研员捐赠的智能手机。"扶贫助研"活动带动了一批教师积极加入到网络教研行列。

3.一张大课表,五级云课程

五级云课程是指通过互联网把国内外、省内、市内、县内和乡镇五个层级的优质教育资源输送到农村学校,供农村学校选择性使用。五里川镇马耳岩小学是这方面的典型代表。马耳岩小学距离县城 70 多千米,属于全县教育发展极度落后的学校。马耳岩模式的成功得益于去年五级云课程的推送。具体做法是:一年级参与深圳市南方科技大学实验学校国家级统整课程项目实验;二年级引入三门峡市外国语小学及"美丽乡村"小学课程资源;三年级主推镇中心校配送的基地学校同步课程;四年级选推“彩虹花和阅”省级课程资源;五年级配送的则是美国教师主讲的英语口语课。

自从有了网络“双师课堂”，农村学校添了色彩、有了歌声,小规模学校的教育教学有了根本变化。

(三)拓宽育人途径——开展家长学校工作经验交流活动

卢氏县各学校利用学校直播平台开展活动课、班会课、大型活动直播;教师、学生建群用于分层辅导、假期辅导和经验交流;家长群主要用于家校沟通,给留守儿童和家长建立起比较稳固的联系。有一个留守儿童把远在千里的父亲加在自己的 CCTalk 群里。这位父亲做梦都不会想到在千里之外可以看到孩子的才艺表演和生活状态,激动极了。县教体局还定期开展“家长学校工作经验交流”及“班主任工作经验介绍” 直播活动,由于内容充实、活动精彩,活动参与人数开始时只有 200 余人,结束时增加到 1000 余人,而且互动热烈。通过直播系列活动拓展了育人空间,交流了育人方法,形成了育人的合力,收到了预期的效果。

(四)开展大型综合实践活动网络直播,提升学生核心素养

2017 年,有 60 所学校、600 余名教师、2400 余名学生直接参与寒假和暑期综合实践活动。卢氏县教研室通过“卢氏县综合实践活动直播群”直播了 196 个综合实践活动。活动共系统规划了三大门类:一是综合实践活动,三个学段活动内容分别是小学阶段——社区服务、初中阶段——劳动与技术教育、高中阶段——研究性学习;二是学科活动课,内容以现行教材要求为准,以强化对课程标准的落实;三是研学旅行活动,内容涵盖了自然类、历史类、地理类、人文类、体验类等。这三大门类的内容彰显了活动的教育性、实践性、开放性、综合性,充分体现了区域特色。

在活动中,学生可以采访乡镇干部、县领导,大方得体,毫不胆怯;可以主持节目,有板有眼,颇有神采;可以深入社会做调查研究,做数据统计,毫不含糊;可以综合各学科知识,解决问题,方法科学。更让教师感动的是,他们走进养老院,走进留守儿童家庭真情互动,毫无做作之感。借助直播活动,学生的人际协

调、口语表达、社会参与等能力大大增强,感恩父母、团结合作、回馈社会等道德素养进一步提升。

社会实践活动的开展,不仅激发了教师组织活动的潜能,而且加深了师生情感。活动过后,许多教师感叹:"这些孩子的表现让人刮目相看,一定能出不少人才!"一位家长深情地说:"学生在老师的指导下,无论参加哪一类综合实践活动,吸收的都是正能量,学到的都是真知识,练就的都是真本领……这样的活动很能锻炼学生。"很多外省市教育名人也纷纷加入互动行列,留言点赞。从目前来看,视频回放次数惊人,高达430多万次,影响辐射到很多省市。信息技术大大促进了学生核心素养的提升。

(五)利用信息化平台开展乡村青年教师队伍建设与提升工程

卢氏县近八年招录了1000多名特岗教师。这些教师多数为非师范专业,而且全部在农村工作,学习和生活条件特别艰苦。为了促进特岗教师成长,卢氏县教体局组织了1214名教师参加"青椒计划",帮助特岗教师实现专业发展。赵蔚、孙婷被评为"青椒计划"优秀学员,赵蔚老师被评为全国"青椒计划"学习标兵。大批特岗教师迅速成长起来。

四、效果与反思

卢氏县开展网络教研、网络赛课、课题论证,在实现教育低成本、高效益和教育公平、公正方面有了新突破;充实、丰富了卢氏县教育资源公共服务平台内容,实现了区域内优质教育教学资源的城乡间互通共享;开展五级云课程推送和帮助小规模学校开齐、开足课程,实现县域内课程均衡。卢氏县五里川镇马耳岩小学借助网络平台开启10门公益课程,已经成为全国小规模学校"互联网+"课程的典范;利用区域教育信息化平台开展德育课程、德育活动,开辟信息化德育教育新模式,提升学生德育素养;利用信息化平台开展教学、教研、科研、课程开发及综合实践活动,提升学校内涵发展;利用信息化平台探索学生个性化学习方法,助推学生特长发展;培养了大批网络名师和双师型教师;利用信息化平台组织特岗教师参与"青椒计划",帮助1000多名特岗教师专业成长;探索出基于大数据的健全的评价体系，全面实施各学段教育、教学大数据评价。

卢氏县的互加工作得到了各级教育主管部门的高度关注和大力支持，三门峡市教育局多位领导多次给予指导和引领，市教研室多次到卢氏县开展送教送研活动，省教育厅及省教研室多位领导亲临指导，郑州大学、河南大学等单位的专业人士进行专业引领；《三门峡日报》《教育时报》刊发多篇文章报道卢氏县网络教研的做法，《河南日报》刊登《借力“互联网+” 卢氏教育扶贫走上捷径》进行了大篇幅的报道，《中国教师报》刊发多篇文章介绍卢氏县的做法，《中国教育报》也极为关注卢氏县网络教研，《人民政协报》《人民日报》也刊发有关卢氏县互加教研的文章。德育案例《让绿色德育在实践活动中找到生长的土壤》获教育部优秀案例奖，卢氏县还被定为河南省“互联网+教育”精准扶贫试点县。

卢氏县经过近几年来的实践，已经建立起了比较完整的网络教研体系，实现了各级各类学校的互联互通，实现了优质教育资源向薄弱学校的合理流动，密切了学校、教师、学生、家长之间的联系，网络教育取得了初步成绩。“卢氏互加模式”“三种课堂”“五级云课程”在中原大地乃至外省产生了较大的影响。

网络教研构建校本教研新生态

案例持有人:王瑾
所在单位:洛阳市第十二中学
主要合作者:卫君利　张海亮

一、问题的提出

没有高素质的教师队伍,一切高质量的教育计划都是空谈。教师是整个教育工作中最根本、最关键的因素。教学质量的稳步提升依赖于教师专业素养的提升。校本教研强调围绕学校自身遇到的问题开展研究,能够有效地促进教师的专业发展,提升教师的专业素养。

我校在日常教学管理中采用以年部为单位的扁平化管理,为方便管理,教师办公室都以年部为单位进行分配。但由于场地限制,每一年部的教师大都分散在不同的办公室,同一教研组的教师通常很难在同一间办公室办公,这给教研组内开展集体教研带来了极大的不便。近几年,我校传统集体教研活动仅限于由教研组组长在学期初给每位老师分配备课任务,彼此共用教学案,而对于深层次探讨问题系统和训练系统的设计是否合理,如何进一步优化教学案的研究基本处于空白状态。加上我校地处郊区,交通不便,骨干教师流失严重,先进教学经验、优秀教学成果得不到良好传承,青年教师在教师队伍中占比高且专业成长缓慢。基于上述原因,我校确定了以"网络教研构建校本教研新生态"为研究课题,打响了促进教师专业发展的攻坚战。

二、研究目标

（一）构建虚拟网络教研社区和学习共同体，实现同伴互助，促进教师专业成长，提高教师教学设计能力

以洛阳市教育局推广 eClass 网络教育平台为契机，我校充分利用其良好的协作交流机制、知识管理体制及突破时空限制等优势，通过制度保障、双轨监管，以主题教研、教育心理学学习、集体备课等系列活动，将我校的教研活动从实地搬到了网络平台，借助完善的网络教研平台功能，轻松构建学习共同体，加强教师之间的交流，激发教师进行网络教研的主观能动性，对教师的专业成长起到很大的帮助作用，为我校走出困境找到了出路，并使建立优质校本资源库，搭建教师专业成长校本平台，建立基于网络的跨时空、便捷、高效的教研新生态成为可能。

（二）研究网络环境下校本教研的基本架构，为探索校本教研提供新的借鉴模板

在网络环境中开展有效校本教研，是网络教研联系校本教研的一次积极尝试。海南省教育研究培训院原院长蒋敦杰曾指出，网络教研必须联系校本教研，只有关注校本教研，才能广泛地调动基层学校领导与一线教师的积极性，才能让网络教研具有更强的生命力。eClass 是洛阳市教育局班班通工程主推的网上教育教学平台，本课题尝试从校本教研的角度对网络教研进行更进一步深入的应用研究，以期在区域范围内有很好的示范作用，从而加快本地网络教研的发展。

三、解决问题的过程与方法

针对学校教研时间不统一、教研地点分散、教研难以深入的问题，我校结合本校有效教学体系及洛阳市教育局推广的网上办公、教研平台提出了“利用

eClass 构建校本教研新生态”的设想。该项目的实施有效地解决了我校相关教研问题,对教师业务水平的提升起到了促进作用。具体过程及方法如下:

(一)准备

1.设计调查问卷

通过多次进行广泛的问卷调查,明确了以下影响网络教研推广的因素:平台的可用性及易用性、网络的稳定性及运行速度、教师习惯的转变、学校政策的要求与支持等。

2.提高网络的稳定性和运行速度

通过对育华楼铺设有线网络、进行网络负载均衡设置和实名上网等方式,保障了网络的稳定性与运行速度。

3.培养教师使用 eClass 的习惯

利用前期推广的“基于 eClass 的无纸化办公”,促使教师养成使用 eClass 的习惯。在教师打开浏览器的同时,网关向浏览器推送 eClass 登录首页,学校的各类通知、文件发送在 eClass 上。eClass 逐渐成为教师获取学校通知与相关信息的主要途径。

4.对 eClass 平台进行二次架构

经过二次架构,eClass 平台更适合我校教研实际,降低了推广的难度。同时,通过教研组组长的集体研讨,初步确定了网络教研的基本路径和方法。

5.多次在线上线下对教师进行 eClass 教研培训

通过教研培训,使教师们充分了解 eClass 教研的便捷性,并熟练掌握利用 eClass 进行网络教研的基本技能。

(二)实施

1.有序实施,促使教师转变

学校召开 eClass 教研启动仪式。以学期为周期进行基于 eClass 平台的集体备课、主题教研、教育心理学学习。

以学科组为单位在 eClass 教室进行集体备课,教研组组长对本学科老师参与教研的情况进行考核,并按时将信息上报信息技术中心。同时,信息技术中心对各教室的情况随时监督，保障平台的正常运行和资源库的建设。每学科组每学期至少开展三次主题教研，教研主题在学科范围内，可选择在教学活动中出现的一些小问题，按照“教师提出问题—教研组组长确定研究问题—教师在平台上就研究问题进行讨论—汇总出解决办法—生成主题教研小论文”的步骤来进行。设立教育心理学学习教室，建立教育心理学题库，定期组织教师进行网上学习与考试，考试成绩作为教研组组长考核本组成员的依据之一。

2.出台规范，引领教师网络教研

学校修订内部文件——《有效教学体系的构建》，并先后两次利用 eClass 教室的论坛功能组织全体教师学习讨论“如何有效备课”“如何进行主题教研”，并根据老师们的讨论结果修订《网络教研规范》，整理归纳出《主题教研指南》。

原来老师们在主题教研中普遍存在不知道如何教研、教研选题过大或过小、研讨主题多且杂、教研问题不切合教学实际、讨论吃力但对实际的教学并无多大益处等问题，经过老师们的探讨和学校的指导，相关文件相继出台，有效地解决了主题教研中存在的这些问题，使主题教研真正发挥了应有的作用。

3.树立典型，激励教师，保证全员参与

eClass 教研探索树立了许多典型，为后进教师提供了有益的经验，并保证了全员参与、全员受益。

学校深入开展“谈谈我对 eClass 教研的感想”主题征文活动，鼓励教师畅谈利用 eClass 教研的感受，并评选出优秀征文，举行优秀征文汇报会，用身边人、身边事进一步让老师们明白网络教研的优势，激励老师们以积极的心态投身到网络教研中去。

4.绩效考核，促使教研组齐发力

学校出台教研组考核方案，根据考核方案评选优秀教研组，用先进教研组的教研经验激励后进教研组。

在网络教研开展过程中，一些教研组存在着教研惰性、学校不推便不动等问题。总体来说，网络教研的成效与教研组组长对网络教研的认可、对组内成员的要求关系密切。有些教研组在教研组组长的督促下，非常恰当地利用 eClass 平台，增强了本教研组成员之间的凝聚力，提高了教研的实效。也有一些教研组，因教研组组长对网络教研持排斥态度，不主动推进，导致该网络教研组形同虚设。为此,学校制定了详细的教研组考核方案,对教研组进行考核,考核结果直接影响教研组组长的津贴及下一学年是否被聘任,利用制度督促后进教研组。同时,学校还开展优秀教研组评选活动,召开经验交流会,让优秀教研组分享网络教研的心得体会,进一步影响、推动后进教研组。

5.优势互补，线上线下相互促进

实地教研与网络教研并不是非此即彼的关系,做网络教研并不是要完全摒弃实地教研。

所谓"网络教研"实际上是一种"以网络教研为主,实地教研为辅"的教研形式。网络教研除了方便集体备教学案,还有一个重要的优点,就是在集体备课的过程中形成学校的资源库。网络主题教研给了教师更多的思考时间,同时完整地记录了教师的讨论过程,更易形成主题教研成果。网上进行的教育心理学学习测试,不用将老师集中在一起,也不用固定时间,给了老师充分的学习自由,有利于他们充分利用自己的碎片化时间。但网络教研也不是万能的,比如备课是为了有更高效的课堂,在没有录播教室的情况下,听课活动就必须实地进行(有录播教室,仍然需要老师进行现场听课。但评课时,评课老师可以对授课老师的课进行反复观摩,然后进行中肯的评价)。开展教育心理学网上学习时间一长,很多老师都会有懈怠情绪。这时,适当地搞一些业务知识竞赛等活动能够较好地解决这个问题。因此,除了进行网络教研,我校每年仍然会开展一些线下的活动,如"河洛杯"课改大比武、每月的教师业务知识竞赛等活动。这些活动与网络教研相互补充,相互促进。

四、成果的主要内容

(一)发表了两篇高质量的论文

王瑾、卫君利的论文《提升校本网络教研质量的探究》发表在《新课程》2016年第7期。论文《探索 eClass 平台,提升教师信息素养的实践》,在2016年"河南省第二届信息技术与课程融合优质课大赛暨全国第二十届教育教学信息化大奖赛(洛阳赛区)"中荣获二等奖。

（二）编写了一本校本培训教材

张海亮、王瑾、卫君利、白小荣、陈永红、何婷、孙薇等编写了《洛阳市第十二中学网络教研指南》，作为校本培训教材使用。

五、效果与反思

（一）效果

一是有效地解决了教研不便的问题，促进了教师间深层次探讨问题系统和训练系统设计的合理性，促进了教学案进一步优化，提高了教研组的教研效果。

二是建立校本资源库，为本校教研的延续性和新教师的培养做出了贡献。

三是形成了“教育心理学学习、主题教研促进教师业务水平提升”的模式，更有利于形成高质量的集体备课模式，建立优质资源库。优质资源库的建立反过来又促进了教师业务水平的提升，从而形成一种良性循环。

四是网络平台便捷的量化统计工具，极大地减少了教研组组长对组内成员考核时的工作量，也减少了学校对教研组考核的工作量，使教研组长有更多精力组织成员进行有效教研。

（二）反思

1.网络的稳定性与速度对网络教研有重要影响

网络不稳定、网速慢直接影响着老师对网络教研的热情和信心，继而影响网络教研实施的效果。因此，网络稳定、服务器稳定、网速快是做好网络教研的先决条件。

2.绩效考核与丰富多彩的活动相结合是网络教研持续深入推进的必要条件

网络教研的便捷性在于跨时空、跨地域、资源的积累与整合等方面，但这些不足以激发教师进行持续的、有深度的教研，因此适时对教师的教研行为进行引导是必需的。学校将网络教研的相关项目纳入考核，并组织丰富多彩的推进活动，是网络教研保持活力并能持续改进的不竭动力。

3.网络教研与实地教研相结合更有利于网络教研的开展与效果提升

网络教研作为一种教研形式,有其天然的优势,也有其固有的弊端。例如:网络教研缺乏情境性,不利于教师情感的交流。因此,在进行网络教研的同时不应摒弃实地教研,适当地进行实地教研对增进教师之间的了解、培养集体感都有帮助,也更有利于网络教研的开展。例如:适当地开展知识竞赛、经验交流会、座谈会等,可以有效地增进教研组成员之间的凝聚力,增强教师的团队意识,对网络教研也能起到促进作用。

4.要确保网络教研的实效性,必须做好网络教研的理论研究

网络教研的本质也是教研,只是利用现代技术手段在一个更便捷的平台上进行教研而已。因此,如何让网络教研更契合本校教师的需求,如何才能利用网络让教研更具有实效,是进行有效网络教研必须思考的问题。不重视这个问题的解决,很容易导致"轰轰烈烈搞网络教研,为网络教研而网络教研"现象的产生。

打造教研共同体　区域教研展活力

案例持有人：王桂书
所在单位：商丘市基础教育教学研究室
主要合作者：李斩棘　李志华　巩长虹　刘伶俐

教学因教研而精彩，教研因教学而升华。为进一步推进课堂教学改革，探究培养学生核心素养的方法与途径，搭建校际交流平台，促进教师交流学习，商丘市基础教育教学研究室以有机适应型组织理论为指导，实行“区域集团作战”策略，在各县区纷纷建立了中小学区域教研共同体，提高了教研工作的针对性、实效性。以下提供三种区域教研模式，与大家交流共勉。

一、“四位一体”联动教研模式

（一）“四位一体”联动教研的内涵

“四位一体”联动教研是商丘市梁园区中小学尝试的一种教研模式。它通过整合校本教研、校际教研、片区教研和区域教研四种教研方式，构建有机适应型的教研网络，提高了教研的有效性。

1.校本教研

校本教研是新课程实施的产物，主要是指在一所学校内开展的学科教研组集体教研活动，以理论学习、集体备课、同课异构、主题教研、反思交流等活动为依托，以公开课、说课、听课、评课、教学论坛等多种形式为载体，以课程实施过程中教师所面对的各种具体问题或困惑为研究主题，通过对课堂教学中遇到的实际问题或困惑进行反思交流、同伴互助、集思广益，最后达成共识，旨在促进学科教师在专业上共同提高，进而推进学科教研团队的整体发展。

2.校际教研

校际教研主要是指在梁园区区直学校间开展的学科教研组集体教研活动。它以主题研讨、优课展示、教研沙龙、同课异构为内容，按照不同年级、不同学段分别进行，按照省、市优质课教师展示—骨干教师教学观摩—新教师登台亮相等程序，树立标杆意识，注重打造精品，让新教师学有方向，让优秀教师脱颖而出，最终整体推动学科教师全方位的专业成长。

3.片区教研

片区教研主要是指在梁园区所辖乡镇学校内开展的学科教研组集体教研活动。它以学科为基点进行区域协作教研，目的是以中心校带动周边校，以优秀教师的教学观摩带动周边学校教师，形式一般为相邻学校同学科之间进行集体备课，相互听课、评课，如采用“课例研讨型”，连环改进，交流提升。在一个片区内的学校，每校每学科均派出参培教师到另一所学校讲课，讲课的内容可由派出学校按照课例研修的五个环节，即“备课、说课、上课、观察、评课”进行，也可以提前集体备课。活动所在校的业务校长、教导主任负责安排评课，并做好记录和影像资料的保存，力争做到课课有人评，课课有提高，最终实现缩小片区校际间的教学差异，实现优质教育资源共建共享。

4.区域教研

区域教研主要是指在梁园区范围内以学科教研员为引领开展的学科集体教研活动。它以课标研读、教材分析、课题研究、课堂教学等为主要教研内容，以解决学校存在的学科共性问题为抓手，以“跟踪听课发现问题—梳理分类寻找策略—确立主题区域研讨—问题解决优化提升”为活动流程，既可以通过教研会、观摩课的形式进行，也可以通过网络研修平台进行。其中，网络研修平台充分利用网络资源，以区教育信息网为依托，构建跨时空、互动共享的学科教研网络，使教研活动在时间和空间上得到延伸。目前主要以 QQ 群、微信群为互动群组，以博客为个人空间，以教育论坛为研修中心，以微信群答疑解惑为研修形式，形成了以学科团队为主体、以解决学科问题为主题、以多元统一为教研主线的区域性网络研修格局。

以上这些教研方式，符合有机适应型组织理论中提到的组织具有“临时性，组织将变成适应性极强的、迅速变化的临时性系统;围绕着有待解决的各种问题设置机构”的特征。

(二)“四位一体”联动教研的思路

根据实际,采用有机适应型组织形式,调整教研思路。以“个体提升、区直共进、乡镇联动、整体推进”为目标,以“整体考虑、长远规划、区域划分、全面提升”为板块,以“校际片区交流、主题研讨、网络研修”为载体,以“同伴互助、专业引领、反思调整”为手段,以“资源共享、缩小差异、均衡发展”为宗旨,主要以“点”“片”“体”三结合的方式推进区域教研。

(三)“四位一体”联动教研的追求

有机适应型组织理论提出组织中工作群体的构成是有机的而不是机械的,谁能解决工作问题谁就发挥领导作用,无论他预定的正式角色是什么。“四位一体”的教研追求就体现了这一特征。如,可以同一学科的不同年级、不同学段为教研单位,确定研修主题,制订研修计划,解决学科教学中存在的实际问题。在帮助教师学习、反思、研究、对照、实践、提升的过程中,实现区域教师专业化成长,打造学科教研共同体。

(四)“四位一体”联动教研的成效

梁园区小学语文、小学数学、小学英语等学科教研亮点凸显——“同课异构”集体教研、“名师工作室”集体备课、“互联网+教研”走出特色教研路、“送课下乡”片区联动教研、“骨干教师拜师结对”教研等活动,形式多样,效果显著,受到普遍好评。例如,梁园区教研室组建的梁园区小学语文 QQ 群教研平台每周二上午10:20—11:20 开展形式多样、内容丰富的小学语文网络教研。自 2017 年以来,每次网络教研上线的老师都在 700 人以上。观课后,大家在群里各抒己见,谈收获,谈自身不足,都感觉受益良多,产生了很好的效果。

二、学校联盟模式

夏邑县教研室根据实际，打破校际、乡际界限，成立了“夏邑县农村小学课程改革教研共同体”，探索学校联盟教研模式。

（一）教研共同体学校联盟的诞生

2013 年 11 月 29 日，以会亭镇丁庄小学校长常书全为领头雁，全县八所农村小学在夏邑县教研室成立了“夏邑县农村小学课程改革教研共同体”。教研共同体制定了“低起点，小步子，多活动”的工作方法，关注课改方向，传播课改经验，资源共享，争创名师名校，带动更多学校加入夏邑的课程改革大潮。

（二）教研共同体学校联盟的壮大

一花独放不是春，百花齐放春满园。教研室及时利用典型，树立“课改盆景”，让更多农村学校以此为榜样，探寻发展之路。于是，夏邑课改共同体应时而建。通过 3 年多的努力，共同体已由最初的 8 所学校发展到了 20 多所，大有星火燎原之势。共同体成员校通过几年的联动发展，都有了明显进步。

（三）教研共同体学校联盟的做法与成效

共同体成立后，各成员校积极参与，结合实际，精谋细划，深入探究，牢牢抓住共同体的发展目标，挖掘自己学校的优势，逐渐形成了一校一品、一校一景的局面。

共同体每学期至少在一个成员校举办一次全县范围的大型开放活动。成员校要依据自己学校的实际，学习其他成员校的优点，找出自己学校的优势，并发扬优势，打造特色，为成员校提供借鉴经验。活动期间，由县教研室牵头，实行对外开放，接受检阅。活动结束后，共同体学校要集中研讨学校的活动，找出学习推广的亮点，指出存在的不足，并提出改进的方法，校际之间达到在活动中学习、在学习中提高的目的。

在共同体成员学校观摩教学时,课堂上孩子们自信大胆地展示,自由真诚地交流,抑扬顿挫地朗读,端正美观地书写,专心致志地思考,一改往日农村课堂“满堂灌”的模式。没有“命令”,同意“争论”,允许“犯错”,真诚欣赏,激励成功。每一位老师的眼中都充满了融融爱意,每一位学生身上都充满着自信,哪里还有胆小羞怯的农村娃的影子?他们的课堂充满活力,充满情趣。

一路前行,一路艰辛,一路收获。每次活动的举办都是学校教育理念的分享,每次活动的成功都凝聚着共同体成员的心血和汗水。每所学校都在活动中学习,在活动中提升,在活动中受益。共同体成员校的教育管理、校园文化、课改活动的经验,就像涓涓细流,潺潺地流进了每位学习者的心里,润泽了每所参与的学校,感染着正在课改中前行的教育者。目前,该共同体成员校已发展到20多所,还有不少学校正在申请加入,真正实现了“影响一片、带动一方”的初心,是有机适应型组织理论极好的体现。

三、区域教研模式

商丘是国家历史文化名城,位于古城湖畔的睢阳区古城办事处中心学校(以下简称“中心校”)正在尝试的区域教研模式给我们呈现出一道亮丽的风景线。

(一)结对帮扶,名师引领

1.名师示范,区域教研顺利启动

开学伊始,中心校以张凤仙名师工作室为平台,举行了古城区教研启动仪式暨名师观摩课活动。中原名师张凤仙校长和名师工作室成员朱会芳主任进行了“同课异构”公开课观摩教学。张校长采用的是先学后教的教学方式,朱主任则利用生活常识引入新知,两位名师的生动教学给参会的几十名教师带来了全新的感觉。

2.身先士卒,名师带徒工作有声有色

商丘小语工作室成员宋崇立主任作为省级骨干教师,始终不忘初心,在集体备课中担任领导组成员工作。他不仅带领年轻教师深入研究教材,还亲自指

导教师研究,并对年轻教师提出了每天读一篇文章,每周写一篇教学心得的要求。

3.以老带新,发挥名师团队作用

为促进青年教师的专业化成长,中心校摒弃了原有的“单打独斗”教研模式,以有机适应型组织理论为指导,成立了名师团队。以“名师培养工程”为抓手,注重发挥名教师、名班主任、学科带头人的“传帮带”作用,使青年教师快速成长为骨干力量。

(二)完善制度,强化效益

中心校完善教研机构和制度,以制度管理教研活动,改变了有些教师认为的教研活动参加与否无所谓的现状,同时大大提高了教研活动的效率。

1.考勤制度

全体教师积极参与集体教研活动,教研组组长负责考勤,中心校业务主任全程参与,对无故缺席、不能按要求完成任务的教师除扣除考核积分外,还在办事处集体教研微信群里通报。特殊情况提前请假的,校长、教研组组长签字后交中心校保存,每次活动都留有记录。

2.主备人制度

50 岁以下的男教师、45 岁以下的女教师轮流承担主备人工作。主备人在备课的过程中要精心设计教学过程、教学课件,不仅备教材,还要备学生。整个备课过程要能够勇于改变思路,创新教学观念,特别是在贯彻新课改理念上要有较大进步。

3.课堂教学创新制度

在集体备课过程中,注重创新。如积极研究教师在教学、与学生沟通方面,如何实行先学后教,能尊重学生,让学生自主学习;如何根据教材内容发现问题,大胆探讨,说出自己的观点,解决问题;等等。

4.注重研究教学手段的创新

要求教研活动中的每节课都使用课件。课件的使用能直观、生动、形象地把教学新知展示给孩子,现代化的教学手段能给整个课堂教学带来轻松、融洽的气氛。

5.公开展示制度

全体教师全部参与说课、评课及展示课的评选工作。首先,参评教师积极承担主备人工作。张凤仙名师工作室成员发挥带头作用,做到备课内容有思想,教学设计合理,目标明确,教法新颖,多媒体课件设计直观、生动,在整个集体教研过程中表现突出。然后再由小组择优推荐、领导提名、自愿报名等方式推出展示课。最后通过同学科高级教师听课、评课,优中选优,在全区进行公开展示。

(三)公开展示,携手前进

1.小组教研,擂台评比

每个中心教研组分为两个备课组,教研活动时两个备课组就同一课进行研究,分头设计,小组打擂。段考前,各中心教研组在组长的组织下,分年级分学科进行说课、评课、议课、课件展示,主备人把备课资料上交中心校一份。小组成员围绕一个课题"聊""议",最大限度地让参与教师各抒己见,思想碰撞。通过集体探讨,形成复案后进行课堂实施教学。中心教研组采用"同课同构"的方式进行比赛,选出优胜者参加学科擂台赛。

2.集体教研,公开展示

通过评比,选出语文、数学学科共10名优秀教师进行公开展示。在面对全区同学科教师的公开课展示周活动中,每位教师都表现出了较高的课堂驾驭能力,教材掌握熟练,以学定教、顺学而导,课堂教学收放自如、张弛有度,课堂气氛轻松、民主,培养了学生独立思考、合作探讨、口头表达等能力。区教研室李志华主任和中原名师张凤仙校长对10名教师的授课进行了中肯的点评。公开观摩课活动受到了参会教师的一致好评。

3.校本研修、课题研究,提升理论高度

很多教师按照以往的教学经验,只注重课堂教学,在理论上没有提升,针对这种现象,古城办事处各学校打破以往惯例,组织业务骨干积极参与校本研修、课题研究,进一步夯实区域教研工作。其中,胜利小学获批省级重点课题,市九中、西关小学校本教材获省级奖项。校本研修、课题研究既促进了教师教学水平的整体提升,又进一步推动了优秀教师的专业化成长。

区域教研工作任重而道远,要想区域教研常态化、创新化进行,需要每一位教师积极参与,每一位业务主管高度负责,每一位学科教研员全方位引领。我们坚信:在有机适应型组织理论的指导、引领、影响下,教研共同体会不断壮大,教研之花会精彩绽放!

依托网络教研共同体，促进教师专业发展

——以“项城课题群”为例谈教师网络学习

案例持有人:胡新颖

所在单位:项城市教体局教研室

主要合作者:鲍冬冬　潘凤　李凤梅　刘芬　韩爱华

一、问题的提出

(一)问题提出的原因

2010年7月,中共中央、国务院发布《国家中长期教育改革和发展规划纲要(2010—2020年)》,从教师队伍素质、师德、教师业务水平、教师地位、教师管理制度五个方面对新时期的教师队伍建设提出了明确要求。从中我们可以看出,国家在不断地提高教师待遇和社会地位的同时,也对教师的职业素养提出了更高的要求,即“严格教师资质,提升教师素质,努力造就一支师德高尚、业务精湛、结构合理、充满活力的高素质专业化教师队伍”。在教师的业务水平方面更是需要“完善培养培训体系,做好培养培训规划,优化队伍结构,提高教师专业水平和教学能力。通过研修培训、学术交流、项目资助等方式,培养教育教学骨干、‘双师型’教师、学术带头人和校长,造就一批教学名师和学科领军人才”。

随着教育信息化的到来,互联网技术的发展使得全球一体化的进程不断加快,传统的教育教学模式和个体学习模式及日常生活方式都在进行着“静悄悄的革命”。人们的生活每时每刻都离不开信息的交流,网络逐渐成了信息交流的主要平台。网络资源具有更新快捷、浏览方便的优点,在网络世界里,每个人就是一个“自组织”,每个人都可以成为网络信息的分享者和传播者。在这种形

式下，包括校本教研在内的整个教育模式都在发生着变革。自媒体的发展成为教师专业发展的强大催化剂，网络教研成为一种新兴的教研形式，各种形式的网络学习共同体也应运而生。网络共同体为教师在专业发展、思维方式、学习方式、交流方式和深度思考等诸多方面带来了益处。作为基础教育工作者，如何适应自媒体时代的到来，如何适应这种变革，如何在变革中突破自我，提升专业素养，促进专业成长，已成为基础教育教研亟待解决的重要问题。因此，我们选定“依托网络教研共同体，促进教师专业发展”作为研究课题。

（二）问题的研究价值

本课题立足于本地区教师工作的实际，主要依托课题群这一网络教研共同体形式，针对一线教师在教研过程中遇到的问题提出改进措施，力求通过研修培训、学术交流、项目资助等方式促进教师专业素质和业务水平的提升，对探索校本教研的新路径和新方法、推动教研工作的转型和创新有着重要意义。理论上，这对学习动力学、教研共同体、教师专业化成长等理论均有丰富和补充作用。实践上，这有利于教师从教书匠向研究型教师转变，进而提高教育教学质量。

二、解决问题的过程与方法

（一）梳理网络教研促进教师专业化成长的理论知识，为研究开展明确出发点

在研究初始阶段，课题组成员搜集相关文献资料，上网查阅网络学习共同体的现有理论、存在形式、发展动态，梳理和分析现有网络学习共同体的优势和不足，从而确定研究的出发点和方向。

（二）通过问卷调查了解可能参加网络教研共同体教师的相关情况，以便在设计网络活动时对症下药

准备阶段，课题组成员根据分析的资料制作调查问卷，先在部分教师群里

小范围试验,多次完善问题后再通过课题群、读书群、微信群、QQ 群等多种途径尽可能多地让教师们填写问卷。两天内收到将近三千份有效问卷,有很多专家也填写了问卷,并给出了合理化建议。通过调查了解,很多参加问卷调查的教师认为网络学习共同体对自己教学起到很大的促进作用,包括更新教育理念、共享教育资源、了解教育教学动态、获得教育教学技能、解决教学问题等。教师们对参加共同体活动的期望很大,但实际参与沟通、讨论活动的比率较低。为了更好地服务共同体内的教师,提高教师专业化发展水平,我们把收集到的建议归整如下:

(1)对一线教师问题的回复进行实效性、系统性的指导。

(2)有专家团队进行答疑,并定期开展教研活动。

(3)提供优秀的教学视频共享资源。

(4)多开展共读活动,提升教师素养。

(5)多开展课例研磨,进行教学理论与实践相结合的学习研讨。

(6)多给教师展示的平台。

(7)提供更有针对性、实践性的讲座。

(三)分析网络学习共同体促进教师发展的成功案例,并借鉴到本共同体的学习中来

在深入开展研究之前,我们课题组对教师们参与较多的资源共享型学习共同体和 QQ 群、微信群、博客等学习共同体进行了分析,借鉴各种操作模式的成功之处,改进其中的不足,如资源共享型学习共同体缺少有效交流,QQ 群、微信群、博客等学习共同体讨论主题不够丰富,资源共享功能欠缺,专家引领作用有限。

(四)探讨网络教研活动主题的确定、科研活动的开展模式及规章制度

为了保障共同体活动顺利开展,共同体在民主协商的基础上确定规章制度,要求共同体的所有成员必须遵守。针对调研情况及现有共同体的实际情况,课题组确定了网络教研活动的五大主题:课题研究、课例赏析、阅读指导、写作研究、信息技术指导。教研活动以子课题形式开展,每一个主题有专人负责,

大家各司其职,分工合作。本课题组组建的网络学习共同体通过资源共享、专家引领、讲座答疑、成果推广、技能点拨等多种形式,搭建多维教研平台,满足了不同区域、不同层次教师的需求。

(五)寻找支撑理论,尝试组建多元化的教师团队

依据维果茨基的"最近发展区理论",教研活动为共同体内教师提供了最接近他们需要的知识和最鲜活实用的案例,以最有效的方式促进教师们的专业化成长。一所学校的全面发展靠的是不同教师多元协作,一个优秀的网络学习共同体要针对不同学科的不同专业素养、知识素养、思想道德素养及信息素养等要求,做出相应的有针对性的设计,并且培养具有共同价值取向的教师团队。

(六)总结网络学习共同体的经验,搭建推广平台

研究过程中,在不断查阅相关资料、梳理总结网络学习共同体与教师专业化发展相关理论的基础上,课题组成员基于问题,利用"项城课题群"和课题群公众号平台开展研究工作,通过实践验证理论,总结出了网络学习共同体建构的经验及开展网络学习方面的经验。

三、效果与反思

(一)效果

本网络教研共同体借助网络改革教研新模式,让广大教师足不出户就可以扎实地进行研修学习,让参与者在交流碰撞中提升教研教学能力。具体如下:

1.网络教研共同体为教师的专业化发展提供了平台

本课题的网络教研学习共同体主要是以一线教师为主,以网络架构为平台,以教育中的问题研究为基点,充分发挥"网络学习共同体"在教师专业素质提升方面的作用。本课题依托的项城市课题群自成立以来人数逐渐增加,截至2018年2月,已接近2000人,本地的教师占多数,信阳、商丘、郑州甚至外省也有很多教师参加。网络教研共同体打破了时空的局限,为教师专业成长搭建了融教研、科研、培训、电教为一体的专业支持体系的研修模式。

2.网络教研共同体促进了教师专业化成长

项城市课题群借助网络平台每年举行40场到50场专题讲座。参与教师通过不同形式学习共同体(学科教师的课例研修、读写沙龙、教育案例故事、课题研究等形式)的运行,与专家面对面进行交流、请教或探讨,让问题在研究中得以解答,在实践中得到解决。参与教师通过网络教研增强了自信,尝到了专家、名师引领研修的甜头,感受到了教育的快乐。他们在教育教学研究中开辟新阵地,通过上传教育资源、沙龙探索研究、教育微博、QQ群交流经验、教学小组和微博圈等多种形式,把教研与工作有机地融合在了一起。

3.网络教研共同体促进了教学资源共享局面的形成

网络教研共同体在实践中探索出适宜的合作学习机制,激活了教师的成长愿望,增强了教师的团队意识、科研意识和创新精神,并初步实现了"共研、共享、共创、共赢、共荣"的格局。"互动"是教研活动的标志和灵魂,只有增强"互动",才能把教师群体中不同的思想、观念、教学模式、教学方法交流出来,这才是教研最为宝贵的亮点。网络教研让教师把自己的学习与周围的群体交流结合在一起,形成一个学习共同体。共同体中的成员进行信息共享、资源共享、思想共享、生命历程共享。在这种交流、碰撞、反思的不断循环中,催生出新观点、新智慧、新积淀、新资源,也推动了教师自身的进步。

当地教师依托项城课题群进行网络学习,项城课题群会在课题研究的相应时机开展相应的网络教研活动。例如,4月举行选题教研,9月进行开题教研,12月是中期报告教研,来年的3月就是结题教研了,使得做课题和想做课题的老师能在最需要的时候及时跟进和学习。自2014年以来,项城市申请并立项的省级课题有30多项,市级课题有100多项;获得河南省教科所颁发的优秀成果奖32项,其中一等奖有14项;获得2013—2016年度河南省基础教育教学成果奖一等奖1项;被评为2013—2016年度河南省基础教育教学研究项目优秀成果10余项,其中一等奖2项、二等奖9项、三等奖3项。

(二)反思

经过不断的探索与实践,我们创建了网络教研共同体,探索和尝试了建设网络教研共同体的有效途径和方式方法,在整体促进教师专业化发展和推进师资队伍建设方面取得了可贵的经验,但是也存在不足之处。

1.网络教研的参与和组织方式还需要培训和总结

一些教师对网络教研认识不够,不愿参加学习,即使参加了也是心不在焉,收效甚微。所以我们要加强培训,让老师正确认识网络教研的优势。各学校也要积极组织教师参与活动,利用平台充分交流观点,实现教师教研能力的进一步提升,并及时做好总结。

2.对于网络教研的主题确定缺乏规划性

我们的网络教研面对一线教师,通常都是针对教师工作中的困惑安排教研活动,随机组织的教研活动较多,但缺少整体规划。

3.对于网络教研实施的效果还缺乏深入的了解

因为网络时空的限制性,网络教研很难监督管理教师的学习过程,也就不能准确掌握学习效果。活动开展得轰轰烈烈,而教师参与了多少、真正学习的有多少、具体收获多少、对他们的教学实践到底能产生多大的影响,这些我们都未能深入地了解。

为了充分发挥网络教研共同体的作用,促进教师专业化有更大空间的发展,在今后,我们将进一步完善网络教学工作,充分发挥网络教研共同体的作用,并对教师建立考评机制,促进网络教研共同体教研教学活动的有效开展。另外,我们仍将追随时代的步伐,不断创新,不断研修,将成功的案例和优秀的模式推广到基层学校中去,让网络教研共同体发挥更大的作用。

以有机适应型组织理论
推进区域校本教研制度创新的研究

案例持有人:王灿伟

所在单位:汝州市教体局教研室

主要合作者:李宏国 樊书涛 薛志民 陈岩峰

一、问题的提出

校本教研制度是支持"基层研究时代"发展的有效教研制度,是基于学校的现实状况,在学校中对学校教育、教学、管理等方面存在的问题进行分析、研究与思考,最终通过教师们的共同努力使这些问题得以解决,促进学校教育和教学质量提高的教研制度。以往,教师教研大多是通过继续教育,学习一些理论方面的知识或是参观一些名校,借鉴一些教育教学方面的好做法或模式,来改进自己的教学行为。这种做法要么侧重于理论层面,要么照搬外校的经验,不一定符合本校的实际,往往是学习刚归来时满腔热情,实践一段时间效果不佳,最后又不得不回到原点。随着课程改革的深入发展,校本教研工作也出现了一些问题,如校本教研理念滞后、形式繁多、任务盲目、以考试为中心、专业引领不力、滥用模式、交流机制不健全、认识与实践脱节等。实践证明,立足于学校自身,开展以校为本的教学研究(校本教研),进行教学实践、自我反思、同伴互助、专业引领,是学校实施课程改革,提高教育教学效率的有效途径。

二、解决问题的过程与方法

面对这些问题,很多教育工作者已开始致力于对校本教研的改进和提升的研究,理论与实践并行。其中,河南省基础教研室提出的"以有机适应型组织理论改进校本教研"的课题,给我们指出了解决问题的途径。有机适应型组织理论以解决各种具体问题为出发点,形成了各种临时性教研组织。这些组织具有自主、可调适、非命令性、灵活机动等特点,在高效完成任务方面效果明显。同时便于了解实情,缩短管理距离,提高执行力,有利于同伴互助及组织文化再造。在区域校本教研工作中,辩证地运用传统管理与临时性组织管理两种方式,对培植专业精神、重塑学校文化、深入推进课程改革意义重大。

(一)研究目标和拟解决的关键问题

1.研究目标

以有机适应型组织理论推进区域校本教研制度的创新研究。

2.拟解决的关键问题

通过校本教研制度建设,推动区域性校本教研活动向纵深发展,最大限度发挥校本教研活动的正能量,不断提升教师的课堂教学水平,从而提高学校的整体教育教学质量。

(二)研究假设和拟创新点

本课题在广泛吸取国内外相关研究成果的基础上,注重将制度建设与地域现状相结合,借助抓教研的有利条件,结合学校的师资情况,拟就如何依据课标、教材、教师、学生、校情制定校本教研制度,并与校本教研制度的实际成效及改进进行有机组合,力求构建一套合理、有效、适切的地域性校本教研制度,使之符合本地教学实际,能引领、激励、规范教师的校本教研行为,推动校本教研活动有效开展。

（三）实施步骤

第一步，组建课题组，拟订研究计划；第二步，深入基层调研，广泛了解学校校本教研情况，搜集资料；第三步，召开课题组研究会议，分析现状，拿出对策，形成方案；第四步，与基层学校研讨方案的可行性，并进行修订；第五步，实施方案，并不断调整完善；第六步，总结推广交流。

（四）研究方法

研究方法主要运用了文献法、分析比较法、实践法和访谈法。

文献法指搜集校本教研方面的书籍、论文及网络资料，通过分析、比较、鉴别、提炼，提出符合当地实际的校本制度建设意见。

分析比较法指分析比较校本教研制度的建设和运用情况，以提炼合理、有效的校本制度建设策略。

实践法指在通过本区域、本学校的校本教研制度实施，检验制度建设的可行性及需要改进的地方，从而加以补充完善。

访谈法指访谈学校教师、学科教研组长、教科研专家及社会相关人士等，了解他们对校本教研制度建设的意见和建议，辅助本课题的研究。

三、成果的主要内容

我们以试点校、试点乡镇为基地，对推进区域校本教研制度的创新进行了有益尝试，收到了较好的效果。主要表现在：

（一）建立了“中小学学科指导室，实行‘联片教研、分层发展’的校本教研制度”

我们的试点乡镇——汝州市温泉镇，目前已基本建立起较为完善的校本教研制度和校本教研运行机制。全镇实行“联片教研”模式。所谓“联片教研”，就是指全镇各中小学联合教学研究模式。它依托校本教研龙头学校培训一批校本教研骨干人员，再由这些校本教研骨干人员带动一批校本教研示范学校，逐级向薄弱学校辐射，使校本教研不断扩展、深化、提升。

全镇各中小学校的校本教研氛围浓厚，传统的学习、交流、实践平台被打破，创新与改革成为自觉行动，先进做法不胜枚举，新的研究与改革成果频出，各具特色的校本教研典型经验不断涌现。

1.校本教研的组织形式丰富多彩，富有实效

试点校有的以“培训—交流—观摩—反思—改进”为思路；有的以“汇报课—观摩课—示范课—研讨课—展评课”为主线，有的以“学习—报告—研讨—实践—交流”为制度，有的将名师效应式、教育沙龙辩论式等研训模式有效地统筹使用。不少学校提出“小而精”的教研活动理念，使教研活动立足于一个具体目标，主题尽量精练，内容尽量展开，思考尽量加深。

大多数学校把教师的专业成长作为校本教研活动的重点来抓，校本培训在校本教研活动中占有较大比重。一些学校按岗位设置、青年拔尖、骨干带动三个层次，对全校教师提出不同目标，开展有针对性的校本研训活动。如实施“分层发展”行动计划，要求新教师参加职业道德、文化素养、专业技能、信息技术、课堂教学五个方面的达标培训，鼓励课堂基本功过关的教师上展示课，青年拔尖教师到外校上示范课，骨干教师则充分建立渠道，发挥其教研主导作用与帮助带动作用。温泉小学、付岭小学、西塘小学等学校营造书香校园，为全体教师建立了成长档案盒，倡导教师开展专业阅读，在学校内部形成了“让读书成为习惯，让学习成为乐趣”的读书氛围。阅读内容主要分两个层次：一是指向改进学科课堂教学的阅读，如魏书生的《教学工作漫谈》；二是指向提升教育素养的阅读，如常作印的《不为庸师》。

温泉镇一中、温泉镇二中投入大量资金选送骨干教师到杭州师范大学、广西师范大学、沁阳永威学校、襄阳市第三十一中学等校考察学习，发挥名师在校本教研中的主导作用。为了实现校本教研的跨越式发展，两校还实施了教育信息化工程，建设了高标准微机室、语音室、多媒体教室；教室配齐多媒体教学设备，教师人手一台微机，微机终端进教室；学校有自己的管理平台和网站，教师、班级有自己的网页，实现了天网、地网、校园网的合一。这极大地满足了教师对教育教学信息的需求，方便了教研活动的开展。

温泉镇一中、温泉镇二中、温泉小学以立项课题为龙头,以“小课题”研究应用为主要内容,以校本课程资源开发为平台,以赛课为重要手段,不断提升校本教研的层次与效果。经过一个学年的探索,逐步形成了具有自己特点的“和谐高效课堂”模式,通过“确定目标,分配任务”—“组内分工,自主探究”—“合作学习,相互答疑”—“成果交流,达成共识”—“小组代表,展示成果”—“同组交流,纠正补充”—“异组交流,质疑拓展”开展教学改革,使教师与学生进行平等对话落在了实处,使学生的主观能动性得以有效发挥,会思考、会质疑、会学习的学习习惯得到了培养。一年来,全镇有10余名教师被评为省、市级学科带头人、教学名师,100余篇文章在《雨露》杂志上发表。

2.校本教研的成果丰硕

校本教研的开展,切实推进了课程改革实验工作的落实,成就了教师的专业成长,培养了一大批教学改革的骨干教师和致力于教学研究与改革的拔尖人才,促进了教学方式的转变,带来了学校管理模式、发展模式的根本性变革,促使新的教学理念深入人心。现在,教学改革常态化,课题研究普遍开展,校本课程建设成效显著,各校教育教学变革逐步加速。课题研究和校本课程开发建设的成功事例越来越多。

3.“联片教研”——联合互助型教研模式的推广与运用

近年来,通过实施“联片教研”活动,我们探索出了一条适合农村学校开展校本教研,促进教师专业素质提升的新路子。自2014年以来,汝州市温泉镇中心校向全镇推广了实验校的经验和做法。目前,这一教研模式在全市大部分中小学得到普及。温泉镇面积50多平方千米,分布有3所中学、29所小学。这些小学规模较小,50%的学校只有5—8名教师,大多是包班上课。全镇45岁以上的教师占教师总人数的40%,且多是民办转正教师,学历低,家庭负担重,专业发展意识差。由于受经济条件限制和地理位置的影响,这里的教师外出学习机会少,缺乏专业引领,学校也不具备开展校本教研的基本条件。为此,我们立足现实,结合“联片教研”的经验,探讨了以教学示范学校为龙头,以“辐射全镇、校际联合、优势互补、资源共享”为机制的“校际教研联合体”模式,目前已取得了明显成效。全镇下设中学语文、中学数学、英语、理化、小学语文、小学数学共6个学科研究室,每个学科研究室下设年级组,由骨干教师担任教研组长。每组两周活动一次,活动的时间、方式、内容等由教研组长组织集体成员研究确定,教研活动地点的确定采用轮流的方法。“校际教研联合体”以行动研究为主要研究方式,其具体操作流程是:组织调研,发现问题→确定内容,制订计划→开展活动,解决问题→回顾反思,总结经验→重新调研,逐步推进。这样就形成了“校际联合体—学科教研组—学科年级组—教师”的校本教研组织网络,为校本教研的开展搭建了活动平台。

(二)成立了中心教研组,引领学科教学实践,指导教师解决实际教学问题

为进一步加强教育教学的实践研究,全面推进校本教研,积极发挥中小学学科中心教研组的职能和作用,解决教师在教育教学中遇到的疑难问题,我们尝试在汝州市骑岭乡成立中心教研组,以推动校本教研纵深发展。具体做法如下:

1.中心教研组的组成

中心教研组由各学科教研员牵头,2—5 名具有丰富教学经验、锐意教学改革的骨干教师共同组成。教研组成员要与教师建立一种平等对话的合作伙伴关系,主动深入教学第一线,了解并解决教师教学和研究中遇到的困难与问题,善于发现教师的教学优点和长处,并和教师一起总结提炼教学成果,共同成长。

2.中心教研组的职责和任务

(1)组织校本教研活动。中心教研组定期分学科召开研讨会,提出若干具体问题,学校教研组以这些具体问题为主要研究内容,开展校本教研,并拿出研究结果。中心教研组对各校教研组研究的过程和结果适时进行监控,开展阶段性小结和评估。

(2)开展学科指导工作。中心教研组对各校分学科开展诊断式视导与评价,及时发现问题并提出改进办法,纠正教师不当的教学行为。

(3)加强命题研究。中心教研组通过各种途径和渠道搜集教师与学生对各类试题的反馈意见,定期对试题进行分析和反思,不断完善命题工作,提高命题质量。同时,结合学科试题特点和学生出现的问题,有针对性地改进教学行为,

提高教学质量。

(4)进行学科研讨。积极发挥教研组集体智慧,通过开展课题研究、学科竞赛、送教下乡、成果交流等活动,引领本学科教学发展。

3.部分成果展示

2013 年 10 月 9 日,中学英语中心教研组召开研讨会,主题是“探讨在英语教学中如何教给学生学习方法,促进学生自主学习,提高课堂实效”。参加研讨会的有汝州市骑岭乡的全体英语教师 50 人、教研室人员 4 人(课题组成员)及骑岭乡中心校人员 6 人。研讨会由骑岭乡中心校教研员主持。会上,来自骑岭乡部分中小学的英语骨干教师及青年教师分别谈了经验体会,教师互相交流并提出一些困惑,然后市教研室教研员就大家所提困惑给出解决办法。通过面对面的交流与对话,实实在在地解决了一些实际教学问题与困惑,教师们感触很深,会议得到广大英语教师的高度支持。

(三)以实验校为基地,对校本教研制度进行大胆探索与改革

我们课题组以汝州市第五初级中学为校本教研实践实验校,自 2013 年 9 月 1 日起,结合本课题研究的目标和任务,大胆进行制度改革。经过认真研究酝酿,对学校校本教研制度中的学习制度、交流制度、课堂评价制度、教研组评比制度等 15 项制度进行了改革与完善。一年后,学校各项校本教研工作扎实有序开展,有力促进了教学质量的提高。

课题研究期间,课题组成员结合课题研究的情况及感受,撰写了以下论文:《以有机适应型组织理论推进区域校本教研制度创新的初步尝试》《农村初中英语教学中存在的主要问题及对策》《备课中不可忽视的两个关键环节》《老师走下讲台　学生走上讲台》《评课的几个维度》。

四、效果与反思

(一)效果

在市教体局领导的关心和支持下,本案例的研究在区域和学校层面上均产生了良性变化的迹象。

在区域层面上，小学、初中和高中优秀学生外流现象得到了根本扭转；进一步减轻了学生的课业负担；大幅提高了基础教育教学成绩；高考本科上线人数连年提高，高考成绩在平顶山各县区排名中进入前三；学校办学条件得到了进一步的改善；校园文化建设和校园周边环境建设得到显著的提升和有效的治理等。可以说，汝州教育的面貌最近一段时间在社会上获得了广泛认可和高度评价。

在学校层面上，课题组的几所对口指导学校均出现可喜变化。其中，温泉中心校、汝州市五中和汝州市九中等都逐步形成了较完备的备课制度、上课制度、教研制度、图书阅览管理制度、成绩奖励制度、外出交流学习制度、新老教师“传帮带”制度、公开课申报制度等一系列切实可行的校本教研制度，对学校的自身发展和教师的个人成长产生了积极的促进作用；骑岭中心校、陵头镇中心校、王寨中心校等都开展了适合各自学校特点的教学观摩和赛讲活动；大峪镇中心校、蟒川镇中心校、杨楼中心校的教学成绩在全市排名中都有较大进步；等等。这些都离不开校本教研在制度上的改革和创新。

（二）反思

1.校本教研制度研究中还存在的主要问题

（1）同是本区域的学校，但学校之间的师资力量、学生基础等存在较大差异，校本教研制度建设还须进一步改进。

（2）教师年轻化问题严重，个别学校新上岗的教师比例大，性别比例严重失衡，中坚力量薄弱。

（3）部分教师特别是老教师参与教研教改的积极性、主动性不高，思想认识不够，有待加强学习提高认识。

（4）校本教研经费缺乏，财务制度须向教研倾斜。

2.尚需深入研究的问题

（1）目前的研究在很大程度上侧重于教师的“教”，即观察学校和教师的工作对于学生成长的促进作用和客观效果，是以“教”来促进“学”的研究。相对而言，怎样深入到学生的“学”，是我们今后需要关注和重视的问题。

（2）很多好的研究往往重阶段性总结而轻实践与改进，更不要说持之以恒的坚持与完善了。下一阶段,我们将努力以教研工作为契机,树好典型,全面推广成果,促进我市教育的整体进步和提高。

虽然我们的校本教研工作取得了一定成果,但这仅仅是“小荷才露尖尖角”,还需要各位教育同仁的共同努力,相信在上级教育主管部门的大力支持下,我们的校本教研工作一定会做得“映日荷花别样红”。

做有专业尊严的教育者
——“本真课堂”五校联盟

案例持有人:张胜辉
所在单位:北京第二实验小学洛阳分校
主要合作者:丁利欣　李利娟　张艳芬　张万卿　贾俊伟

从2013年10月到2018年1月,四年多的时间,149次活动,15次联盟外出,51人(次)专家报告,390余节研讨课……这一组组数据见证着洛龙区本真联盟走过的锐意进取、昂扬向上的发展历程。

如果从文化的视角解读“本真课堂”,我们的初心是:缘起真爱,情归务本。“本”者,万物皆有本,课堂教学是学校发展的根本,是教师的立身之本,是促进学生发展之本。“真”者,“千学万学学做真人,千教万教教人求真”。我们做教育的态度是真诚的,我们对课堂的追求是真实的,我们的提升是真切的。

五校联盟课堂文化追求最真实的课堂、最真实的学习、最真实的教研、最真实的成长。

五校联盟课堂文化统一在“本真课堂”理念引领下,又有各自的课堂文化内涵。

一、缘聚——于思

2013年9月,北京第二实验小学洛阳分校(以下简称“北二分”)筹建成立。在洛龙区教育局的组织下,十多名校长走进了北京,来到总校——北京第二实验小学。虽然此行只有短短几日,但是百年名校带给校长们的不仅仅是校园环境、硬件设施、学生风貌等这些外显的震撼，更多的是名校文化中渗透的教育思想理念的冲击。

返程路上，几位校长谈论起北京之行的感受，不由得开始对照分析各自学校的长短优劣。

张胜辉：北二分一校三区的学校规模、全市各区县引进的优质师资配备，以及各种硬件设施配备等，使学校备受关注，民众对学校的期望值颇高。

张艳芬：洛龙区第二实验小学（以下简称“二实小”）学校规模大，学生人数多，青年教师众多，急需对青年教师进行教育教学、班级管理等方面的培训。

李利娟：洛龙区龙安小学（现在的洛龙区行知小学，以下简称“行知小学”）刚从一所完全学校（九年一贯制）中独立出来，小学基础薄弱，各方面均迫切需要发展。

张万卿：洛龙区龙泰小学（以下简称“龙泰小学”）紧邻区政府，也是区教研室及电教馆等教育局二级机构所在地，如何提升学校文化，走特色发展之路，是亟待解决的问题。

丁利欣：洛龙区西高明德小学（以下简称“西高明德小学”）所在地为洛龙区昔日的教育高地，如何延续昨日成就，发展明日辉煌？

随着讨论的深入，几位校长清楚地意识到：高素质的教师是进行高质量教育的基本条件，校本研修是建设高素质教师队伍、促进学校发展的根本途径。

何谓“校本”？即“以校为本”，要基于学校——从学校的实际出发，找出学校、教师发展中出现的问题，通过校长、教师的共同探讨、分析来解决问题，并将解决问题的诸种方案在学校发展中加以有效实施。

何谓“研修”？教师实践即“研”，学习即“修”。“校本研修”可以将解决教育教学问题和教师专业发展、学校良性发展有机统一。

对学校现状的讨论与反思，引起了大家思想的共鸣，继而理清了思路，统一了认知。

张胜辉校长建议：“我们几所学校何不尝试一下优劣互补，一周组织一次联片教研，让教师在集体教研中共同前行呢？”

五所学校就此结缘，校本研修从联片集体教研开始做起，一周一次活动，转瞬走过四年多。

二、研修——于道

2013年10月15日，“本真课堂”五校联盟正式成立，确定每周四下午开展教研活动。

10月17日，在北二分如期开展了第一期联盟活动。曹圆圆、杨继红、张晓宁三位老师分别执教，张艳芬校长作为专家进行点评，五校语文老师全体参加。

万事开头难，但只要迈出第一步，就离成功近了一步。“本真课堂”的研修分为五个阶段。

（一）领导示范，骨干引领

五校联盟成立之初，五校领导率先授课：二实小张艳芬校长、宋长海校长，行知小学李利娟校长，北二分郭遇巧校长、峰亮主任，陆续走上讲台为老师做示范，强调做研修就要敢于亮剑，敢于拼搏。

骨干教师是真实存在于老师们身边的榜样，他们与其他老师年龄、经历相仿，生活、工作环境相似，他们现身说法很接地气，与专家名师相比对身边的老师更有说服力，也更能增加他们的自信。

在综合教育改革背景下开展校本研修，需要多角度、多方面地整合力量，创造良好的校本研修生态环境，让教师在专家引领、同伴互助、个体反思实践中实现专业发展。

（二）全员参与，同伴互助

联盟活动开始尝试让不同层次的老师参与讲课。不论学科与职称，不论年龄与教龄，大家都要站到讲台上面向五校的老师讲授公开课。这样的要求，打破了以往只有年轻教师、需要参加职称评定的教师才参加公开课的惯例。有的老师有畏难情绪，提出了异议。但是，作为老师怎么能连最基本的上课都要退却？做通大家的思想工作后，老师们的学习热情迅速高涨起来，教研形式的改变，给老师们带来的是压力，更是动力。

为了指导教师上好课，站好讲台，五校分别开展了“青蓝工程”，安排了师徒结对工作。执教教师备课、上课、深度研讨、分享所得。渐渐地,我们欣喜地看到五所学校教师都实现了群体性的共同发展。再也没有人说不想上课、不敢上课了——让每位教师都有站在台上的机会,其实这才是校本研修的根本目的。

课堂的成败不是关键,关键是授课教师在参与过程中被唤醒的教研意识,是教师努力提升自己教学水平的积极态度,是对教师自身优势的肯定和课堂教学问题的诊断。

(三)效果反思,规划调整

随着五校联盟教研活动的持续开展,大家发现教研逐渐进入一个瓶颈期。因为所有的活动均立足于课堂,最初的联盟活动安排是随机的,或基于问题,或基于需求,没有整体的规划。如要举行优质课比赛,就安排参赛老师上课,五校听课、评课,一举两得;如发现某个学科比较薄弱,就集中安排这个学科的研讨课,五校听课、评课,把脉问诊,对症下药。这样的安排随机性太强,比如评课能力,最初要求老师们广泛参与,老师们胆子确实大了,表达能力确实强了,互动确实多了,但随之而来也暴露出了问题:评课内容往往就课论课,缺乏高度,缺少指向。长此以往,教研将会流于形式。

针对此现象,五校联盟领导组织学校骨干教师进行研讨,决定将评课环节进行细化,从“备课环节、上课环节、教学设计、学生、教师”五个角度进行分工点评,规定每校评课教师的人数,要求评课教师做到有备而来:提前熟悉教材内容和教学目标,做到有目的听课,从而优化了评课效果,提升了教师能力。自此,教研开始走向规范化发展的道路。

校本研修研究的是学校及教师发展的问题,但绝不能仅限于本校的人来研究。否则,研修会在低水平层次上重复,陷入“不识庐山真面目,只缘身在此山中”的困境。为了教师及学校的长远发展,五校联盟的领导开始将各级教研人员、相关专家、学者邀请到联盟活动中。

(四)专家引领

伴随着联盟活动步入正轨,我们发现老师们教研的着眼点也愈加精细。比如“如何取舍才能实现一课一得?”“作文教学讲、写、评如何排序?”等。我们开始顺应需求、改变形式,借力专家、引领发展,外出培训、打开视野。

引领核心是立足提高教师独立的教学和研究能力,强化理论对实践的指导,是理论与实践的沟通。引领形式有学术专题报告、辅导讲座、教学专业咨询、教学现场指导等。

我们先后邀请多位全国名师、特级教师走进了"五校联盟",如支玉恒老师做的专题报告《语文教什么》、张学伟老师讲的《语用课堂的思考》、牛献礼老师讲的《让教为学提供高品质的服务》、李伟忠老师讲的《飞翔的梦——为自己的人生导演》、申宣成博士讲的《教师如何做课题》等。

洛阳市名师走进了"五校联盟",孙国英、贾丽静、陈丽羽、乔亚兵、席争光、张喜峰等老师做专题讲座,给老师们送来了最实际的教学策略。

洛阳市学科教研员走进了"五校联盟",如英语教研员关丽萍老师讲授的《小学英语阅读教学》,帮助教师把握教学方向,提供教学策略;洛阳市退休的数学教研员杨建斌老师来到北二分做长期的教学指导,并参与到每周一次的数学教研中;还有市小学语文教研员朱爽老师走进课堂,参与听课、评课……

除学科教研之外,2015 年秋季开学前夕,"五校联盟"特邀上海五位知名专家严红、高纪良、姚瑜洁、张静涟、王冬梅走进学校,就少先队辅导员和班主任建设,分两期进行了五天的全员专场培训,以提升全体教师的班级管理能力。

专家引领已经成为联盟活动坚持的一个策略,从身边的专家到区、市的专家,再到全省乃至全国的专家,"五校联盟"尽全力为教师的专业发展提供最好的引领。

"五校联盟"依托"张胜辉名师工作室"在北京、上海、南京等地的资源,有计划地安排五校骨干教师外出培训、观摩、考察学习。如到北京总校、南京行知学校、上海竹园小学、秦皇岛简约教学基地参观学习,参加第二届"华应龙和化错教育"研讨会等。

诗歌教学是语文老师公开课普遍不敢触碰的内容。2014 年 11 月,五校老师一起到南京市北京东路小学学习,听了诗歌教学研讨课之后,大家都很受启发,认为这样的活动我们也可以！此行为大家提供了诗歌教学研讨的素材。

作文教学是语文教学的一大难题。2015 年 11 月,"五校联盟"骨干教师到行知小学参加活动。会议上,管建刚老师的作文教学革命让大家眼前一亮。

2016年2月新学期开学之前,“五校联盟”特邀管建刚老师到北二分进行两天全员培训。随后大家把热情付诸实践,开学后马上按年级段开始了作文讲评课的探索。

根据学校发展目标和教师专业发展需求,联盟确定了以下校本研修的内容:学科知识与教学技能、教师心理与专业发展、教学管理与学校发展、班级管理与学生成长。

(五)专题教研

2015—2016学年第二学期初,联盟活动制订出了学期计划,语文是低中高段的作文讲评课,数学是低中高段的问题解决,英语是句型和复习课。经过一个学期的专题研讨,大家收获颇丰。

2016—2017学年第一学期,从以问题为导向的专题研究转入薄弱项目突破——开展难题研究,如安全课、礼仪课、队会课、计算机课、书法课等。这些课程虽然在课表上写着,但大家普遍没有清晰的思路,容易忽略。联盟把这些课程作为薄弱点,开展难题研究,让教研境界豁然开朗。

2016—2017学年第二学期初,大家提出了一下午展示五节课,讲课时间多、说课和评课时间少的弊端。发现新问题,就研究新对策。大家讨论后决定本学期采用“同课异构”方式教研:两所学校同课异构,三所学校评课,集五校力量,研究共性问题,并请来相关领域的专家引领提升。老师们一个下午的时间收获满满,成长自不必说。自此,学校大综合教研被推向前台。

计划、尝试、落实、反思、调整,我们基于问题开始的校本研修逐步走向大综合研究,这中间所经历与沉淀的就是我们最本真的课堂(如图1)。

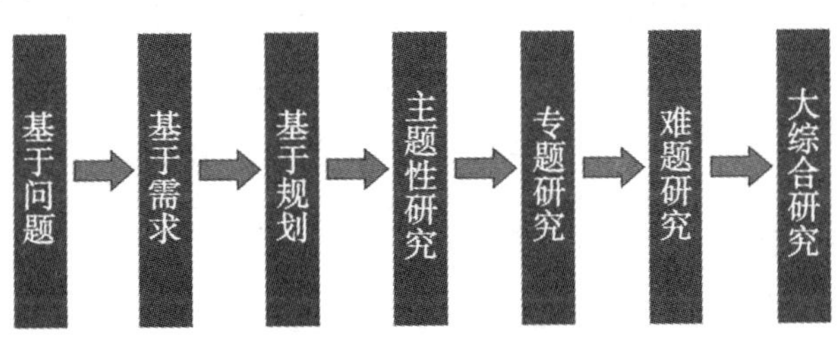

图1 研修体系形成示意图

既要脚踏实地,又要仰望星空。联盟人不断反思,不断改变,从组织形式到研究内容,再到成果展示,都在一次次的实践后越来越完善,逐渐成为一个完整的体系。

三、成果——于形

(一)建立体系

联盟在做中发现问题,进而解决问题,并将问题解决的经过流程化,成为制度的一部分,构建出了体系的雏形。

形式上,从领导示范到骨干引领,再到全员参与;内容上,从课堂教学到专题研究,从主要学科到综合学科;安排上,从一周一商量到按学期计划进行;成果上,从教学反思到联盟年会,再到案例出版(如图2)。一切都越来越完善。

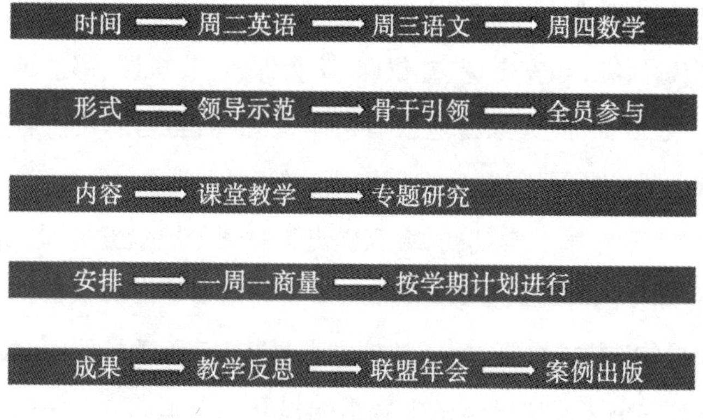

图2 “本真课堂”五校联盟校本教研体系图

(二)形成文化

联盟活动的开展在五校之间形成管理互促、研训联动、质量同进、文化共建、项目合作的局面。联盟已经真正成为一个学习、研究、成长的共同体,并形成了自己独有的文化。第一届联盟年会产生了五校联盟组织建设要素,第二届年会产生了盟徽,提炼出“本真课堂”课堂文化,具体如下:

宗旨:做有专业尊严的教育者。

精神:心动,更要行动!

追求:没有最好,只有更好!

研究方向:“本真课堂”探究。

研究目的:立足课堂,关注成长,共享精彩。

联盟口号:精心组织,引领成长,促进发展。

教师口号:主动参与,成就自我!

学生口号:自主学习,健康成长!

在“本真课堂”文化的引领下,联盟的每所学校都着力打造自己的特色,做到“和而不同,各美其美”。如二实小的新教师培养,突出学校把教师的发展放在第一位;行知小学的生活课程体系,突出“教学做”合一的教育思想,旨在为幸福生活奠基;龙泰小学的智德课堂,印证了学校的厚德文化;西高明德小学的制度建设规范化,教育教学流程化,突出了管理的高效;北二分的和谐团队建设,体现了团队的融合;等等。

(三)成就校长

校长是校本研修的第一人。在 2013 年 10 月第一次活动上,校长们约定每一次活动都要参加,活动结束后还要在微信平台上写下反思或感悟。参与是最好的重视,陪伴是无声的号召,更是无言的引领。校长参与课堂教学研讨,便有了课程实施的第一手资料,更能站在学校宏观的角度思考课程的实施,进而更加快速、有效地制定策略,推动课程改革的步伐。

(四)发展教师

四年的时间,参与式研讨已经在五校全体教师心中扎根,使他们树立起了教研意识,同时也改变了以往的工作习惯。教师专业发展最大的受益者是孩子们。联盟活动时,我们看到精彩两分钟环节中,每一个孩子都能够卓然而立,侃侃而谈;小组活动时,每一个孩子都积极参与,主动沟通;主题队会课上,每一个孩子都倾情演绎,求真向善;科学探究课上,每一个孩子都专注投入,思索探究;艺术课堂上,每一个孩子都载歌载舞,挥毫泼墨……

让孩子成为大写的“人”——这就是教育的本质。

（五）发展学校

每一周都会有不同的“五校联盟”教师走进一所学校，他们不仅仅是去听课，也是对学校的环境卫生、校园文化、文明礼仪等方面进行督促和考察。每所学校，就是在这样的一次次活动中，悄然改变着。

（六）推出专著

2017 年 5 月，《做有专业尊严的教育者》一书正式出版了。书中记录了“五校联盟”四年的研修之路，虽然内容还显稚嫩，理论亦不高深，但它真实记录了“五校联盟”人走过的一段教育历程。

四、反思——于果

反思四年的历程，“五校联盟”的做法并不领先，但一切都是最真实、最朴素的，其中最值得称赞的是那一份坚持。当然，我们并不满足于此。“五校联盟”要想有更长足的发展，还需要我们有更加科学、合理的中长期规划。因为我们深知：万物皆有“本”，学校的发展之本是课堂，教师的立身之本是课堂，学生的成长之本亦是课堂。做教师，我们就要做有专业尊严的教育者；做教育，我们就要做砥砺前行的专业引领者。

小学数学区域教研工作组织变革的研究

案例持有人：刘海庆
所在单位：焦作市解放区教育局教研室
主要合作者：姚仲霞　郭晓利　刘淑娟

《小学数学区域教研工作组织变革的研究》是河南省基础教育教学专项研究课题“区域教研工作推动基础教育改革现状、问题及对策研究”成果推广后产生的优秀案例，研究层面主要针对运用有机适应型组织理论推动区域教研组织变革，大力实施联片教研和网络教研，改进区域教研组织形式和运转方式，促进学校及师生转变教研观念和评价管理方式取得的相关成果，在区域范围内产生了一定的影响。

一、问题的提出

（一）现实的需要

解放区位于焦作市老城主城区，特殊的历史地理背景使其具有学校多、教师多、学校分散的特点。随着适龄儿童人数的减少和焦作市城市中心的南移，解放区所辖两乡和部分规模小的城区学校开始出现学生人数锐减、教师外调的情况，全区师资水平不均衡现象加剧。随着新一轮基础教育改革进入深水区，从教材体系到教学内容，从教学观念到教学方法都对我们提出了全新的要求。以上种种情况使得全区各校教研能力面临严峻考验。

（二）科学的思路

究竟怎样的区域教研活动模式能把所有学校、教师构建成为一个有机适应型的组织，既能提升其教学水平，发挥骨干教师的专业引领作用，又能缩小校际教研水平差异，激发他们的研究热情呢？我们立足本区教育现状，根据有机适应型组织适应性强、有针对性、成员信任、横向评价等特点，以区域教研为突破口，采取南北协作区、名师送课、网络教研、校本教研集中展示等形式，全力缩小校际差异，扎实推进基础教育改革，取得了一些成果，也积累了一些经验。然而，上述区域教研形式还存在形式单一、常态化不够、行政推动为主、教师积极性不高等问题，这就为我们的课题研究提供了方向和动力。

二、解决问题的过程与方法

在前期专家同行有机适应型组织理论的指导下，我们根据不同阶段实验任务的变化，在研究设计、过程实施、成果提炼等方面进行了修改完善。为了检测课题研究在区域教研工作方面取得的成效，发现新的问题，我们分别于 2016 年 12 月和 2017 年 7 月进行了跨区域的大规模问卷调研。这些问卷的设计都基于有机适应型组织理论，涉及区域教研组织结构、运转方式、人际沟通和评价管理等方面，突出了简洁、实用、贴近实际的特点，并增加了信息技术影响区域教研的项目，较好地涵盖了研究的主要内容。

根据两次问卷调查反映出的问题，我们主要做了以下工作：

1.扩大问卷调查范围，完善区域教研的有机适应型组织结构

我们寻找各种渠道，多方联系兄弟市（区）教研人员，努力扩大问卷调查范围，且受访教师来自教育发展水平不同的地区，因此最终的数据分析结果具有一定的代表性，为后续课题研究奠定了实践基础。

2.增加了农村区域教研工作的研究，丰富了有机适应型组织的运转方式

农村学校是我们最不应该忽视的地方，在研究过程中，我们把本区域所辖的两个乡的八个教学点存在的典型问题，诸如学生异质性特点、学校教学点分散、教师数量少、师资投入薄弱等教研工作的实际情况纳入区域教研课题研究中来,凸显了有机适应型组织理论在运转方面要围绕亟待解决的问题开展工作的特点,努力实现研究成果的全面性、客观性。

3.不断调整课题研究方法和组织分工，加强有机适应型组织的人际沟通

我们在原有研究方法的基础上去掉了不切实际的做法,增加了文献研究法,以便搜集、整理更广泛的数据,将其与本地区乃至整个河南省的区域教研工作有机结合,增强可行性和可操作性。在具体操作过程中,我们根据有机适应型组织理论在加强成员间的信任与合作的同时,还将他们的研究工作进行适当的细化,督促他们及时完成自己的研究任务,重点做好研究材料的搜集、分类、整理工作。

三、成果的主要内容

(一)总结区域教研在推动基础教育改革中存在的问题

一年多来,我们根据河南省基础教育教学研究室区域教研专项课题的指导精神,以有机适应型组织理论为分析框架,以本地区的区域教研活动为实验样本,尝试探索新的内容和形式。从数据分析来看,我们的区域教研仍然存在很多问题。

1.有机适应型区域教研组织结构不合理

从调查问卷中“您认为请下列哪些人员参与的教研活动获益较多”这个问题的回答情况可以看出,73.57%的老师希望在教研活动中得到市区教研员的帮助引领。老师们除了希望教研员和学校教师参与,第三个选项就是高校研究人员。可见,基层教师和教研人员希望得到高校专业研究人员的指导和帮助,在先进理念、思想方法和先进经验等方面得到他们的引导和带领。

2.有机适应型教研活动缺乏信息技术的支持

高效的有机适应型教研活动应是随时随地多人参与协同工作的云教研。但调查问卷却反映出了一些现代技术共性的问题:流行的网络工具尚有部分人不能熟练运用(主要集中在46岁以上教师群中),58.77%的教师不清楚或不经常使用学校的网络教研平台,73.57%的人不经常参加网络教研,80%左右的网络教研需求仍是与课堂教学相关的“名师互动”及“教学资源下载”,没有利用信息技术形成较好的人际沟通方式。

3.跨区域、跨学段、跨学科的教研形式沟通薄弱

71.67%的教师认为当前教研活动流于形式，交流深度、强度、范围不够。43.34%的教师认为教研活动的系统性、计划性不强，次数、时间太少。主要表现在：①没有研修的主题，研修前没有计划和准备，研修中随意性太强，想到哪儿说到哪儿，研修后没有反思与跟进，实效不高；②教研活动参与性不强，老教师认为自己经验丰富不需要研修，年轻教师认为研修活动增加负担，积极性不高；③没有形成研究集体，教师之间不愿过多交往合作，研究停留在简单的表面问题上，深度、广度不够。此外，50.32%的教师认为现阶段跨学校教研很有必要。

由此可见，随着新课改的推进，一般的教研活动已无法满足教师教学实践的需求。此外，随着信息技术的普及，一线教师也可以利用网络随时获取更多的教研动态。因此，不断更新的教研信息及教育教学的有效实施方式成为教师的最爱。这就需要充分发挥教研部门的优势，积极引进和聘请区域外专家、骨干教师，努力完善有机适应型教研组织结构，探索新的教研运转方式，在师师间、校校间、区域间建立长效的沟通评价机制，使本地区教师专业发展由单一性、封闭性向多样性、开放性转变。

（二）探索有机适应型区域教研推动基础教育改革的策略

面对基础教育改革中存在的诸多问题及区域教研推动基础教育改革的现状，我们也在深思，究竟怎样的区域教研活动模式既能解决新课改出现的各种不确定性问题，又能充分调动老师们的参与热情呢？我们立足各地教育现状问题分析，在有机适应型组织理论的指导下，以区域教研为突破口，以协作区、名师送课、网络教研、校本教研集中展示等有机适应型组织形式为载体，探索了区域教研在解决基础教育改革中的问题策略，取得了一些成果。

1.均衡学校差异，完善有机适应型组织结构

我们将区域内师资薄弱的教学点按地理位置划分为南、北两片，分别成立南、北协作区，实现协作区内各教学点捆绑式发展。两个协作区每学期由轮值学校协调规划组织实施协作区内区域教研。每学期初，各协作区要召开区域内各单位业务领导和教学骨干会议，共同研讨、协商制订协作区教学活动计划，合

理安排教学活动内容、方式、时间和地点。各协作区每学期至少要开展三次主题教研活动。每次活动要主题鲜明,针对性强,围绕本协作区教师共同关注的问题,展开深入研究,确保活动实效。

主题教研活动模式为:确定主题—组织研讨—引领观课—评课议课—专家点评—活动总结。

2.加大专业引领,沟通有机适应型人际关系

为充分发挥名校名师的指导、示范、引领、辐射、带动作用,提升薄弱学校、农村学校的影响力,提高教师专业水平素质,促进区域教育质量的均衡发展,缩小校际间教育水平差距,我们依据实际情况组织成立了“名师教学送课团”。成员组成为本区内获得国家、省、市级表彰的学科技术带头人和骨干教师,或获得过市级(含)以上优质课一等奖的教师等。各级骨干教师每人每学期按教学进度至少到薄弱学校送三次课,由教研员或受课学校组织观摩,开展评课、议课、反思、交流等活动,各授课学校常设名师工作室,使名师送课活动常态化。

活动方式主要有:同课异构,互动研讨;订单送课,专题研讨。

各中小学根据本校各学科的实际教学情况,向成教科或教研室提出送课及教研的具体科目、教师、课题等内容的申请,成教科或教研室确认后,由教研员负责指导、把关,过关后送课下乡,开展课堂教学交流(示范课)和教学研讨互动。

3.普及信息技术,增强有机适应型评价管理

为了更好地发挥区域优势教师资源,促进校际间的教研交流,使我区的集体备课和校本教研活动登上新台阶,我们充分利用省、市两级网络教研平台及同步课堂、录播室实时传送等技术,成立了跨区域、跨学段的网络教研组,全力推进网络备课活动,改变了传统教师备课模式。各校各年级教师按计划完成自己承担的主备任务,并将教学设计、课件、配套资源上传至网络教研平台,其他学校教师可随时下载任意一课教学设计进行批注、补充、修改、完善,并结合自己的教学实际形成最终个案,教研室定期抽查教师电子个案中的二次修改情况。

(三)变中思进,丰富有机适应型区域教研内涵

在区域教研已有模式的基础上,我们根据本地区教育现状和任务的不断变

化，进行了一些适应型的重点尝试和变革：

1.创新区域教研活动形式

在区域教研活动中，我们努力打破传统的“你讲我听”“你评我记”的程式，创新活动形式，激发教师参与热情。例如，在历年的校本教研集中展示活动中，我们主要进行了三方面的创新。一是变“学科组内研讨”为“全区集中展示”。人人参与备课，人人登台亮相，凝聚集体智慧，展示各校风采。二是变“一线教师展示”为“领导教师展示”。校长是学校的灵魂，领导班子是集体的核心。在教师积极参与的同时，学校领导更要起好带头示范作用。因此，在近两年的校本教研集中展示活动中，我们先后开展了“校长说校”“副校长说教学特色”等活动，在展示各校集体教研成果的同时，也促进了互相借鉴学习，使区域教研产生了联片效应。三是变“一人登台”为“多人亮相”。校本教研成果是集体智慧的结晶，其中融合了每位参与者的意见和建议。因此，我们采用接龙的形式，每人登台阐述最能体现自己独特见解的部分，使每位教师各尽其能，大大调动了其参与活动的积极性。

2.借助“群聊”功能实时参与点评

区域教研活动中经常会出现“一言堂”的情况，研究后你会发现：不是老师们没有想法，而是碍于面子也顾及被评论者的情绪而不愿意在公众场合发表自己的见解。以至于活动现场经常出现“上面大声讲，下面小声说”“学生大讨论，听课教师小议论”的情况。针对这种情况，我们借助“同步课堂”系统、“录播室实时传送”系统、微信“面对面建群”等功能，发动现场观摩教师加入群聊，教师们可以通过聊天互动平台发送点评信息，可以是针对课上某一个教学环节的实时点评，也可以是课后的反思。信息技术手段的运用极大地提高了教师在区域教研活动中的参与度，也激发了他们的研究热情。

（四）借助“互联网+”，丰富区域性学生活动

随着信息技术的日新月异和智能终端的普及，出现了许多教学辅助软件和手机 APP，如速算盒子、教师秘书、一起作业等。这些科技手段的介入在一定程度上提高了教师进行区域教研的效率，也方便了学生参与区域活动。在 2017 年 6 月，我们就借助速算盒子在省内的四个区县（焦作市解放区、马村区，郑州

市航空港区，濮阳油田）举行了区域联合口算能力评测活动。这一活动旨在借助移动互联网工具，通过对在线评测采集到的学情数据进行差别化的统计研究，形成量化、可视化的分析结论和建议，为教师、学校、教研机构及教育主管部门的日常教学管理提供阶段性的优化建议，以期依托“互联网+”，优化教学方法，提升教学效率，改善教学管理。

本次评测活动从题目布置、答题、批改到数据生成全部在线完成。在指定评测时间内，老师通过作业盒子（小学）将评测题目布置给学生，学生在线提交作业，系统自动批改，小象数据平台实时采集批改数据，从答题时间、正确率、考察能力等多个维度统计区域、班群和个体的差异，据此形成《河南省四区县小学生数学能力在线评测数据研究报告》。

此次活动共吸引了省内 186 所学校的近 2.6 万名师生同时在线参与评测，创同类评测活动参与人数历史之最，也成为促进教育信息化的新标杆。

四、效果与反思

（一）效果价值

1.共享适应型教学资源，提升弱校教学质量

为解决薄弱学校和教师在教学实践中遇到的问题和困惑，充分发挥优质资源学校学科教师的同伴互助作用，我们建立了“三级教研网络”，即全区层面的区级教研、薄弱学校的协作区教研和互助组内的校本教研。尤其是在焦作市解放区集团化办学的大背景下，“三级教研网络”不仅有利于“实践反思，合作分享，专业支持”的教学研究制度的形成，更有利于强校与弱校师资均衡、教育公平的实现。我们曾连续跟踪了学生路小学南校区（原西王褚小学）和环南一小南校区（原东王褚小学）集团化办学前后，即 2012—2017 年六年级毕业班教学质量调研的成绩（见下表）。从统计表中可以看出，两所分校的教学质量均呈现持续上升的态势。这不仅得益于集团化办学下硬件设施的改善，更与区域教研分享经验、统一标准、共谋发展有着密切的关系。

西王褚小学与东王褚小学集团化办学前后成绩对比表

	集团化办学前						集团化办学后					
年份	2012		2013		2014		2015		2016		2017	
成绩	名次	总分平均分（分）	名次	总分平均分（分）	名次	总分平均分（分）	名次	总分平均分（分）	名次	总分平均分（分）	名次	总分平均分（分）
西王褚小学	8	304.19	6	213.6	9	192.94	6	189.7	7	183.7	2	232.43
东王褚小学	9	278.85	4	216.87	6	208.63	2	204.84	5	191.17	4	211.98

2.利用网络平台，促进教师专业化成长

河南省基础教育资源公共服务平台和焦作市网络教育平台为我们提供了多种方便、快捷、高效的服务。因两个平台的工作模式基本相同，就可以在平台中打破校际壁垒，按学科、年级组建立相应的协作组。这种新的网络教研形式不仅打破了时间、空间的限制，实现随时修改、及时更新，更是大大提高了数学教研活动的效率。目前，解放区小学数学已成立市级工作坊 2 个、区级互助组 6 个、校级教研组 72 个、微信交流群 3 个、飞信交流群 4 个、名师工作室 12 个，大大拓宽了校际、年级、教师之间的教研渠道。在老师们的共同努力下，先后整理完成北师大版小学数学 1—6 年级电子共案 1 套、配套课件微课资源库 1 套、名师课堂实录 300 余节。海量的教学资源在不久的将来必将为数学区域教研提供大数据支持。

3.加大宣传普及力度，促进适应型教研成果转化

焦作市解放区教育局从 2014 年开始相继出台了集团化办学、南北协作区、名师送课团、校本教研集中展示等一系列区域性办学政策，并督促教研室制定了区域教研、网络教研、信息技术能力提升等配套措施，取得了显著成效。2014 年 9 月 26 日，《教育时报》以《焦作市解放区：把优质教育送到百姓家门口》为题进行了详细报道；2017 年 1 月，刘海庆撰写的《新课改背景下数学区域教研活动的再思考》发表在《学苑教育》上；2017 年 9 月，课题成果“区域教研推动基础教育改革现状、问题及对策研究”获省级成果奖。我们将继续立足本区教育现状，全面推广研究成果,全力缩小校际差异,扎实推进基础教育改革。

(二)反思

在取得以上成绩的同时,我们在实际研究工作中还发现了一些问题:

一是在区域教研问卷调查过程中,问题设计过多,内容复杂,重点不突出,针对性不强。虽然扩大了调研范围,但随之而来的是样本相对分散的问题。这需要我们不断增强统计学等知识的储备。

二是区域教研的研究内涵丰富,外延广阔,我们研究的头绪很多,怎样才能从纷繁复杂的工作中理清思路,提炼成果,使其效益最大化,值得我们在今后的研究中不断思考。

以上对区域教研工作组织变革的探索,在一定程度上改变了传统的听评课教研形式,缓解了教师的职业倦怠,初步构建了有机适应型的区域教研思路。其中不断出现的新现象、新问题也亟待我们进一步运用有机适应型理论深入研究。我们将在今后的工作中努力推进区域教研工作,注重研修反思和分享,以期取得更大的成果。

专家点评：做好区域教研工作　促进教育均衡发展

长期以来,在我国的不同地区之间、同一地区的不同学校之间存在着严重的教育不均衡现象。为了改变这种不均衡状况,近年来,政府在硬件方面加大了对薄弱学校的投入力度,取得了显著的成果。但是,正如英特尔公司前 CEO 贝瑞特博士所言:“计算机并不是什么神奇的魔法,而教师才是真正的魔术师。”在促进教育均衡发展的战役中,仅仅抓好硬件投入是远远不够的,提高教师素质才是提升教育质量的根本。如果没有教师素质的提高,硬件的作用发挥就会大受局限,有时甚至会适得其反。正是由于这个原因,在新世纪基础教育课程改革启动之初,教育部就明确提出了校本教研的概念,并启动了相关的研究项目,试图通过以校为本的教学研究,促进教师素养的提升。

校本教研可以在不同的层面开展,如区域层面、学校层面、教研组层面和班级层面。在区域层面开展联片教研,让同一区域甚至不同区域内处于不同发展阶段的学校和教师携手结对,以强带弱,抱团发展,有利于打破校际间的教研界限,促进不同学校和教师的合作与交流,实现校际间的优势互补与资源整合。因此,做好区域层面的教研工作,对于促进教育均衡、提升教育质量具有非常重要的意义。本章的 9 个案例,都是以有机适应型组织理论推进区域教研的典型,仔细研读这些案例,我们会发现它们具有以下四个特点。

第一,区域教研团队的高效运转需要充满教育激情和团队精神的领导者。现代组织文化理论认为,领导在组织文化的变革中具有非常重要的作用,领导者不但是行政管理者,更应该是专业引领者和服务者。领导者的倡导和示范,可以有力地推动组织文化的变革。“本真课堂”五校联盟之所以能够一路走来,一个重要的原因就在于联盟有一个核心人物张胜辉校长,正是他的工作激情和团队意识,深深感染了其他四个联盟学校的校长,激发了他们强烈的合作意识和改革的意愿。同时,五位校长在区域教研活动中的倾情投入和平等意识,也让教师感受到了专业活动的愉悦,体会到了专业成长的尊严。“商丘小语”网络教研共同体是一个在全国小语界很有名气和影响力的有机适应型组织。该组织之所以能够越做越好,一个重要的原因就在于发起人李斩棘老师的不懈坚持和无私投入。“项城网络教研共同体”的发起人胡新颖老师更是一个网络区域教研的痴情者,为了做好网络教研工作,她几乎奉献了所有的时间,可以说达到了如痴如醉的程度,这也是该共同体能够赢得教师关注和认可的关键因素。新概念快速作文的倡导者曹洪彪老师能够投身作文教学实验数十年,商丘市基础教育教学教研室主任王桂书同志将打造教研共同体作为推进区域教研工作的抓手,靠的都是对于教研工作的热情和执着。

第二,区域教研的发展得益于参与者的激情投入。我们认为,校本教研要想取得真正的成效,其根本动力源于教师的专业认同和激情投入。著名文学家夏丏尊先生说过:“教育之没有情感,没有爱,如同池塘没有水一样。没有水,就不成其池塘,没有爱就没有教育。”德国著名教育学家斯普朗格说过:“教育的最终目的不是传授已有的东西,而是要把人的创造力量诱导出来,将生命感、价值感唤醒。”这些话既适用于教师这个职业,也适用于教师自身的专业成长。教师只有热爱自己的事业,敬畏自己的专业,才有可能全身心地参与教学研究中。我想,这正是我们组织校本教研活动时最需要关注的。因此,我非常赞同“本真课堂”五校联盟所确立的行动宗旨——“做有专业尊严的教育者”,它把联盟的活动提升到了生命的高度。

第三,区域教研的发展得益于专家的引领。自我反思、同伴互助和专家引领被称为教师专业发展的“三驾马车”,而对于我们中小学教师来说,搭上“专家引领”这驾马车的难度最大。为了避免校本教研出现“萝卜炒萝卜”的问题,一个好的区域教研共同体会利用各种方法和资源寻求专家的支持。如“商丘小语”网络教研共同体邀请全国各地的小语专家和报刊编辑在群内开展讲座、点评课例。“项城网络教研共同体”的发起人胡新颖老师为了争取专家的支持，甚至拿出了“三顾茅庐”的诚意。“本真课堂”五校联盟利用盟主北京第二实验小学洛阳分校的资源优势，邀请了多位省内外著名的学科专家和名师主持联盟活动，开展深度培训，让联盟的教师与大师对话，与专家同行。三门峡卢氏县基础教育教学研究室利用网络平台，让处于深山区的教师得以观摩全国名师的课堂，与全国的知名专家面对面。

第四，区域教研需要充分利用信息技术的优势。我们选录的 9 个教研典型，大部分都采用了网络教研的方式。与传统教研相比，网络教研具有跨地域、虚拟性、即时性、隐蔽性的特征。自媒体时代改变了我们的社会组织结构，使垂直的科层体制变得日益扁平化，在这样一个平台上，共同体成员更容易进行平等的交流和深度的沟通，共同体自身也更容易发挥有机适应型组织的优势。

（河南省基础教育教学研究室　申宣成）

第二章 学校管理创新和制度变革优秀案例

以有机适应型组织理论打造升级版“双三”机制

案例持有者及所在单位:濮阳市实验小学

主要合作者:魏存智 徐相瑞 窦明琦 于文玲 孙兴良

一、问题的提出

2007年,濮阳市实验小学为了解决校本教研中过度的精英化、课题化、行政化和专业引领不够等倾向所导致的教师参与机会少、专业发展两极分化等问题,构建了一种“全员参与,分层教研”的“双轨道三层级”主题性校本教研机制(以下简称“‘双三’机制”),如图1所示。

两个轨道中均有三个层级,一轨面向全体教师,确保全员参与,另一轨面向学校骨干,拔出校本教研的“尖儿”。研究所(院)是为了强化教师们的研究意识而成立的校级研究机构。校长任所长或院长,各副校长担任各研究室主任,各中层干部任共同体体长。主题性校本教研强调在同一阶段,每个教研组织的研究活动要在学校研究大主题的引领下有计划、按程序进行。

为确保机制的有效运行,学校制定了相应的活动与评价奖励制度与办法。但是,在实际运行的过程中我们发现,教师们参与教研的积极性和主动性并没有真正被激发。教研活动中骨干教师唱主角,普通教师当配角,沙龙、论坛上活

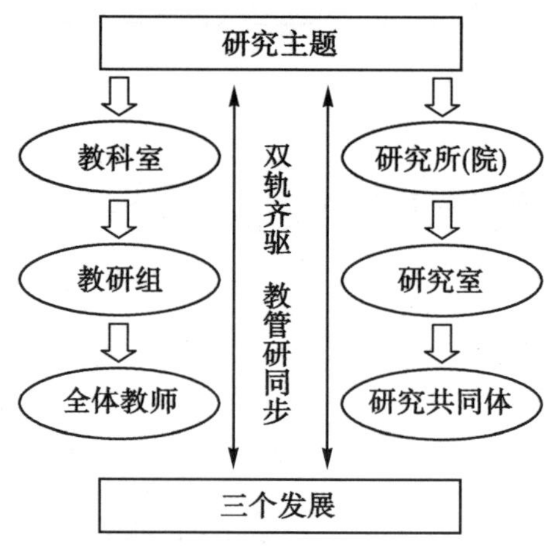

图 1 “双三”机制示意图

跃的是少部分人的现象依然存在。

如何进一步改进组织结构？在有机适应型理论指导下，我们进行了积极的思考和实践。

二、解决问题的过程与方法

（一）卡式管理教研活动

沃伦·本尼斯认为，任何组织的运行都需要同时完成内适应和外适应两项相互关联的任务。内适应发生在组织内部，旨在使组织目标和个人目标相互协调，共同发展；外适应发生在组织和周围环境之间，旨在确保组织与环境之间顺畅地交流和交换。“双三”机制依靠严格规定的层次结构和明确责权的规章制度，把各个层面的教师都吸纳到校本教研的组织系统中，很好地促成了各研究组织与学校之间的相互适应。但是，因为两个轨道各研究组织的主要负责人大多是学校各层级的行政领导，行政领导和学术权威双重身份强化了他们在教研活动中的话语权，但同时也削弱了普通教师在活动中自由表达的意愿，这在一定程度上削弱了老师们的参与热情。为此，我们改变原来单一的“例会式”教研活动的严肃刻板，创造性地实施卡式管理。

卡式管理的流程是：提前一周明确主题，并随机抽取主持人（A 卡）一名；主持人结合学校近期研究方向确定活动内容,设计活动方案;现场采取抽签或屏闪方式随机确定中心发言人(B 卡)、评论员(C 卡)若干名;中心发言人围绕主题作重点发言,教师、专家、教研员互动交流,评论员对主持人和发言人等的表现进行评价。

卡式管理在很大程度上改变了学校领导、专家控制主席台和话语权的局面,激发了教师在活动中的思维,提高了教师参与的主动性,增强了教研氛围,提升了教研活动的品位。

(二)优化研究组织结构

"双三"机制的一些组织由于受制于上一层级的组织管理,内部沟通和创新思想在一定程度上受到了条件限制,需要为其拓展更广阔的交流平台和成长空间。

为此,学校从两个方面进行突破:一方面,在保留原有机制的基础上,鼓励教师有选择地参与其他组织的教研活动;另一方面,倡导教师从原有的团体中自由分离,围绕着有待解决的各种问题随机组成新的研究团体,定期或不定期地进行研讨和学习。尤其是学校以中青年教师培养培训为重点的三级名师(省、市、校)工作室的建设,更是给"双三"机制注入了新的发展活力。各工作室主持人根据教育教学中存在的问题,确定某一阶段的研究方向,然后面向全体教师发布。教师们自主选择结合成研究共同体,共同进行问题诊断、实践探索。如果还需要更多的专业支持,可随时直接联系其他资源,如学校聘请的各级各类专家、学校其他有相关专业特长的人员,不必向学校各级行政部门请示。在研究取得一定成果时,就可以直接向学校教科室提出成果发布、交流展示的申请,教科室将择机为其安排。这就是我们一直坚持的"真人图书馆"活动——研究、总结、推广其研究成果,把某优秀教师(研究团体)当作一本优秀图书去阅读,去品悟,去学习。之后,工作室主持人又会确定下一阶段的研究方向,招募新的工作室成员……

这样,不同研究共同体的人员就会有很多交叉重叠,一个人会同时属于两个或两个以上的研究共同体,可以身兼数职——学校的行政领导、研究共同体负责人、研究共同体成员……比如学校教导处主任、省级名师于文玲,她是学校群文阅读研究共同体的负责人。2016 年,接了一个毕业班后,为了最大限度地提高备课质量,让学生每节课都学得扎实、有趣、高效,她就与另外两名老师成立了三人班组群。一周每人精备一篇课文,然后到三个班级巡回讲课。这样不仅做到了精备,而且在一次次的讲课过程中还会不断完善教案,学生也出于新鲜感注意力特别集中,切实提高了课堂效率。结业考试时,这三个班成绩都有了大幅提高。2017 年,她又接了一个毕业班,发现这个班风气不好,就联合该班其他任课老师组成了一个养成提升研究共同体,统一对学生提出要求和标准,齐抓共管,形成教育合力。目前,这个班已呈现出良好的发展势头。

(三)创新多维活动方式

为了满足组织成员交流研讨的需要,让活动的方式、时间、地点更加灵活、更加自主,学校在以往"例会式"教研活动的基础上,增加了以下几种方式。

1.随机式

这种活动方式不受时间、对象和地点的限制,是研究者围绕一个研究主题在一种身心放松状态下的各抒已见、碰撞争鸣。课间、放学后、上下班的路上,甚至是出差的往返路途中,或者是外出学习培训的间隙,都是老师们研讨交流的时间。张丽华老师曾深有感触地说:"我们的教研活动已经成为一种常态,随时随地都在发生,很多问题都是在现场解决的。"

2.网络式

面对面交流研讨的方式因为时间有限,有时候满足不了大家的交流兴致,难以保证活动的效果。为了弥补这种方式的不足,我们就倡导线上线下相结合,适当通过网络进行研讨和学习。学校有几十个不同层面、不同规模、不同特点的微信群或 QQ 群。比如,学校围绕学生课外阅读社团活动建立的"行走在阅读间"微信群,每周都分享全校 600 多个读书社团的活动风采和读书收获。不少老师也开通了自己的网络平台或微信公众号,窦明琦、孙利革、石瑞娟利用网络平台微读《给教师的建议》,用朗读的方式去阅读经典;张丽华、郭盼云、司培宁开通了微信公众号"美文朗读亭",定期推送经典美文和课文。很多老师由此受到启发,将微信群用于学生的小组合作学习中,比如赵瑞红与其他几位老师就围绕"如何利用微信促进学生课外阅读"研究出了一套切实可行的方法,

2017 年暑假过后已经在全校推广。

3.约请式

这是某一研究者(学校任何一种角色)或研究组织(教研组或研究共同体)根据自己的困惑,提出问题或设想,以约请的方式,邀请有关人员参与的一种研究形式。这种研讨也成了一种常态。新学期开始时,教研组会主动邀请上一轮的老师给他们解读教材;教学过程中遇到了什么困惑,会主动邀请某位老师或共同体来支招儿,搞个小型的座谈,开个小型的讲座,上一节示范课等。在学校工作群和青年教师成长群,经常可以看到老师们为解决一个问题而向其他成员发出的研讨约请。

三、成效

(一)形成了具有特色的校本教研机制和文化

改进后的"双三"机制形成了一种围绕问题解决的射线状的扁平式组织结构(如图 2):

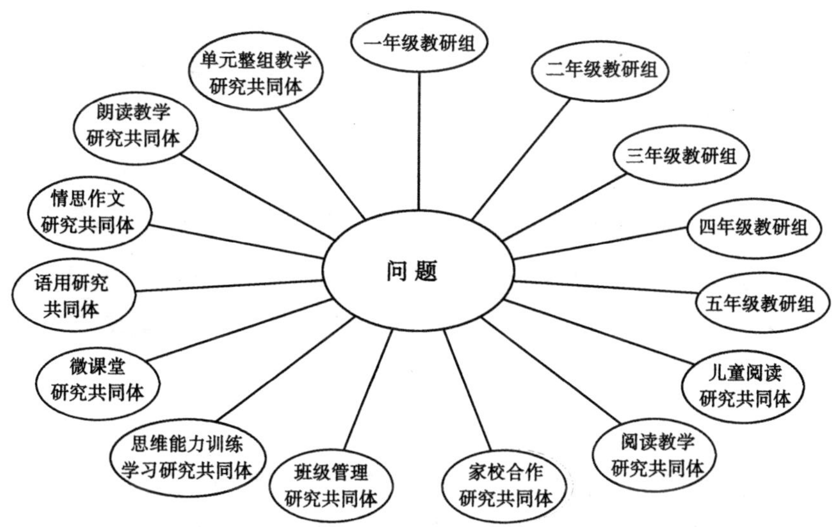

图 2 "双三"机制问题解决组织结构示意图

将研讨活动变成一个多边互动的"场",构建起全新的多边对话模型,改变了以往教研活动中"一言堂"或"双边互动"的话语方式。

与传统教研组织的结构相比,这种组织结构更能聚焦问题,更加灵活高效,能够满足不同教师交流研讨的需求。由于各个工作群体的构成是有机的,不是机械的,谁能解决问题谁就发挥领导作用,无论他预定的正式角色是什么。因此,每个人的专业优势更能充分发挥,能得到更多的激励和成就感,从而使组织目标和个人目标紧密相连,从根本上解决工作中遇到的问题,有效解决了校本教研纵深度不够的问题,也真正使学校实现了由"行政管理"向"科研管理"的转轨,研究成了老师们的工作常态。河南大学刘志军教授说:"'双三'机制让实验小学这列动车充满了前进的动力和活力。"

在青年教师"长成骆驼"的反思微信群中,刚入职不久的青年教师张慧芳深有感触地写道:"不管是晚上睡觉前,还是早上睁开眼,习惯了第一件事就是打开手机看'成长骆驼',看每一位老师发的反思、写的日志,不想漏掉一个。有时真不知道写些什么,想偷懒时,看到群里你一句我一句,于是也情不自禁敲下自己的收获与反思,发给大家分享。"

(二)探索出了一种"主题·反思·共享"的校本磨课方式

校本磨课要围绕一定的"主题",强化"反思"和"共享",以此引领老师们进行专题研究。力求通过磨一节而磨透一类,不断发现教学的一般规律,同时积累优秀课例,共享磨课成果。

磨课活动由教研组统一安排,组内教师轮流进行、集体评议。每学期,每人围绕主题选定的主磨课不求多,只求精,贵在过程中的反复研磨、锤炼和反思感悟。学期末,把自己最终的磨课成果(教材分析、教学设计、课件等)上传教科室,供下一轮教师参考和借鉴。下一轮教师据此再研究,再丰富,再完善,从而使集体备课实现真正意义上的螺旋式上升。

(三)构建起了适度课堂"三维六度五环节"教学模式

三维:指兴趣、习惯、能力。六度:指教学目标的适切度、学生学习的参与度、学习方式的自主度、小组合作的有效度、练习设计的层级度、拓展延伸的合适度。五环节:指预习探究、交流展示、质疑释疑、主题训练、拓展延伸。在"三维六度五环节"教学模式的引领下,老师们的教学效果不断提升。2016 年,在省优质课比赛中,我校5位教师作为全市代表参加了5个学科的比赛,其中4人获一等奖,1人获二等奖。王振会和窦明琦连续两届作为河南省各自学科唯一的代表参加全国青年教师阅读教学大赛,分别获特等奖和一等奖。此模式还多次吸引了来自省内外的同行观摩学习,2015年11月,还在全市基础教育教学改革经验交流暨推进会上进行交流推广。通过系统总结,出版图书《课堂因适度而高效》一部,编写校本教材两套(20册)。

(四)取得了一系列主题引领下的课题研究成果

学校确定的适度教育和享受教育两大主题,为全校教师指明了当前一个时期的研究方向,各研究组织都围绕大主题确定自己的小主题。这几年,老师们承担的各级各类课题达百余项,学校取得了一套比较系统的大主题研究成果:国家级课题2项、省级12项、市级10项,均已结题;荣获教育部办公厅基础教育课程改革教学研究成果三等奖1项,河南省优秀成果一等奖6项、二等奖6项,市级一等奖10项。尤其是"双三"机制先后三次获国家、省、市级优秀成果奖,两次在河南省校本教研暨课题成果交流会上被作为典型经验进行介绍。

(五)促进了教师的发展

自2007年9月至今,老师们通过校讯通、博客撰写教学反思人均达15万字,在各级刊物上发表论文共计500余篇。我们定期把老师们的反思结集成册互相交流。年轻的英语老师王晓君近五年写了5本(《清风拂过心灵》《一路同行》《飞翔》《时光印象》《知晓君意》)近30万字的反思。也正是这些反思促使她从一名普通英语教师成长为省级教学名师。2016年,她还通过绿色通道顺利评上了中小学高级教师。

学校先后推出全国模范教师、全国优秀教师3人,中原名师及培养对象各1人,河南省教学名师11人。一大批专家型教师和管理型学者也脱颖而出,仅在2015、2016两年间,学校就有1人被评为全省首批中小学正高级教师,11人被评为中小学高级教师,其中8人为绿色通道评审(全市共10人),另有1人被提拔为校长,3人被提拔为副校长。在2016年濮阳市梯级教师评选活动中,我校推荐的2名专家型教师、4名教学名师、8名学科带头人和17名骨干教师候选人全部被定为培养对象。

(六)促进了学校的内涵式发展

学校先后被命名为“全国精神文明建设工作先进单位”“全国教育系统先进集体”“全国三八红旗集体”“中华诗词教育先进单位”“河南省校本教研示范校”“河南省教师发展学校”“河南省教科研基地学校”。2017年,又被中央文明委命名为“全国文明校园”。《中国教育报》《河南教育》《教育家》《光明日报》等多家主流媒体曾对学校的办学经验进行了报道。

四、问题与反思

(一)问题

1.研究团队的增加给学校的宏观管理造成了一定的困难

研究团体组成的多样化使研究团体的数量在原有基础上有了大幅度的增加,他们各自活动的时间、地点、次数也是相对自由的,这就给学校的宏观管理造成了一定的困难。

2.需要客观评价行政组织在研究中的作用

行政和科研是校本教研无法回避的两个话题。如何避免行政过多干预,最大限度地发挥行政管理的优势,用行政的手段弥补教育科研中合作、平等和互利的不足,平衡研究组织中的各种关系,调和、化解研究过程中的各种矛盾,创新校本教研的组织形式和运行机制是一个需要深入研究的问题。

(二)反思

改进后的“双三”机制是以问题为中心凝聚起来的若干研究组织,其核心是通过研究者之间的合作、交流,达到解决教育教学中的问题、共享教育智慧的目的。如何在更加学术化的氛围中激发参与者的积极性,这就需要管理者从专业的视角用专业化的标准搭建展示平台,制定较为完善的激励措施,从而让每一个研究组织、每一位研究成员在有机适应型组织中凝心聚力,共同推进校本教研工作的健康开展。

创新管理模式　助力校本教研

——羊山中学“三纵三横+专项工作室”管理模式助力校本教研

案例持有人:谈运斌

所在单位:信阳市羊山中学

主要合作者:陈晓晖　杨旭

一、“三纵三横+专项工作室”管理模式的提出

(一)传统金字塔型管理模式的不足

传统的金字塔型管理模式是:校长→副校长→政教处、教务处→教研组→教师、班(副)主任、教师团队,层层逐级对上级负责,构成管理金字塔。这种管理模式在一定程度上不利于激发教师们的积极性与创造性。如何激发每一位教师的热情,并使其参与管理就成为我们关注的问题。

(二)对教研管理的新思考

在教师成长学习讨论会上,全校教师达成了这样的共识:“什么才是好的教研管理和科学的教研管理?只有人人都主动教研才是好的管理!当没有人感觉到被要求教研的时候才是好的教研管理!”让人人都主动参与教研的这一管理理念奠定了信阳市羊山中学(以下简称“羊山中学”)新的管理模式的基础。

(三)让教研来化解困难与压力

新校创立,面临一系列的困难与压力。第一届的招生工作一波三折,生源质量不容乐观;任课教师70%为近三年毕业的大学生,30%为八县两区的在职

教师,办公条件、办公设备也是逐步完善,逐步配备到位;管理团队人选不明确,职责与分工不明晰。我们的目标是办一所名校,面对困难和压力,我们决定以教研促发展,开始了管理模式的全新探索。

(四)让教研支撑目标梦想

人因梦想而伟大,一个团队更需要梦想的引领。羊山中学从建校之初就确定了自己的梦想,那就是要成为有影响力的、内涵式发展的学校。

何为有影响力的学校呢?有影响力就是要办人民满意的教育,有影响力就是要在保证升学质量的前提下以教研不断优化办学过程,以研促教,以研促学,研、学、教合一,实现师生与学校的共同发展。

基于以上原因,我校提出了“三纵三横+专项工作室”管理模式(如下图)。

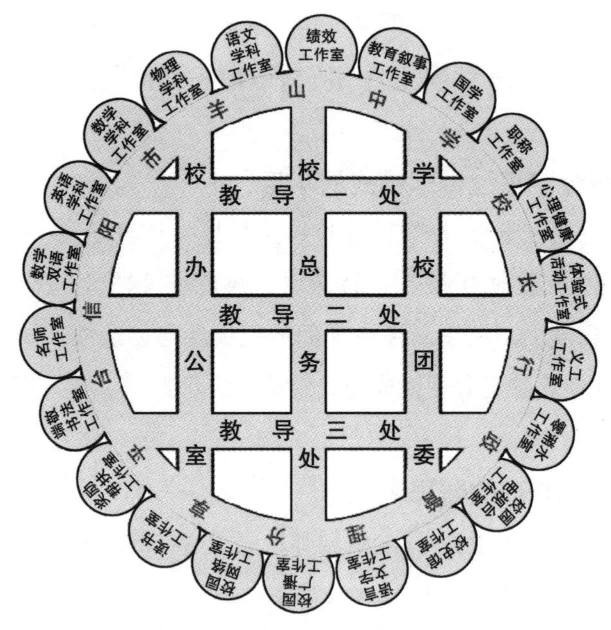

“三纵三横+专项工作室”管理模式图

二、“三纵三横+专项工作室”管理模式的主要内容

(一)专项工作室的成立

每一个专项工作室都是老师们在工作中遇到了困难、发现了问题,从问题

中提出研究方向成立的。就拿第一个成立的教育叙事工作室来说吧。新校刚成立,我们首要的困难是教师队伍的心态境界与业务能力的提升。大家一致认为,写成长反思、写教学反思与感悟是一个行之有效的方法,那么怎样才能做好这项工作呢?当时学校只是给出了一个原则:找出有意愿、有能力管好教育叙事工作的老师。每个老师都可以自愿申请,通过申请找出有意愿的人,通过大家的评判找出有能力的人。结果杨家厚老师申请后被大家推选为教育叙事工作室的负责人。有了教育叙事工作室,老师们的心态境界与业务能力逐渐得到了提升。五年来,老师们共撰写了教育叙事 3 万多篇,教育叙事工作室还择优结集了 11 本教育叙事文集。

后来,因为推广普通话而成立了语言文字工作室;因为有学生厌学、情绪压抑等问题,成立了心理健康工作室;因为学生书写不规范、书写质量差的问题,成立了端敬书法工作室;为解决困难老师、困难学生的学习、工作、生活问题,成立了奖励帮扶工作室;为打造书香校园,让阅读成为师生的习惯,成立了读书工作室;为让学生得到更多的锻炼,提高全方位素质,成立了校园电视台工作室、校园广播工作室、体验式活动工作室、校园网络工作室。

每一个工作室的发起人即负责人想干好工作,单靠自己是力不从心的,所以根据工作需要,他们可以继续“招兵买马”。以体验式活动工作室为例,除了负责人李麟倩,后来又增加了张廷忠、吴群平、王万国、成廷玉、陈勇、吴飞语、杨帆、王守海 8 位老师。这 8 位老师的加入,也是自己主动向李老师申请,获得老师们推选认可的。也就是我们所说的,把机会留给有意愿的人,让愿意干的人有舞台,有用武之地。

五年来,羊山中学专项工作室陆陆续续成立了 22 个。每一个专项工作室都是基于工作中的具体问题开展工作而成立的。至于今后还会成立哪些专项工作室,同样由产生的问题决定,而这正是创新探索的魅力所在。

(二)“三纵三横”管理模式的确立

有了更具灵活性与适应性的专项工作室,有了“让人人都成为教研管理者,让更多的老师参与教研管理”的管理理念,羊山中学对原来一套人马管理全校的模式进行大胆改革,提出了“三纵三横”管理模式的构想。

“三横”指的是羊山中学七、八、九三个年级各自设立教导处,分别称为教导一处、教导二处、教导三处。三个教导处即三个管理小团队,它们之间相对独立工作。三个教导处的负责人同时向学校负责,实现管理“扁平化”。“三纵”指的是面向全体师生进行管理的三个科室,他们分别是校办公室、学校团委、校总务处。

总之,“三纵三横”管理的魅力在于:“三横”让每个年级根据各自的年级课程更具针对性地开展教研活动。同时“三纵”管理又保证了学校管理上下一盘棋、一个整体,实现“统分结合、灵活机动”。

三、“三纵三横+专项工作室”管理模式的特点

(一)更专业、更迅速、更给力地解决问题

专项工作室的负责人不仅是任务实施的执行者,还是问题的发现者、决策者。角色的转变让专项工作室这一组织机动灵活,充满了活力。

在工作室建设方面,学校制定和完善了工作室负责人选拔、工作室活动流程、工作室年度考核等系列制度;同时,强化以教师的专业素养、优势特长为标准,通过竞争择优、公开选拔的方式,让更多有专长的教师参与教育教学研究的方方面面。比如,写作能手杨家厚竞聘为教育叙事工作室主任,省级普通话测试员杨杰竞聘为语言文字工作室主任,国家一级心理咨询师杨帆竞聘为心理健康工作室主任等,学校在场地、经费、人员等方面给工作室以支持,让工作室的成员更能发挥主观能动性,更能充分发挥教师专长的示范、引领、辐射作用。

(二)自下而上,多点发力,运转高效

专项工作室、年级组、校总务处、校办公室、学校团委是围绕教研问题来开展工作的,教研问题不是学校领导主观臆断确定的,而是组织成员结合我校情况共同提炼确定的。因此,专项工作室开展的教研活动能够激发工作室成员的工作热情,对教师的专业成长和学校的课程改革有很大的帮助。

事例一:读书工作室成立后,仅 2014 年每位教师的纸书平均阅读量就达 8 本以上,李镇西、魏书生、冯恩洪、郭思乐、王金战、朱永新等教育专家的著作成

为教师的必读书籍，为打造书香校园，提高教师专业素养，建设学习型组织及教研活动的开展做出了巨大贡献。

事例二：数学、英语等学科工作室，先后邀请了魏书生、郭水源、裴昌义这些教育专家来我校讲学，开展了课例研修大赛、观名师视频、写反思评比、青年教师技能大赛等活动，为我校各学科教研活动的提高和青年教师的成长做出了巨大贡献。

（三）合作竞争，自发成长，和谐团队

学校的年级主任、专项工作室负责人都是学校教学管理中的一分子，他们既是参与者、指导者和管理者，又是老师们最可信赖的朋友。开展教研活动，通常会涉及多个年级、多学科老师，如果没有团结、协作的意识，各项教研活动也就难以按时完成。

各工作室着眼于师生能力发展和校本教研中的实际问题，其最终的价值就是，提升学校管理水平、教研水平，促进师生幸福成长。在“示范引领、有序竞争”的原则下，22 个工作室经常联合起来开展丰富多彩的活动，赋予了教师新职责，挖掘了师生的潜能，推动了学校的持续健康发展。在共同举办活动的过程中，教师的工作表现会在全校教师中形成无形的竞争，合作竞争又促进了全校教师的自发成长。

事例：为打造一个“个体素质优良、群体结构合理、富于创新精神”的教师群体，学校以阅读教育书籍、写教育叙事、学科课例研修为着力点，借力读书工作室、教育叙事工作室和多个学科工作室等，促进了教师专业成长。2014 年，教师李玲荣获河南省“中原名师”称号；学校 40 余位教师到外省、市讲学；2014 年，学校申报国家、省、市级课题 40 余项；在 2013 年、2014 年的信阳市中招考试中，我校各学科成绩均居信阳市前列。

四、"三纵三横+专项工作室"管理模式的效果与反思

(一)效果

1.教研成果不断涌现

四年来,羊山中学在"三纵三横+专项工作室"管理模式的作用下,校本教研工作越来越深入,老师们的教研积极性也越来越高,教研成果也越来越多地涌现出来。先后共有12项校本教研成果成功申报省级课题研究并结项,还有13项校本教研成果成功申报了市级课题研究并结项。其中,2014年校本教研成果"毕业班离校课程+体验式活动的探索"获省一等奖,2016年校本教研成果"初中体验式德育活动的行动研究"在第二届中国教育创新博览会上获优秀奖,同时该成果于2017年获省教育教学成果一等奖。

2.培养、锻炼了大批管理人员

"三纵三横+专项工作室"管理模式实现了让更多的老师参与到教研管理中来,22个专项工作室吸引了133名老师参与到学校管理工作之中。加上"三纵三横"管理团队19名成员,羊山中学管理团队大家庭有152人之多,占全校教师总数的四分之三。在学校管理干部中,钟浩、禹鹏飞、陆守红、张健等主任就是从专项工作室的管理锻炼中走上学校管理岗位的。更值得一提的是,因为专项工作室负责人不是所谓的"官",所以干不好的负责人,老师们会自发地把他撤掉,不存在干部管理上的能上不能下的情况,这也算是其魅力之一吧。

3.让我们逐渐认识到教研理论的重大价值

有机适应型组织在组织结构、运转方式、人际沟通和评价管理等方面都与科层制组织有着截然不同的特征。从组织结构方面看,它具有临时性,组织由项目小组构成,工作人员的权利和责任根据情境和任务随时变化,因此其适应性极强,可以应对各种不确定性的问题;从运转方式方面看,它是围绕着有待解决的各种问题开展工作的;从人际沟通方面看,它强调组织成员间的彼此信任;从评价管理方面看,它强调根据技能和专业训练进行横向的评价。可以说,羊山中学"三纵三横+专项工作室"管理模式就是有机适应型组织理论的具体应用和体现。

（二）反思

羊山中学“三纵三横+专项工作室”的管理模式实现了学校各项工作的高效开展。目前，学校早已被评为“省级文明单位”，还成了第二批校本教研实验学校，但随着探索的深入，我们又遇到了新的困惑。如我们的专项工作室更多的是依靠教师自身的专业素养、进取精神，自觉自发开展工作，如何让这种活力、动力长久保持？专项工作室的负责人是普通教师，但他们在某一项具体工作中又统管全校，未来应该对这些负责人进行怎样的定位？

希望在今后的探索实践中，我们能解惑前行。

以有机适应型组织理论
推进学校大课间活动“模块化”创新管理的探索

案例持有人:张伟

所在单位:安阳市虹桥中学(原安阳市第六十二中学)

主要合作者:漫曼　左新欣　马改芝　耿东顺　袁艺

基础教育改革和发展最终要基于每一所学校自身的发展而实现。以有机适应型组织理论为指导,基于学校的校本教研,符合学校发展的趋势。把创新改革渗透到学校的各个方面,才是学校发展的有力支撑。

一、问题的提出

经过三年(2014—2016年)的亲身经历、反思体会、同伴互助等方式,我校初步形成了独具特色的大课间活动方式。轰轰烈烈的大课间活动让我校的每一位体育教师的责任感和使命感倍增。然而,三年的实践让身处一线的我们对它也有了更为客观的评价,那就是在取得成绩的同时,存在的问题也接踵而来。例如,大课间开展过程中权责不清,存在扯皮现象;大课间的受重视程度没有达到预期的效果;大课间内容单一,学生参与积极性不高;大课间活动的运动强度不理想,对中招体育考试的成绩影响不大;一线体育教师的疲惫感和倦怠感明显增强;大课间活动工作量的计算没有新的指导性文件,没有与绩效工资挂钩。

二、问题的解决

有机适应型组织理论的介入与推广,为我校管理创新和制度变革提供了很好的思路和理论依据。

在2017年,我校迎来了探索和创新大课间活动的时机,提出了以有机适应型组织理论为指导,以体德兼修为目标,大胆创新管理模式,积极探索新制度的实践,形成了结构紧凑、形式多样、突出德育、体现和谐校园的阳光体育大课间"模块化"创新管理。而对2014—2016年中出现的问题,我们没有忽视,而是积极协调,争取支持,交流反思,突破瓶颈。

(一)实行大课间活动"有机管理"

针对"大课间开展过程中权责不清,存在扯皮现象"的问题,我们采取了责任到人的管理方法,打破体育教师"单打独斗"的组织管理方式,动员一切可以动员的力量。

新的大课间活动"有机管理"模式(如下图)突出两条主线:一是管理考核层面的主线,二是技术指导层面的主线。两主线之间既有分工又有合作,充分调动了各方面的积极性。

(二)设立考核机制,提高考核分值

针对"大课间的受重视程度没有达到预期的效果"的问题,我们采取了"提高考核分值"和"设立考核机制"的办法,让所有人认识到大课间活动的重要性。

采取的措施及分析:

措施一:通过体育教师的争取和协调,让管理层认识到大课间活动是提高学习成绩、增强班级凝聚力、提升学校知名度的重要保障。

措施二:在认同的基础上,要有政策的倾斜和制度的完善,使大课间活动评价分数占到班级量化考核的一定比例。我们采用了"10分—15分—20分"的分值递增考核机制(满分100分)。

措施三:针对大课间活动项目,每周统计结果进行公示和反馈,每月汇总结

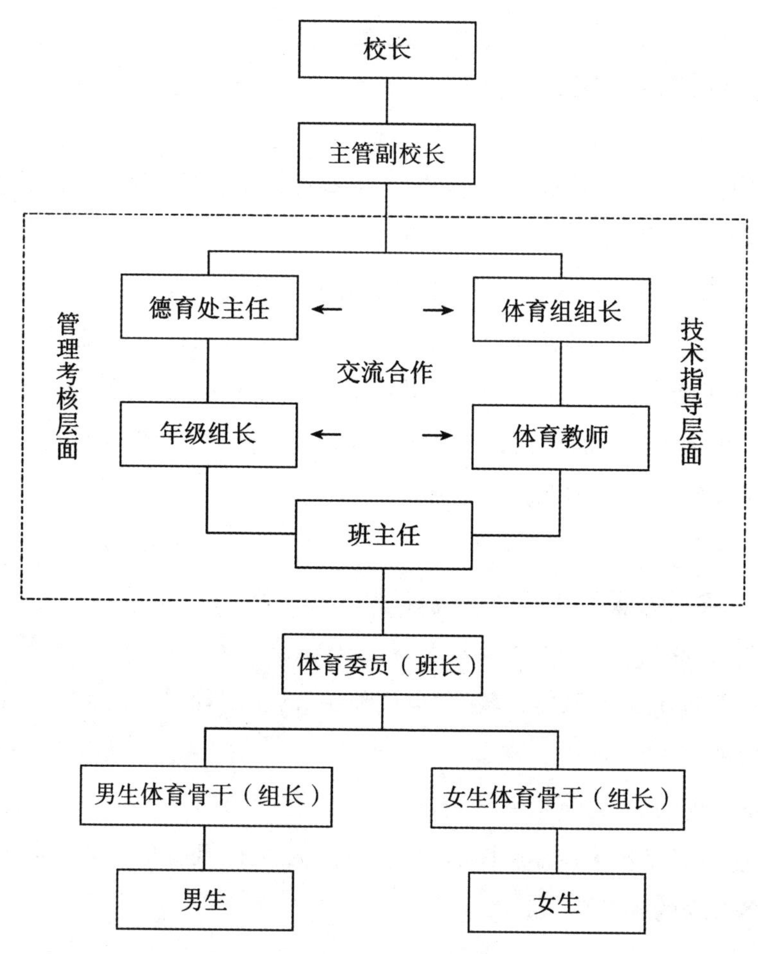

大课间活动“有机管理”模式图

果进行小结和奖罚，每学期汇总结果上报校长办公会并与班级的评优、评先挂钩。这样的考核机制体现了制度性、公平性和竞争性。

三种措施都聚焦问题，从校长到中层，从年级到班级，大家对大课间活动的重视程度都有了提高。

（三）制定大课间活动模块

针对“大课间内容单一，学生参与积极性不高”的问题，我们制定了八大模块的活动；结合新课标提出的“课课练”，提出大课间活动“天天练”的概念和做法。

八大模块分别是："队列及行为规范类"模块、"操武类"模块、"身体素质训练类"模块、"特色跑类"模块、"传统项目类"模块、"班级创新项目类"模块、"中招体育考试类"模块和"展示评比类"模块。

（四）模块内容与中招考试项目结合

针对"大课间活动的运动强度不理想，对中招体育考试的成绩影响不大"的问题，我们在制定出的大课间活动"标准化"模块内容的选择上突出运动负荷，呈现中招考试项目，实现大课间活动完成多重任务。

采取的措施及分析：

措施一：科学合理地安排布置场地，让各年级的学生在有限的场地上完成各类练习。场地面积利用率（场地 /人数×100%）作为我们提出的新概念，对各个项目在大课间活动中的开展条件起到了评估、验证的作用。操场、小广场、楼前楼后、走廊等，只要是能想到的地方都作为我们考虑的场地，大场地有大场地的优势，小场地有小场地的用途。

措施二：开展项目时既有统一又有分散，各年级、各班级根据各自特点开展计划中的各类活动。我们总结出"同一时间，不同项目；同一项目，不同次序；同一次序，不同要求"的 24 字小结，旨在合理布置场地，科学安排项目，主动控制负荷，提高练习密度，达到预期效果。

措施三：在"模块化"中增加"天天练"内容，增加"身体素质训练类"模块的次数，针对九年级中招考试的要求安排"中招体育考试类"模块。

正视中招考试，拿出应对中考和增强学生体质的方法与对策，做到"鱼和熊掌兼得"，推进大课间活动的良性发展和长效发展。

（五）加强师德师风建设，提高教师专业素质

针对"一线体育教师的疲惫感和倦怠感明显增强"的问题，我们采取了"加强师德师风建设及专业化理论水平学习"和"请进来，走出去"的区域性联动机制，提升体育教师的素质，保证体育教师队伍的稳定化和专业化。

采取的措施及分析：

措施一：加强师德师风建设，让体育人的信仰不动摇。主管副校长和主管

主任每周都参加体育教研活动,在计划中安排学习师德师风的文件和案例,现场讨论发言,学习身边的优秀教师,明确体育人的职责,让信仰不动摇。

措施二:加强学习,利用新课标出台的时机主动参加国培、省培。平时注重集中与分散学习相结合。每周的教研活动是大家集中学习讨论的时间,在内容设置上每月都有关于大课间的专题讨论。

措施三:建立“请进来,走出去”的区域性联动机制,为体育教师搭建交流与沟通的平台。

(六)工作量计入课时量,体现教师劳动价值

针对“大课间活动工作量的计算没有新的指导性文件,没有与绩效工资挂钩”的问题,我们采取“记入课时量”和“划分等级”的办法,使教师的劳动价值得以体现。

采取的措施及分析:

措施一:将每天两次的大课间活动按照 1.5 个课时的标准计入工作量。

措施二:对体育教师绩效工资大课间的部分进行等级划分,调动其工作的积极性。划分等级的办法是:根据体育教师所带班级参与大课间活动的情况,将月考核的平均分(占 80%)和管理层的测评分(占 20%)相结合,对体育教师进行绩效考核,分出一等和二等。

三、成果的主要内容

(一)推进学校教研教学,促进教师成长

通过制订大课间研究计划和自主学习探究、交流反思、大课间案例评比、技能比赛、外出学习听课、参与市级教学研讨、组织实践观摩、大课间评比等一系列活动,形成良好的研究氛围。教师在不断的探索、学习、研究、实践、反思中成长,大课间开始“模块化”管理以来,我校体育教师有 3 篇论文获得省级奖项,8 人次参与“体育名师送教工程”活动。

（二）建章立制，完善与大课间有关的各项制度

为保证大课间的长效发展，校本研究小组积极向学校反映实际问题，制度建设对大课间的规范和创新提供了保障。我校先后出台并完善了《安阳市虹桥中学体育大课间活动分工细则》《安阳市虹桥中学体育大课间活动管理考核办法》《安阳市虹桥中学体育大课间活动“模块化”管理制度》《安阳市虹桥中学德育量化考核办法》《安阳市虹桥中学先进班集体评选办法》等。

（三）创新管理模式，权责分明

探索总结出大课间活动“有机管理”模式图。

（四）大课间活动“模块化”管理设计——学年实施计划

表 1　上学期“标准化”模块设计表

参与范围	流程序号	分类	“标准化”模块安排																备注
			第1周	第2周	第3周	第4周	第5周	第6周	第7周	第8周	第9周	第10周	第11周	第12周	第13周	第14周	第15周	第16周	
全校	1	标记模块时间	A模块一25 min	A模块四25 min	A模块二15 min	A模块二15 min			A模块五15 min		A模块六20 min	A模块六20 min	A模块三25 min	A模块三25 min				A模块八25 min	
	2	标记模块时间			B模块四10 min	B模块四10 min			B模块四10 min		B模块一5 min	B模块八5 min							

（续表）

参与范围		流程序号	分类	“标准化”模块安排																备注
				第1周	第2周	第3周	第4周	第5周	第6周	第7周	第8周	第9周	第10周	第11周	第12周	第13周	第14周	第15周	第16周	
各年级	七年级	1	标记模块时间					A模块二15 min	A模块二15 min		A模块五15 min					A模块三25 min	A模块三25 min	A模块三25 min		
		2	标记模块时间					B模块四10 min	B模块四10 min		B模块四10 min									
	八年级	1	标记模块时间					A模块二15 min	A模块二15 min		A模块五15 min					A模块三25 min	A模块三25 min	A模块三25 min		
		2	标记模块时间					B模块四10 min	B模块四10 min		B模块四10 min									
	九年级	1	标记模块时间					A模块七25 min	A模块七25 min		A模块四25 min					A模块三15 min	A模块七25 min	A模块七25 min		
		2	标记模块时间													B模块四10 min				

表2 下学期“标准化”模块设计表

参与范围		流程序号	分类	“标准化”模块安排																备注
				第17周	第18周	第19周	第20周	第21周	第22周	第23周	第24周	第25周	第26周	第27周	第28周	第29周	第30周	第31周	第32周	
全校		1	标记模块时间	A模块一15 min	A模块三25 min							A模块六20 min	A模块六25 min	A模块六20 min					A模块八25 min	
全校		2	标记模块时间	B模块三10 min								B模块一5 min		B模块八5 min						
各年级	七年级	1	标记模块时间			A模块三25 min	A模块二15 min	A模块二15 min	A模块二15 min	A模块五15 min	A模块五15 min				A模块二15 min	A模块二15 min	A模块二15 min	A模块二15 min		
各年级	七年级	2	标记模块时间				B模块四10 min	B模块四10 min	B模块四10 min	B模块四10 min	B模块四10 min				B模块三10 min	B模块三10 min	B模块四10 min	B模块四10 min		
各年级	八年级	1	标记模块时间			A模块三25 min	A模块二15 min	A模块二15 min	A模块二15 min	A模块五15 min	A模块五15 min				A模块二15 min	A模块二15 min	A模块二15 min	A模块二15 min		
各年级	八年级	2	标记模块时间				B模块四10 min	B模块四10 min	B模块四10 min	B模块四10 min	B模块四10 min				B模块四10 min	B模块四10 min	B模块三10 min	B模块三10 min		

（续表）

参与范围		流程序号	分类	“标准化”模块安排																备注
				第17周	第18周	第19周	第20周	第21周	第22周	第23周	第24周	第25周	第26周	第27周	第28周	第29周	第30周	第31周	第32周	
各年级	九年级	1	标记模块时间			A模块七25 min	A模块七25 min	A模块七25 min	A模块七25 min	A模块七25 min	A模块七25 min				A模块二15 min	A模块二15 min	A模块六25 min	A模块六25 min		
		2	标记模块时间												B模块五10 min	B模块五10 min				

实施说明：标记相同字母的模块表示相同时间同时进行，具有交叉性和分类型的特点；标记不同字母的模块表示不同时间，按照 A→B 的顺序依次组织实施。

“标准化”模块安排分类统计说明：(1)学年计划中，全校性统一组织活动的总周数为 16 周，分年级组织活动的总周数为 16 周；(2)考虑到新生适应、冬季长跑及纪律约束等各种情况，上学期注重大课间参与范围的统一性，学校统一组织的活动模块占到 10 周；(3)考虑到体育中招考试、夏季温度及中考前的总复习等各种情况，下学期注重大课间参与情况的灵活性，各年级自行安排的模块占到 10 周。

四、效果

安阳市虹桥中学以有机适应型组织理论推进学校大课间活动“模块化”创新管理，对大课间活动的多样性、有效性和实际性的特点进行了探索与实践，充分运用有机适应型组织理论聚焦问题，灵活高效地解决了多年来存在的实际问题。

（一）学生对大课间的满意度呈上升趋势

类型 年份	内容形式满意率（%）	体能素质提高满意率（%）	自主合作参与满意率（%）	考核评比满意率（%）
2015	80.7	81.8	83.5	76.2
2016	85.3	85.6	86.1	81.6
2017	91.8	92.1	89.2	87.9

（二）学生体质健康考核数据呈上升趋势

类型 年份	耐久跑优良率（%）	立定跳远优良率（%）	坐位体前屈优良率（%）	仰卧起坐（女）优良率（%）	引体向上（男）优良率（%）
2015	38.2	42.3	46.7	36.6	17.5
2016	40.6	44.1	48.5	38.0	22.6
2017	46.7	45.9	52.7	39.4	27.3

通过实践论证，该设计符合“模块化”的特点，八个模块符合学生特点和学校实际，运动负荷达到既定目标，各模块之间的合理化设计深受学生喜爱。该设计既考虑到学生体质健康水平的提高，又强化了德育与体育的结合，注重可操作性，立足基层，贴近实际，期待把成功经验和方法向基层学校推广，起到引领和辐射作用。

有机适应型组织理论指导下基于项目的校本教研

案例持有人:孙国英

所在单位:洛阳市实验小学

一、问题的提出

洛阳市实验小学于1954年建校,目前有三个校区,在校生5000余人,教师240余人。学校的校本教研工作很长一段时间延续自上而下的行政管理,由教导主任和教研组长两级负责,在推进过程中,一些问题日益显现,主要表现在以下两个方面:

一是教师作为教研主体的作用发挥不充分。教师成为教研的主体是学校教研创新的活力所在。但是不少教师认为教研就是学科主任和教研组长的事情,在教研活动中处于被动的状态。

二是两级教研关注和解决的问题有限。由于是统一的组织管理,强调定时间、定地点、定人员,教研形式相对比较单一,成效有限。随着校区的增多,原有的各学科统一教研的形式耗时费力,需要突破和改进。

综上,为了提高教学质量,促进教师和学生共同发展,校本教研组织形式的改革迫在眉睫。

二、解决问题的过程和方法

(一)提出基于项目的校本教研,引入有机适应型组织理论

学校在多校区的现实状况下,为提高管理效率,采用基于项目的管理(项目

管理)模式。针对校本教研的问题,我们引入有机适应型组织理论,提出“有机适应型理论指导下基于项目的校本教研”理念,并开始探索实施。

“项目”原是管理学领域的一个概念,它是指以一套独特而相互联系的任务为前提,有效地利用资源,为实现一个特定的目标而努力。在校本教研领域中我们所说的“项目”,是指一种能引起教师研究兴趣、值得花时间和精力去对真实教育教学做深入探究的活动。

“基于项目的教研”也借鉴了“基于项目的学习”(项目学习)的思想,“项目学习”是“让学生通过实践活动去学习”,“基于项目的教研”是希望教师在校本教研的实践活动中学会教研。

有机适应型组织理论指出,人们在工作中更希望能够全面地参与,未来的工作目标将变得更加多元化和更加复杂,达到目标将有赖于适应性、创造性和革新性。

开展基于项目的教研,引入有机适应型组织理论,我们期望改变教研的组织结构,引导教师从自己的视角发现问题、分析问题和解决问题,并且在此过程中,能力得到提高。

(二)以有机适应型组织理论为指导,开展基于项目的校本教研

1.确定基于项目的校本教研的参与人员

学校提出,一线教师和管理人员都是教研的主体,要求人人都参与校本教研。为去除教研的行政色彩,中层及以上管理人员都作为普通教师参与教研,必要时,作为学术指导人员而非行政领导,与名优骨干教师一起为教师提供帮助和服务。

学科主任等中层管理者要能发现自己分管工作中的问题,进而组织开展研究。比如,教导处的四个语文学科主任,就以“如何指导教师有效磨课”为项目开展研究;教科室就如何开展校本教师培训,展开了“2 5 8”教师梯队培养工程的研讨。

学校中人人都是教研的主体,解决问题依靠各方面专业人员组成的群体,打破了过去的组织模式,有机适应型组织的结构特征初步显现。

2.变革校本教研的组织形式

基于项目的校本教研组织形式灵活。项目组可以是教研组,也可以自由组合,由一名或几名骨干教师作为发起人和牵头人,选定项目后,召集有共同兴趣和愿景的教师参加,不再局限于既定的教研组、学段,也不再局限于学科和校区。大家自发形成研究团队,在一定时间内合作研讨,问题解决了,任务完成了,项目组就自行解散。

为了让教师熟悉和适应新的组织形式,在每月一次的统一教研活动中,学科主任们想了许多办法打破教师的固有认知。比如在一次活动中,组织中年级段各学科教师以最近一次看电影的时间为序排队报号,将教师随机分成五组,每个小组围绕"选取一个电影素材作为教学资源并设计运用"为议题展开讨论,至少拿出一个方案参与交流。教研进行得很热烈,大家亲身体验到,这样的组织形式有新意,教研主题有创意,不同学科的教师思想相互碰撞、启发,不仅利于问题的解决,而且加强了相互之间的交流,教师们的关系更为融洽了。

基于项目的校本教研组织没有严格的边界,具有临时性和开放性特点,适应性强,变化迅速,符合有机适应型组织的结构特征。

3.确立教研项目

教研项目的确立主要依据三个方面:一是大家共同感兴趣的问题,二是教学中困扰学科发展且通过研究可以解决的问题,三是当前急需解决的问题。

比如,几个年轻教师对数学魔术、数棋感兴趣,就自发成立了数学游戏项目小组,研究数学游戏的奥妙及其在课堂上的应用,吸引了不少教师加入。

学校近些年体育学科的教研相对薄弱,校长和体育学科主任作为学术指导人员参与研究,经过梳理,体育教师根据自身专长和爱好,组成了课堂教学项目组、足球训练项目组、活力校园项目组等三个项目组开展教研。

除了教师自行选定项目,管理人员也参与项目的确立,发挥学术指导作用。比如语文学科主任发现各年级对教材的解读不到位,就要求各年级教研组以组为单位,把教材解读作为一个项目,开展形式各异的展示活动。现在,每学期开学的学习课标、解读教材已经成为教研组的常规项目。

基于项目的校本教研围绕有待解决的问题设置项目,成立项目研究组织,符合有机适应型组织的结构特征。

4.对校本教研的支持与评价

为了激发教师开展教研的积极性，学校大力支持教师自主开展教研，从人员和物质两方面为项目组解决困难。项目组需要聘请专家、教研员，学校出面协调；项目组需要购买书籍或教学用品，学校拿出经费。

项目评价不给教师太大的压力。在评价目标上，打破唯成果论的评价标准，重视教师的参与状态、研究过程、问题解决等方面的情况；在评价功能上，注重突出评价的激励性功能，鼓励提炼教研成果，申报各级课题，或者奖励项目组外出学习和度假，并把参与教研作为申报校级名优骨干教师的优先条件；在评价形式上，以展示交流为主，在“教师讲堂”活动中分享经验成果。

三、有机适应型组织理论指导下基于项目的校本教研成果

（一）理论成果

1.探索出基于项目的校本教研的组织形式

我们把有机适应型组织理论指导下基于项目的校本教研组织形式提炼为“一二三要点”：“一”是以共同的教研兴趣和愿景为中心；“二”是两个特色，即自由组合、临时开放；“三”是三个不限，即不限学科、不限学段、不限校区。

2.提炼出基于项目的校本教研的操作流程

我们经过多方面的提炼总结，绘制出了教研的参考流程图（见图1），以便于教师借鉴使用，提高教研实效。

3.探索出基于项目的校本教研的评价方式

我们认为基于问题解决的激励性评价比较适合我校现阶段的实际情况，评价以问题解决为目标，关注研究过程中教师的参与状态和研究状态，注重发挥评价的激励性功能，不让评价成为教研的负担和压力。

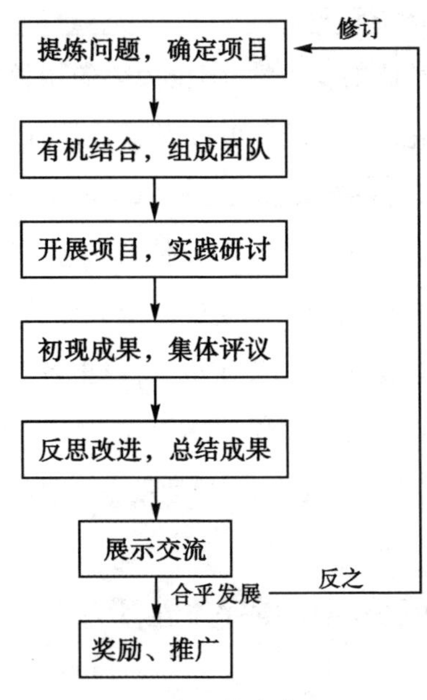

图 1　教研基本流程图

（二）实践成果

1.探索出“自主体验五环节”磨课流程

“自主”指执教教师是校本教研的主体，“体验”指教师通过亲身经历教研实践获得体会和经验，“五环节”指的是体验式磨课的“课前研讨—试教观察—课后访谈—评议反思—改进完善”五个环节。

（1）操作流程图。

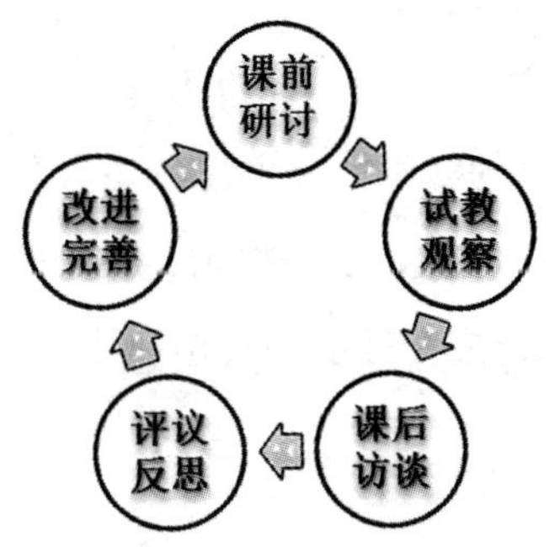

图 2　“自主体验五环节”磨课流程图

（2）操作方法。操作分为以下几个步骤：

第一步，学习相关理论，查阅资料，开展研讨，个人备课和集体备课。

第二步，执教教师试讲，听课教师按照课堂观察的“两维度三要素”（见下表）确定观察点，记录“教师的教”和“学生的学”的相关数据和典型现象，运用理论知识进行初步分析，以定量和定性的分析为磨课提供指导。

课题观察的“两维度三要素”

	目标	策略	状态
教师	①教学目标是否明确 ②设定是否合理 ③达成的情况	教师达成目标的策略及有效性	课堂上的状态及教师的策略运用情况
学生	①学生对教学目标的达成情况 ②达成的效率情况	①学生学习策略的掌握情况 ②学生能力达成情况	情绪是否饱满，参与是否积极，思维是否活跃等

第三步，课后访谈，调研教学效果。对学生的访谈有提问、填写访谈表和聊课三种形式。执行访谈任务的教师结合教学实际，精心预设两三个问题，教学结束后，及时提问，记录下学生反馈的情况。对中高年级学生多用填写访谈表的形式进行，调研范围更广。师生聊课是抽样的访谈——选择不同层面的有代表性的学生，以聊天的方式了解学生的学习情况、教学目标达成情况等。对教师的访谈以提问为主，重在引导其自我反思。

第四步，听课教师针对观察点，结合访谈情况，对数据和现象进行分析、评议，指出优点和不足，提供策略和建议。执教教师反思教学情况，提升认识水平。

第五步，改进教学方案，团队磨课，再次试教、观课、评议，直至达到一定的水准。“角色互换式”磨课是我们常用的方法。由听课教师当学生进行试教，磨课时可以随时叫停进行指导评议，也可以在执教教师操作不成的情况下，由另一名教师换上台作示范，这种方法很适合对教师进行细致的指导。

（3）实践效果。“自主体验五环节”磨课流程，关注备课的全过程，重视理论学习，注重研究课堂细节，以课堂观察结果为研讨依据，评课指导细致到位，注重“学生的学”和教师的体验与反思，有利于引导教师自我感悟、自我修正、自我成长。

“自主体验五环节”磨课流程是教导处几位语文学科主任的项目成果，很快被全校各学科学习借鉴,也被其他兄弟学校认可,成为指导青年教师、打磨优质课的一个好方法。这些年学校在各科优质课比赛中都取得了较好的成绩。

2.开发与实施“快乐6+”校本课程

学校提出开发与实施校本课程,鼓励教师自由结合、自主开发与申报。这项活动的开展符合有机适应型组织理论,为基于项目的教研提供了新鲜的议题和良好的实践平台,极大地调动了教师的积极性。教师自主研发了一百多门课程,学校经过梳理确立了“快乐6+”校本课程体系。

“创客空间”是学校校本课程的典型代表。创始人赵万方老师原是一名体育教师,因为酷爱电脑和制作,向学校提出配备3D打印机的要求。学校经多方努力满足了他的愿望,这吸引了感兴趣的教师组成了创客研究团队。团队研发了3D打印、机器人、航模等相关课程,辐射各个校区,得到学生和家长的好评,使我校成为洛阳市首个开设3D打印校本课程的学校。该团队学生屡屡在省、市级大赛中获奖。2017年,团队学生首次参加全国中小学电脑科技大赛,并获得一等奖。

每一个校本课程的开发都有一个关于教研的故事。2015年和2016年分别出版的《课程,因你而变》《课程,改变学校的样子》两本书,记录了校本课程的研发成果。

3.解决了日常教育教学中的诸多问题,促进项目成果的提炼

在有机适应型理论指导下,基于项目的教研调动了教师开展研究的积极性,教研的实效性大大提高。2016年6月,出版的《面向未来的学校治理》一书,将教研成果进行了汇编。2017年,我校有四个省级课题结题,其中“小学教师专业发展‘2 5 8’梯队培养的策略研究”荣获河南省校本教研专项课题成果一等奖,已结题的“微课在小学数学教学中的有效应用研究”是河南省基础教育教学重点课题。近三年,学校有22个市级课题结题。在有机适应型组织理论指导下,基于项目的教研促进了教研成果的提炼和推广。

四、基于项目的校本教研的效果与反思

（一）效果

第一，树立了教师教研的主体地位，调动了教师自主开展研究的积极性，形成了较为浓厚的教研氛围。教师由过去行政干预下的被动教研，到自觉提炼问题、研讨解决；由过去个人单打独斗的研究方式，到在各校区宣传项目主题，组织、招募研究伙伴等。这些变化都使学校校本教研变得常态化、主动化。

第二，基于项目的教研是对真实问题的日常研究，是在真实问题情境中的研究，问题的解决提高了教学质量，促进了教师和学生的共同发展。

第三，基于项目的教研调动了广大教师参与各级各类课题研究的热情，教师的科研水平在逐步提高，同时，课题研究又促进了教研走向科学化和规范化。

（二）反思

第一，有部分教师把教研当作额外的负担，不够积极主动，我们要进一步调动和保护教师教研的积极性，进一步改善教研的外部环境，营造教研的良好氛围。

第二，各项目组教研质量参差不齐，学科主任需要发挥好学术指导作用，关注各项目组，适时跟进做好过程指导，让教研更有成效。

第三，要探索评价方法、创新评价手段，发挥评价的激励作用，做好校本教研的评价工作。

“两研一体”，让教研推动学校发展
——伊河路小学有机适应型组织模式下的教研改革

案例持有人:张严明
所在单位:郑州市中原区伊河路小学
主要合作者:李燕　李莉　冯正元　王丽丽

一、问题的提出

随着课程改革的不断推进,教学理念、课堂形态不断更新,教研辅助与支撑作用就显得尤为重要。观察目前校本教研、区域教研等现状,不难发现教研成效与期望值之间向有差距。无论是组内教研、校级教研,还是区级、市级的教研活动中,“一言堂”或“几言堂”的教研形式令台下教师处于身在事外的观摩或观看状态,台上讲授、示范、分析,台下玩手机、聊天、中途退场等现象并不少见。面对这样的教研现状,我们期待通过有机适应型组织理论背景下的校本教研形态研究,探索以教师为主体的自下而上的校本教研模式,为教师的研究与发展提供宽松、自由的平台,形成以共同的兴趣点(问题点)为教研核心,以自建团队为教研主体,以团队实践为研究路径,以成果推广展示为研究阶段结果的教研形态。

二、过程与方法

(一)进行问卷调查,了解教研现状

我们都知道,教学改革来自课堂、发生在课堂并将改变课堂。教师的主动

性、能动性、专业化发展在教学改革中发挥着关键作用,有效教研便成为教师能力提升、理念更新的支撑力量。为了解教师教研现状,我校对常规的教研活动满意度进行了调查,调查显示:58.4%的教师认为参加教研“很有收获”,27.6%的教师认为“较有收获”,12.7%的教师认为“略有收获”,1.3%的教师认为“令人失望”。数据显示有将近一半的教师对目前的教研现状不够认同。

接着,我校针对“有效教研活动”进行进一步调查,有 19.8%的教师认为“有专家指导的研讨”更有效,而 80.2%的教师则认为“自主参与的研讨”更有效。与此同时,访谈结果显示,“同事之间的随时交流”要比“教研组的常规活动”更有效。可见教师更希望能够真正参与到教研活动中去,就实际教学过程中遇到的论题进行讨论、交流,从而引发更多的思考,形成行之有效的解决策略。

通过数据分析,我们发现教师的参与度和研究内容的适切性决定着教师教研的积极性;教师更渴望能直接参与且能真正解决教学实际问题的教研活动,期待针对性强且具有学科特色的教研。

(二)更新组织理念,反观教研问题

为了打破传统自上而下的教研模式,我们认真学习了沃伦·本尼斯的有机适应型组织理论。这一理论认为群体乃至所有组织只有在一种人人都愿意并且能够相互信任的开放气氛中才能更加有效地运作。这样的组织形态应具有五大特点:快速、专注、灵活、友好、有趣。有机适应型组织就是由具有不同专业技能的人临时组成,以感兴趣的问题为中心,通过团结协作,共同解决问题的团体。

第一,从组织结构看,它具有临时性,组织的成立、活动的开展、议题的研究方式、研究时间等都具有灵活性和可迅速变化的特点,围绕问题组织起来的人员也会随着问题的解决而解散,它是按有机模式而非机械模式管理,灵活、适应性强。

第二,从讨论议题看,问题源于教学实践,是参与成员共同的需求,大家有共同的经历和心得,讨论过程中容易产生共鸣,解决问题不是基于权威的经验和特权,而是基于技术能力和实践探索,具有可操作性。

第三,从成员关系看,它具有扁平化的特点,成员之间平等、彼此信任,人人

都是领导者，人人也都是执行者，他们身兼数职，可以根据需要随时改变或承担新的任务，这样的关系保证了充分、自由的沟通，极大地发挥了组织中每个成员的力量。

第四，从制度约束方面看，当成员在组织中能够充分发挥个人力量时，限制和提醒就显得多余，自然、自由、有趣使得成员们的奇思妙想变成合理和正常的个性表达，也使得问题得以创造性地解决。

有机适应型组织为教研改革提供了新思路，使个性化教研成为可能。学习过程中，领导班子通过对教研组长的教研需求及现状的访谈，反观我校教研团队结构，发现我校仍受制于“指挥棒式教研结构”，教师跟着学科主任的指挥棒走，学校跟着教研室的指挥棒走，研究什么由区教研室决定，怎样研究由校学科主任决定。作为教研主体的教师处于被动状态，对教研的时间、场地、内容、形式无话语权。真正的有效教研应该是教师自主地用喜欢的形式研究想研究的问题。

（三）构建“两研一体”，打破固化模式

根据有机适应型组织理论和教师需求，我校领导班子与教研组长形成临时团队，打破教研固化模式，构建了“两研一体”的新型教研形式。“两研”，即教研与科研。教研侧重在实践中探索反思；科研即科学研究，是指对一些现象或问题经过调查、验证、讨论及思考，然后进行推论、分析和综合，来获得客观事实的过程。其一般程序大致分五个阶段：选择研究课题—研究设计—搜集资料—整理分析—得出结论。“两研一体”是教研及科研相融合的过程，合二为一。学校常常让教师们提出自己想研究的问题，以教研组为研究团队，通过组内教研提出自己的问题，借助集中教研展示研究成果。其基本流程为：组内立项—组内研究—集中交流—推广成果。带着“不放心”“不敢放”的心态，改革初期，我校尝试由各副校长、学科主任分包年级，建立层级立项。一级课题：学科课题，依据教研室引领或学校特色制定；二级课题：平行课题，依据一级课题或组内特色制定；三级课题：组内子课题，依据教研组课题制定。经过一个学期的教研实践，我们发现这种教研形式虽然进行了一定程度的放权，发挥了教师一定程度的自主性，但教研组的固化模式和学校对选题的引领以及业务领导的分包到

位,使教研兴趣点、教研形式的多样化等方面仍受到一定程度的限制。教研,仍处于相对被动的状态。

(四)调整教研思路,加大自主力度

面对半自主教研状态,我校领导班子深入学习有机适应型组织理论,反思学校的教研问题:不具备临时性、灵活性和可迅速变化的特点;讨论议题虽然源于教学实践,但不是参与成员共同的需求;成员之间不能保证充分、自由的沟通;由于一定的制度约束,教研仍缺乏创新和活力。

面对教研现状,我校再一次调整教研思路,加大教研力度,丰富"两研一体"内涵:自主建立微型课题—招募研究成员—自主制定教研制度—自主构建教研形式—自主进行成果交流—优秀成果申报区、市级课题。

在有机适应型组织理论的引领下,"两研一体"教研模式使各种研究团队应运而生,研究内容各具特色:有的以学科共性问题为研究主题,有的以校本课程研发为研究目标,有的以学科活动构建为教研方向,有的针对低年级评价改革进行探索。一时间教师们的研究热情空前,教研形式多样,研究主题多元,各"研"所需,各展所长,各科教研生机盎然,充满活力。

(五)转变领导角色,激发教研活力

在有机适应型组织理论的影响下,我校领导班子转换身份,从教研的构建和引领者变身为教研的激励保障员,使每个自主教研团队的每一次教研活动拥有了强大的后盾和有力的支持。例如在学校的无条件支持下"造纸艺术家"团队的教研呈现出多元整合、自主创造、趣味盎然等特点。其基本情况如下:

研究目标:古法造纸与废纸再造课程的开发

主持人:潘保华(美术教师)

团队成员:徐蕊(数学教师)　祝珂(英语教师)　田欢(数学教师)

成员特点:着迷于传统文化的手工艺制作

灵感来源:中央电视台纪录片《古法造纸》

研究方式:

1.走进贵州，寻访民间造纸坊

2017年5月1日，研究小组利用假期远赴贵州，走进偏远的凯里市丹霞石桥村，学习造纸术。这次游学参半的寻访历程让四位教师不但了解了古法造纸的原材料及造纸流程，更惊艳于集创意与传承为一身的“花草纸”：在捞纸之后，晾晒之前，用花草装饰，再浇纸浆，晾干之后变成了一件件浸染着花香、隐含着创意的艺术品。

2.大胆创新，尝试废纸再造

研究团队回到学校后，就开始了自主研发。面对原材料少、加工费时费力的问题，团队成员产生了废纸再造的研究念头，研究时间从工作间隙延续到周末，再到暑假；研究地点从学校实验室到省内县区造纸厂，终于构建了“回收—粉碎—浸泡—漂白—加胶—捞纸—创作—晾晒—成纸”的造纸流程。

3.分工合作，构建校本课程

基于实践成果，教研团队根据自己的特长进行分工合作，确保研究的有序有效。祝珂负责进行设备的设计、制作、检验；田欢负责回收废纸加工实践；潘保华负责创意设计尝试；徐蕊负责记录、拍照及编写教学内容。在研究小组的共同努力下，完成了“造纸艺术家”校本课程及社团课程的构建。

4.邀请体验，推广教研成果

课程实施之前，研究团队向全校教师和部分学生发出邀请，体验造纸艺术，以发现问题，收集建议。教师们在造纸之后提出的“造好的纸用来干什么”的问题引发了团队对课程的更新：由“造纸课程”转向“纸造课程”，将造纸之后的手工制作加入课程，使造纸成为纸造艺术的起点，纸造成为造纸艺术的延伸。

在此期间，学校领导层肩负起后勤保障工作，对团队的研究给予了强大的支持，从外出学习的资金保障，到造纸教室的规划装修，再到造纸桌椅的设计制作，水槽水管的布局施工……完善的保障工作激发了教师研究的热情，研究的成果推动着学校的课程建设。

三、成果内容

“两研一体”教研模式改变了以往自上而下的教研模式，从教师个人的需求出发，发挥了教研的积极作用。从问题的提出、团队的组建、研究计划、研究方式，再到研究成果的形成，自由、自然的氛围激发了每个成员的智慧和动力，拓宽了教学研究的维度，丰富了教研模式，同时也涌现出了丰富的研究成果。

（一）展现团队创意，丰富教研形式

1.角色对换式教研模式

角色对换就是教师变身为学生参与课堂学习，站在学生的角度看问题、想问题，了解学生的思维、心理发展特点，感受教学模式的适用性。通过教研，大家发现并感受着学生的内心世界，提高了教师研究学生的意识和水平，提高了课堂的有效性。

2.课堂观察教研模式

课堂观察作为评议课的科学手段越来越多地为大家所接受，“本节课共提出了 115 个问题，教师占用时间为 77.69%，学生占用时间为 22.31%”，这样的数据是课堂观察的结果，更是对教师教学理念的审视。在被观察的课堂上，操作流程、学生发展、目标落实等问题的情况可以通过数据一一展现，用数据说话，既促进了教师的专业发展，又给予了课堂深度与温度。

3.接力棒式教研模式

团队教研很大程度依赖于课堂实践。问题的探究与经验的提炼并不是一次课堂展示就可以完成的，语文学科展现了接力棒式教研模式：共同确定教学中研究的问题点，选取同一篇课文，教研成员在不同的班级进行教学实践，每次尝试一种方法，记录研究成效，经过团队成员的共同接力，探寻行之有效的教学策略。

4.沙龙式教研模式

教师的成长有赖于有效的反思，适时总结得失，对教师的成长无疑是大有裨益的。以有机适应型组织为载体，研究团队就同一主题展开研讨，以沙龙形式进行交流，将个人的思考置于和谐轻松的研讨环境中，得到的必然是动态的、更有意义的反思，这是用群体的智慧激发个体成长。

(二)基于教师理念,构建特色课程

在有机适应型组织理论背景下开展的研究中,教师更乐于在国家课程和地方课程之外,根据个人特长和喜好进行校本化课程研究,开发特色鲜明的校本课程,使我校形成了丰富多彩的校本课程体系,与国家课程和地方课程一起为学生的全面发展奠定了良好的基础。

梳理三校区校本研发团队的研究成果,我们惊喜于总校的“梦立方”课程系列、南校区的“朔雅课程”系列、北校区的“真爱梦想课程”系列,校本课程百花齐放,各具特色。校本课程的开设以有机适应型组织为依托,根据不同团体的特长和研究喜好,设置不同的课程,学生选择课程也是依据有机适应型组织理论,自由选择。许多课程成为学生津津乐道、百学不厌的经典课程。

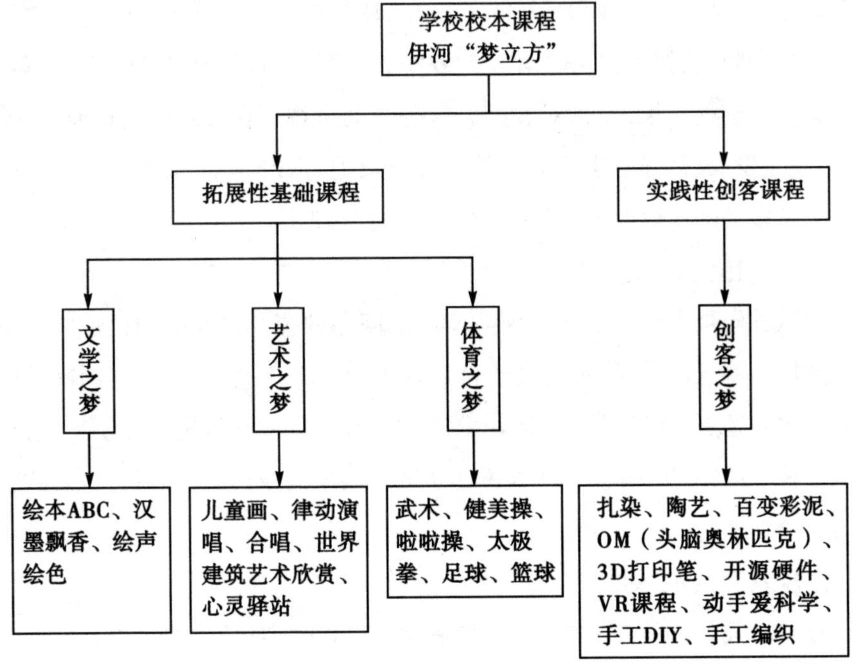

图1　伊河“梦立方”校本课程体系结构图

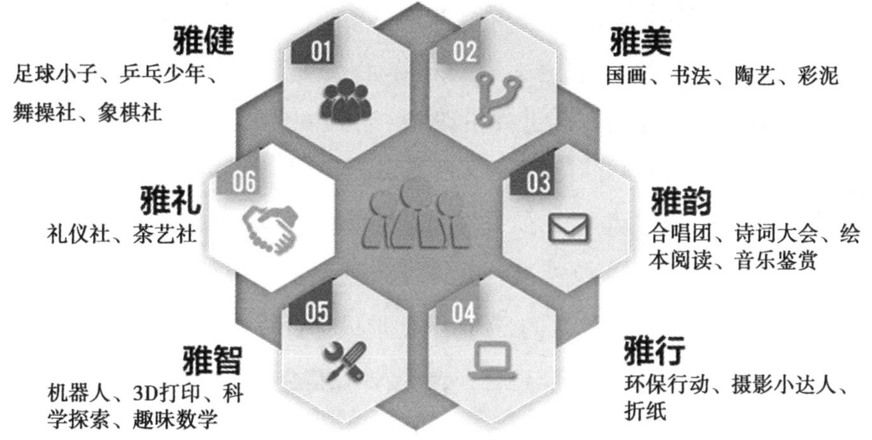

图 2 伊河路小学南校区“朔雅课程”结构图

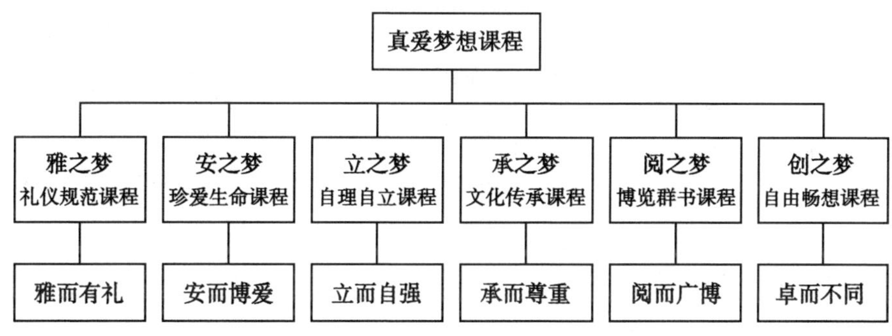

图 3 伊河路小学北校区“真爱梦想课程”结构图

(三)针对教学难点,衍生学科活动

在有机适应型组织教研的实践研究中,教师的教学理念更新了,教学行为变得更科学了,并衍生出丰富的学科活动,辅助课堂教学,激发了学生的学习兴趣。语文学科针对教学重点开展跳蚤市场、经典诵读大赛、书写姿势及书法大赛;数学学科开展的数学知识竞赛、乘法口诀大赛打破了传统纸笔考查的弊端;美术学科的风筝节、元宵灯会、彩粽节、“童心绘童趣”画展,以及音乐学科的“乘着歌声的翅膀”音乐会让孩子们的艺术才能有了展示的平台。有针对性的学科活动的衍生,打破了传统课堂只重视学科本位知识的弊端,将知识以生动有趣的形式进行了呈现,将课堂延伸到了课外,将学生的发展延伸到了未来,学生也

成了有机适应型组织理论的最大受益者。

(四)学科整合教研,推进评价改革

一年级各学科教师针对学生的年龄特点、教学困难点组建研究团队,以"构建多元整合,激发乐学动力"为研究方向进行评价改革的实践研究,构建了评价形式一致、关注点一致、兑换标准一致的"层级兑换式形成性评价制度",达到了学科合作、促进学生成长的目的,帮助学生形成了良好的学习习惯。在此基础上,研究团队进一步开发了"质趣合一,链接多维整合"的展示性评价方式,开发了"小兵团大冒险"系列评价活动。

表 1　2015—2016 学年上期展示性评价表

评价主题	情境创设	量表转换	角色转换	测评项目的转换
小兵团大冒险之迷宫历险	以小兵团经历"迷宫历险"为情境	迷宫地图	测评教师——守关者 志愿家长——闯关协助 纪律监督——军纪督察 四人小组——小兵团	记忆转盘:经典诵读 糖果超市:人民币与立体图形的认识与运用 境外历险:英语口语检测 数字闯关:生活中的数学 播音小主持:语言表达

表 2　2015—2016 学年下期展示性评价表

评价主题	情境创设	量表转换	角色转换	测评项目的转换
小兵团大冒险之职业体验	以小兵团参加各项职业应聘为情境	小兵团储值成长存折	测评教师——招聘人员 志愿家长——工作人员 四人小组——应聘团队 纪律监督——安保人员	经典诵读:记忆大师训练营 英语口语:国际签证办理处 计算与运用:精打细算小超市 课外阅读:播音员应聘中心 识唱五线谱:哆来咪音乐厅 图形与色彩:奇思妙想训练营

此项研究将展示性评价变为一次充满趣味的游戏,让学生乐此不疲,流连忘返;变为一场考验,让学生使尽浑身解数,全心投入;变为一种关怀,让学生感受师长关爱,同伴互助;变为一种应用,让学生学以致用,让知识从课本走向生活。展示性评价应是一种激励,让学生爱上学习,期待学习,形成良性循环。

（五）借力课堂实践，改变课堂面貌

各团队的成果分享会展现着教师对教学形态的更新与探索，梳理各团队的课堂实践成果，探寻共同点，形成了“学生主体、学情主导、教师助推”“和谐高效”的课堂形态，明确了“先学—展示—提升—巩固”的基本流程。

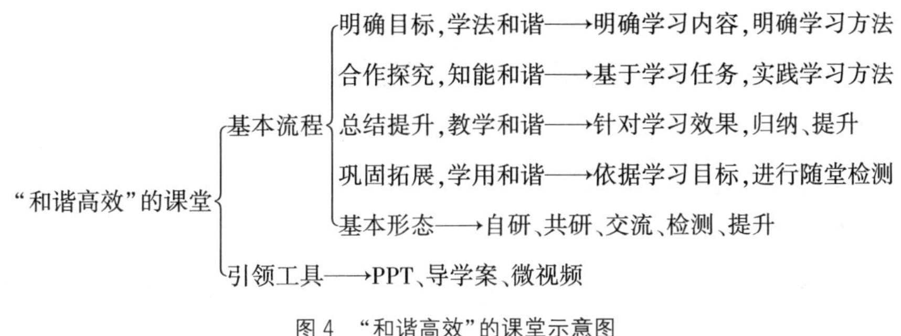

图 4　“和谐高效”的课堂示意图

四、效果与反思

（一）效果

“两研一体”教研模式满足了教师的不同需求和个性发展。调查显示，开展有机适应型组织教研实践以来，89.2%的教师认为教研活动比较有收获，56.3%的教师交叉参与了两个或两个以上的有机适应型组织教研。无论从质量上，还是从数量上看，教师的教研效果都有了较大的改观。访谈显示，教师普遍认为现在研究的是自己想要研究的东西，通过研究，教育理论水平和教学能力都有了明显的提升。我们欣喜地看到，在学校发展的每个节点，教师的教研团队都展现出了无限的创意和热情，教师正在成为学校发展的真正推动者。

有效的教研不仅引发了教师的研究热情，提升了教育教学水平，更是取得了可喜的研究成果，学校以有机适应型组织为单位立项的校级课题达到了 42 项，教师参与度达到了 92.7%。市级论文课题获奖的有 12 项，省级课题获奖的有 5 项，国家级课题有 2 项。与以往教研成果相比，无论是数量上还是质量上，都有较大的提升。

另外，从相关的教育质量健康体检数据对比中不难发现，我校无论在校长

课程领导力、教师教学方式还是学生学习自信心、学习动机方面都有较明显的提升,改变了以往重视大学科、以练习量取胜的片面教育理念和教学手段。以研促教,以教促评,以评促发展,使我校各项体检指标都超过了全区平均水平,形成了良好的发展态势。

(二)反思

但在欣喜的同时我们也清醒地看到实践过程中亟待改进的问题:

第一,对有机适应型组织理论的学习与应用还处于浅层次,缺乏系统科学的评价、激励机制,完全由下而上的教研方式使得个别教师无从下手,成了教研的局外人。

第二,有些课题的研究选题随意性太强,遇到困难便浅尝辄止,有些教研看似热热闹闹,但收效并不大,需要学校辅助支撑机制的建立。

有机适应型组织理论指导下“双向三轨道”选题型校本教研机制建设

案例持有人:余署敏

所在单位:三门峡市实验高中

主要合作者:张吉安 任丽芳 王双全 乔月鹏 贯楠

一、问题的提出

新时期,学科教研是促进教育教学发展不可或缺的手段,而校本教研则是其中最关键、最实用的环节。自2012年确立“豫西地区艺术特色名校”的发展目标以来,三门峡市实验高中认真研究学情,直面学校发展的两项“短板”:一是中招考试成绩普遍较低;二是艺术类学生由于外出写生、专业集训等原因,文化课学习时间较短,效率较低,最终成为制约学生能否顺利升入大学的重要因素。为了补齐“短板”,学校以有机适应型组织理论为指导,建立了“双向三轨道”选题型校本教研机制,希望借此实现高效课堂,达到精准施教。具体组织结构如下图所示。

“双向三轨道”选题型校本教研机制是以最近发展区理论为依据,将教师在教学过程中所碰到的典型问题,以及学生在学习过程中所遇到的共性问题作为主题,在学校教科室的引领下,充分发挥“核心教师引领、分层教研、集中培训、因材施教”和“学生代表发起、节点教师参与、精准教研、社群建设”的“双向”合力作用而形成的校本教研形式。在这种模式下,学校、教师、学生都可以成为教研课题的发起者与参与者,课题研究贴近教学实际,不仅激发了教师的参与热情,也便于学生发出声音,从而真正实现以学生为主,优化教学模式,提高课堂

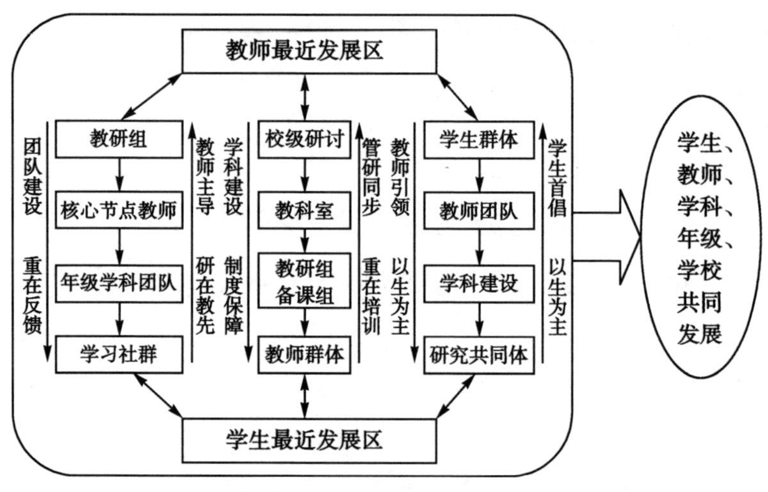

"双向三轨道"选题型校本教研组织结构图

效率,促进教师和学生快速达到或超越其最近发展区而进入新内容的学习。

二、解决问题的过程与方法示例

(一)"教师—学生"方向第一轨道

"教师—学生"方向第一轨道以"校级研讨→教科室→教研组、备课组→教师群体"组成校本教研共同体,主要侧重学期教研层面的布置和分工安排,实践渠道是分工负责,重点突破,全面培训,课堂实证。该渠道是学校校本教研的"纲"。

自2015年以来,学校坚持利用学生即将离校的寒暑假前夕,由主管校长余署敏同志发起,教科室具体负责,组织召开学校九大学科的教研组、备课组组长研讨会议,发挥集体智慧,研修下学期课程。会后,根据教师们的兴趣、爱好和研究能力,在每个学科内部建立若干个研究共同体,每个研究共同体选定一位核心节点教师负责假期期间教研任务的布置和监督推进,假期结束前夕汇总研究成果,召开课题研究交流改进会,在充分讨论、碰撞的基础上,形成研究报告,提交学校教研会议通过。随后,获得通过的教研成果,由核心节点教师组织对学科"教师群体"介绍和培训,并搜集相应资料、补充完善后续研究工作。以语文学科2015年暑期教研为例:

2015年7月14日,学校正式放假前3天,语文组26位教师在余署敏校长和教科室的主导下,分别于14日、15日召开了4次学科研讨会议,制订了“设计主题拓展作业”的校本研修计划,拟根据语文学科核心素养培养的要求,设计有主题的拓展作业,通过文本探究、文本诵读、心得交流、微剧表演、专家讲座等形式推进暑期校本教研。

7月15日下午,语文教研组根据高中语文5本必修和其余3本选修的教学计划,发掘教师个人擅长领域,组成6个研究小组(包括毛泽东诗词鉴赏及诵读技巧、史记对人物性格的刻画艺术、巴金作品中的反思精神、新闻的特点等),选定任丽芳、赵丽华、杨永章、刘楠楠、王江玲和焦艳芳作为核心节点教师,分别联系4—5位教师组成“年级学科团队”,利用暑期展开教研活动。

8月26日上午,6个研究小组向校研讨会议汇报了各自的研究结果,经过讨论研究后,于27—29日,对学科内其他教师进行了介绍和培训。9月1日,学生返校上课后,教师在课堂上结合教学开始有的放矢地实施教学。

(二)“教师—学生”方向第二轨道

“教师—学生”方向第二轨道以“教研组→核心节点教师→年级学科团体→学习社群”为轴,主要侧重教学过程中的典型问题,实践渠道是教师全员参与,核心节点教师协调,年级学科团队群策群力,鼓励学生代表参与,组成学习社群,重点突破教学疑难问题。该轨道组织形式灵活,教研课题主要针对教师在教学过程中遇到的典型问题,研究力量相对集中,实用性强,具有短、平、快的特点。

例如2015年9月份开学后第一次集智备课上,高一年级历史教师张吉安提出近年来历史SOLO试题(材料分析论证试题)已成为学生考卷失分的主要题型之一,这引起了高三教师团队的重视。在高三核心节点教师柯绒侠的协调下,吸收高一年级张吉安、师喜艳和高三年级柯绒侠、赵月星、刘丹组成了“年级学科团体”。教研小组首先利用2013年、2014年、2015年三年的SOLO试题对高三学生进行了摸底测验,在掌握第一手资料的基础上,进一步选定包括张洋陶在内的20位学生代表组成研究团队,分析得出该试题学生存在的问题主要有:一是未能确定正确的论题,部分学生甚至没有确定论题;二是概念理解易出现偏差；三是论证时缺乏史实或者虽有史实但缺乏说服力，论述空泛。

后经充分研究，教研团队指出针对SOLO试题的训练应当注意：一是要开门见山，亮明观点。提炼出的观点必须清晰明确，一针见血；二是要层次清晰，结构合理，史论结合，论据有力；三是要结尾回扣，画龙点睛。另外，还应当帮助学生克服对该类型试题的恐惧心理，恐惧的根源在于能力不足，在于平时真正意义上的训练太少。在日常教学中，应当让学生自己发现问题，研究、解决问题，重视学生个性的发展，重视学生思维空间的拓展，重视学生主观能动性的发挥。

研究团队利用10月1日和10月7日晚上的自修时间，对高三年级全体和部分高二年级教师进行了培训、指导。随后每周专门让学生练习4道SOLO试题，经过一个月的努力，在学校11月16日和17日举行的月考中，高三学生在该类型试题上的得分平均已达到8—11分，随后改为每周训练2道试题，在2016年的高考中，据已收回来的调查问卷，可知大部分学生的得分在10—12分之间，成效十分显著。目前该研究团队已成为该项试题的专家团队，不仅指导了校内教师，而且在与兄弟学校的经验交流会上，针对SOLO试题的解答，多次作主题性发言，收获了一致好评。

（三）“学生—教师”方向第三轨道

“学生—教师”方向第三轨道以“学生群体→教师团队→学科建设→研究共同体”组成校本教研共同体，主要侧重学生在学习过程中碰到的共性问题，实践渠道是学生群体发起，吸引教师参与，教师发挥引导作用，带动学生进行教研活动的同时，将学生共性问题引入学科建设过程中，以师生研究共同体的形式解决学生提出的共性问题。该轨道由学生发起，由学生选择相应教师参与，既保证课题研究过程中师生关系的和谐，又便于问题的最终解决。通过该轨道的组织和建设，容易发现日常教学中教师容易忽略、而在学生看来却十分重要的课题，在有的放矢的前提下，将解决学生疑难与学科建设有机衔接起来，真正实现精准教学、高效教学。

如2017年电视剧《西游记》的导演杨洁女士逝世，引起人们对经典的追忆。某次下课后，二(5)班学生李娇主动找到乔月鹏老师说，初中时候在中国传统文化经典著作课堂上阅读《西游记》部分章节时，把其中的一些人物关系搞得一塌糊涂，现在全班都在谈自己童年的《西游记》，而同学们交流起来发现很多人对此也是稀里糊涂的，希望老师能够帮助解决。为了解决学生的这一问题，乔月鹏老师决定发起研修课题"《西游记》的人物关系及思想哲学"。

第一步，乔月鹏老师在班会时间将这一决定告知了学生，受到学生的一致欢迎，并主动提出希望能够吸引张吉安、任丽芳、张军老师参加，因为这几位老师在自己的课堂上已零碎介绍了相关知识，大家非常感兴趣，乔月鹏老师愉快地接受了大家的建议。两天后是学校每周四的集智备课时间，乔月鹏老师主动联系其他几位老师，将学生的这一愿望同他们进行了交流。大家一致决定以二(5)班学生的知识储备为研究出发点，将《西游记》全部章节按照孙悟空的成长经历，即取经前、心服唐僧前、心服唐僧后、进入"佛国"后，分成四部分，将其中学生感兴趣的地方以调查问卷的形式统计出来，进行模块化整合。

第二步，研究团队通过组织观看电视剧《西游记》部分剧集、利用课余时间阅读原著、观看《百家讲坛》韩田鹿教授讲座等形式，使教师和学生都产生了关于《西游记》的哲学思考。

第三步，师生研究团队在两周之内陆续召开了五次研讨会议，会上大家各抒己见。尤其是教师，更是在业余时间大量阅读相关研究成果，与校内其他老师沟通，向校外相关专家请教，在研讨过程中不断地纠正个别学生的错误认知，讲述一些大家没有接触到的观点和知识，使教师和学生不断在新的基础上，引发新的思考，进行新的研讨，得出新的结论。

第四步，一个月后，课题的研究已基本上达到了学生们的预期目的，甚至有些学生都已能够提出高水准的观点，教师们决定开始结题，总结结题报告。并在随后的一个月内陆续安排校内的专题报告，有多达 67 位教师、530 多名学生聆听了讲座，他们均表示受益匪浅，对课题组的工作给予了高度评价，余署敏校长见到这一喜人局面后，鼓励教师们经常走近学生，听他们所言，想他们所念，立足于学情，用知识驱动、用热情感染他们不断从一个"最近发展区"向下一个发展目标迈进。

综上所述，我校"双向三轨道"选题型校本教研机制在充分发挥学校、教师和学生三方面的科研积极性基础上，通过由师到生、由生到师两个方向及三个轨道的校本教研机制，全方位、多层次地保障了校本教研的专业性、针对性和实效性,学校也借此实现了由行政管理向侧重科研管理的转变。在这一过程中,有机适应型组织理论发挥了重要的指导作用,引发了全校教职员工的积极实践和深入思考。

三、取得的成果及反思

首先,促进教师转变传统观念,真正实现从学情出发,以学生为主。这一点在“学生—教师”方向第三轨道中表现得尤为明显。长期以来,教师处理教科研问题的出发点就是“怎么教”,第三轨道不仅将科研的发起人由教师转变为学生,而且由学生来自主选择教师,进而组成教科研团队进行研究。教师在研究的初始阶段处于被动地位,因为问题是学生发起的,研究点是学生决定的,有些教师的研究基础甚至比学生还要薄弱,随着研究的深入,教师要逐渐扭转这一地位,变被动为主动,因为他需要扮演引导者、领路人的角色,以确保课题研究朝着正确的方向发展。与此同时,教师还要不断反思自身教学与学生需求是否脱节,要时刻注意将课题研究转移到学科建设上来,最后通过研究共同体的确立和发展,不仅加强了对课题的研究,而且保证了精准教学的实现。

其次,核心节点教师在教科研工作中发挥协调、组织作用,便于优化科研团体结构。以学科为主的教研活动,限制了教师参与活动的范围,不同学科教师之间缺少广阔的交流平台和成长空间。为解决这一问题,选题型校本教研机制勇于打破原有的学科建制,不仅允许由核心节点教师根据科研题目的需求和教师的研究兴趣,参与其他学科研究共同体的教研活动,而且鼓励校外社会人士,包括学生家长,只要具有共同兴趣、成长目标一致,就可以在自愿的基础上结成研究团体,围绕同一研究课题进行定期或不定期的学习研究和经验交流。

最后,以校内优秀教师和部分学生代表组成核心节点,展开校本教研,有利于开发优质课程资源,形成各具特色的培训团队,整合提升教师教科研能力,同时便利了教科研成果的校内推广和校外交流。

综上,在有机适应型组织理论指导下确立的“双向三轨道”选题型校本教研机制,转变了研究者的角色定位,淡化了其中行政管理和垂直管理的痕迹,充分释放了教师和学生的研究热情，在整合教育资源、确立教研地位、以研促教等方面，真正发挥了提升教师专业水平、培养学生核心素养、促进学科发展和打造学校办学特色的积极作用。当然，该机制在运行过程中，还需要进一步发挥学生的主动性，以学生的热情激励教师、带动教师投入到科研中来，通过带动学生不断跨越“最近发展区”而最终提升教师专业素养，从而实现教师、学生“双跨越”。

以有机适应型组织理论推进校本教研的创新

案例持有人:高阿莉
所在单位:商丘市第一实验小学
主要合作者:张卫民　马宇　马娜

一、以有机适应型组织理论为指导,大胆创新校本教研机制

如何运用有机适应型组织理论、突出有机适应型组织理论的特点,使有机适应型组织理论推动校本教研创新,是摆在学校面前的难题。根据创新校本教研机制的目标任务,我们认真分析了校情,明确了校本教研工作的方向和思路,立足实际进行校本教研制度探索的道路,在组织结构、运转方式、人际沟通和管理评价方面努力践行有机适应型组织理论。

(一)有机适应型组织理论在教研组集体备课中的体现

1.组织结构

学校要求实行集体备课,这种备课小组具有临时性,由同年级授课教师构成,主要任务是设计预学导航和教学流程,教师根据教学情境和任务随时调整教学策略,进行教案重构,这种组织适应性强,可以应对各种不确定性的教学问题。

2.运转方式

学校规定了各学科集体备课时间,在共同讨论的基础上确定一名主笔教师执笔备课,形成主教案,再由几位教师根据自己班级实际进行微调后形成实用教案,按照实用教案上课后,再进行课后交流总结,达到资源共享。

3.人际沟通

教师在进行集体备课“预学”环节时，各个教研组进行了“怎样设计预学导航”的研讨，组内成员明确任务、统一要求，集体讨论、共同研究，分工协作、专人编写，最后达成共识，设计出了自己年级段的预学导航。预学导航学生、教师人手一份，三个年级段各不相同，但又是相互联系、层层递进、梯度上升的。六个教研组在使用这份预习导航时，先是组内研讨、实践、总结预学的具体操作及检查方法，然后全校进行交流研讨，之后各教研组每位教师继续进行研讨改进实施。这种形式提高了教师的沟通协作能力。

4.管理评价

学校对各教研组、各个班级、不同层次的学生预习情况进行检查评估，每学期期中、期末两次检查，评比结果纳入对该教师教学质量评估总分里。这一措施极大地发挥了教研组这一常规教研单位在校本研修中的中坚力量和支撑作用，为后续课堂环节的有效实施奠定了基础。

（二）有机适应型组织理论在课改教学模式中的体现

1.组织结构

课堂教学中，教师和学生之间、学生和学生之间为解决问题组成了临时小组，并且会根据学习情境和学习任务进行师生互动和生生互动的活动转换。

2.运转方式

（1）“自主探究”环节的“个人自助”。学生根据预习导航中的学习目标、导学问题、学习方法，尝试用自己已有的知识经验，充分利用家庭、伙伴、互联网、图书馆等资源自主展开独立学习、独立思考的过程。这实际就是学生的一种自学行为，即主动建构知识的一种主体性表现，并且也改革了课堂教学以教师为中心的弊端，推动了教学过程中的互动行为，培养了学生的创新精神和合作意识。

（2）“合作交流”阶段的“小组合作”。小组合作是指学生在自主预习的基础上，以小组为单位、以共同完成学习任务为目的、以学生之间交流为主要学习手段、以小组总体表现为奖励依据的学习方式。在自主探究、合作交流、反馈拓展等课堂教学模式中，合作学习是基本学习形式之一，小组是合作学习最基本的学习单元,也是学生自主、合作、探究等学习方式得以落实的有效载体。分组时要根据不同学生的知识结构、学习成绩、学习风格等合理分组,小组内为了解决问题进行分工和协作,这样能够充分发挥学生的自主性、主动性,实现智慧的交流、思想的碰撞、思维方法的优化互补,同时培养学生的合作意识、创新精神和实践能力,它能使学生人人参与学习过程,人人得到锻炼机会。在参与的过程中体验学习的快乐,获得心智的发展。

(3)“反馈拓展”阶段的“师生互动”。在学生合作学习过程中,教师要引导学生进行合作、探究,与学生共同解决合作中碰到的困难,必须对各个小组的合作学习进行现场观察和介入,为他们提供及时有效的指导。传统的严格意义上的“教师教”和“学生学”,将不断让位于师生互教互学,师生彼此将形成一个真正的“学习共同体”。合作前,教师应作为引导者,精心设计合作内容,提出合作学习的目标;合作过程中,教师应针对学生合作中出现的各种问题进行有效的引导、解惑、激励,帮助学生提高合作技巧,顺利完成学习任务;合作后,教师应对合作的效果进行评价。教师由教学中的主角转向“平等中的首席”,从传统的知识传授者转向学生发展的促进者。教学过程成为师生共同参与、积极互动、共同发展的过程。

3.人际沟通

课改理念下的课堂,教师和学生、学生和学生,在交互活动中是平等的、相互信任的。一方面,学生在与教师、与同伴相互尊重、合作、信任中全面发展自己,获得成就感与生命价值的体验,逐步完成自由个性和健康人格的确立;另一方面,教师热爱和信任学生,尊重学生的自尊心和人格,让每个学生都能感受到民主和尊严,感受到心灵成长的愉悦。

4.管理评价

课堂的最后教学环节是评出优秀小组并进行当堂检测,要力求学生在课内独立按时完成。分层检测,即基础知识题全部过关;闯关提升题,分级完成。达标测试检查的形式灵活多样,教师可以组织小组长之间互查、小组长检查或是抽查部分学生,但最终要达到把握学情,了解每一名学生的学习情况。当堂检测的意义不仅只是对学生本节课知识的理解、掌握情况的测试,而且应当让学生通过检测,真正感受到“学有价值”“学可致用”,体验学习的快乐、成功的喜悦,让学生学习的知识能进一步得以内化,并有意识地转化为知识运用能力、问题解决能力,从而潜移默化地让知识走出课堂、回归生活。

(三)有机适应型组织理论在小团队的小课题研究中的体现

1.组织结构

小课题研究是针对教师自己的研究,具有较强的教师个人特色。在现实中,教师个体研修往往还存在很大困难,我校“自主探究、合作交流、反馈拓展”课堂教学改革实施过程中,教师自由组成研究团队,以群体研修的形式开展小课题研究,各个教师小团队围绕课改精神积极探索实践,并把实践过程中发现的问题提炼出来,这无疑使教师们从“孤立无援”的困境中走出来,进行分享、交流、实践、提高,感受研究的快乐、成长的快乐。

2.运转方式

我校的小课题研究时间虽然不长,却做得很认真,颇具自己的特色。在开展小课题研究的各个阶段,我校引导课题组教师依托网络这个跨越时空的研究平台,充分利用教师博客、校园网,发布我们的认识、做法、成果和问题,开展互助交流、研究咨询等,引导教师用教育案例、课例报告、经验总结等不同形式呈现自己的研究。例如,我们以“问题卡”为载体,引导教师自觉地观察、发现课改推进中的疑难和反思,养成思考和质疑的习惯。然后通过教研组活动时间或利用校园网平台等途径,借助“问题悬挂”“问题招标”“问题招领”的方式方法,组织教师确立小课题研究的方向和目标,让教师在充分借鉴别人经验的基础上提出解决问题的方法,加深教师对课堂教学改革的理解与运用。

3.人际沟通

在小课题研究过程中,学校要求教研组、备课组利用集体备课时间有计划地组织小课题研究汇报交流活动,开展自诊、会诊活动,加强同伴互助,发挥团队力量,力促研究的有效性和成果的共享性。在备课会上,由课题主持人说明自己在进行课题研究时遇到的问题和困惑,介绍自己进行小课题研究的思路、理由和着力点以及所提问题的具体解决方案,让全教研组的教师评价所提问题的质量,并采用“头脑风暴”的方法让所有教师尽可能多地提出建设性意见或建议。

4.管理评价

(1)建立小课题研究的激励机制。首先,对于一些优秀的小课题研究,学校给予必要的表彰和奖励,并在校内外各种“评优”活动中予以优先推荐。其次,对于比较重要的校本小课题,学校通过学科整合的方法,面向各学科进行小课题招标,对于那些中标入选的学科教师,给予特别的经费支持,并在可能的情况下为他们提供或创造相应的校外培训、业务学习与交流以及成果发表的机会;此外,学校还建立校级课题立项制度。对于各科教师提出的那些切入点较好、研究过程设计规范的小课题,可以列为校级科研项目,给予经费配套支持,并积极向上一级教科研主管部门推荐立项等,借以激发各科教师投身小课题研究的积极性。

(2)做好工作的跟进式检查,使小课题研究落到实处。我校建立了课题组例会制度,各课题组定期召开工作会议,对课题研究进行工作布置、反思和总结;并对所开展的工作及时做好记录,建立课题研究资料档案,做好结题评估工作,课题组核心成员每学期要完成一篇较高质量的研究论文。在此基础上,我校先后制定了《小课题研讨制度》《实验小学小课题研究奖励办法》等一系列规章制度,强化小课题研究行为的规范性,使落实工作有章可循,使各职能部门把主要精力用在推进教育教学改革、抓各项常规工作的落实上来,最大限度地发挥各职能部门的作用,确保小课题研究工作的顺利开展,形成全校教师人人参与小课题研究的良好氛围。

(四)有机适应型组织理论在工作室课例研修中的体现

1.组织结构

我们以各个学科名师工作室为依托,通过课例研修发现课改中的真实问题,研究解决问题的办法,真正实现课堂的高效,为使全体教师发展成为学习型和研究型教师而努力。

2.运转方式

我们的课例研修采用“三次设计—三次观课——次评课”的教研流程。

(1)执教教师做出一个基于个人经验的第一次教学设计。在确定好了课例和执教教师后,先由这名教师根据自己的教学经验,在没有同伴帮助的基础上,设计一堂课,并根据自己的教学设计,向教研组成员进行说课上课。

(2)同伴互助集体备课,形成第二次教学设计。教研组成员在听了执教者的第一次上课后,针对执教教师的教学设计提出建议,大家畅所欲言,各抒己见。从这节课的每一个细节着手,教研组成员之间互动交流,经过大家的研讨比较全面地指出这节课的不足之处和改进意见。执教教师根据提出的宝贵建议进行修改、完善,设计出更加适合学生的教学方案。

(3)进行第二次观课,形成基于实践反思的第三次教学设计。执教教师设计好第二次教学设计后,进入课堂,教研组成员随课堂进行观课。根据课堂的实践情况调整教学设计,形成第三次教学设计。

(4)听课教师进行专题分工,进行第三次观课。为了有目的地深入剖析、细致观察课堂教学,达到最佳研究效果,第三次观课要进行专题分工。分工时,既要考虑到教师、学生情况,又要考虑到本专题特色。

(5)分工评课,进行反思和总结。根据观课时的不同分工,对执教教师的这堂课进行实事求是的点评,例如对课堂提问情况的记录和分析,师生活动所用时间安排是否恰当,个体活动、自学、小组活动是否体现了学生的主体地位等方面。应特别注重的是学生的课堂学习效果怎么样。所以,在课后要对学生进行检测。

3.人际沟通

“三次设计—三次观课——一次评课”的教研流程,使得所有参与教师在反复磨课过程中增强了彼此的关注和信任,帮助教师依靠群体在自己的岗位上更快成长、更好发展。

4.管理评价

课例研修的目的不仅是教学水平的“亮相”、教学技能的“示范”与教学研究成果的“展示”,更是不断解决教师在课改推进中遇到的问题,因此,看课例研修活动是否有效,主要看是否对教学实践产生影响以及影响的程度。对于执教教师而言,在上课过程中,做到观察与思考相结合,将实际教学与自己课前预设的方案进行对照,寻找课堂教学中突出的亮点和存在的问题,反思自己平时的教学行为。对于听课教师而言,要集中注意力及时捕捉课堂信息,在评课过程中,深入探讨执教教师为什么这么上课,与他的教学观念有什么关系,同时,将自己平时的教学实践和学生的实际情况与执教教师进行一番比较,在比较中学习和借鉴他人的长处,改善自己的教学行为。

二、以有机适应型组织理论推进校本教研创新的总结和思考

一年来,我们认真分析经验,查找不足,不断改进和完善校本教研制度。一是初步形成了一套符合学校实际的校本教研管理制度,实现了校本教研的改革创新;二是调整学校教研组,促进教研活动的有效开展;三是发挥了教师之间传、帮、带的作用,促进年轻教师的成长;四是通过实践,检验了校本教研制度的适切性。

实践是检验真理的唯一标准。"书山有路勤为径,学海无涯苦作舟。"尽管我们的校本教研之路还很长,还存在许多不尽如人意之处,但是,只要我们有勇气去尝试,积极探索,必将会结出丰硕成果。

基于“互联网+微课资源库”校本教研的教学质量提升行动计划

案例持有人:冯芳
所在单位:安阳市东南营小学
主要合作者:刘晓玲 薛砚芳 王曙光 张鹏 李爱国

叶澜教授曾呼吁“让课堂焕发出生命活力”,而传统课堂教学缺乏原本应有的生气与乐趣,使师生的生命力在课堂中得不到充分发挥。作为基础教育工作者,我们必须把教学改革的实践目标定在探索、创造充满生命活力的课堂教学中去,才能真正给予课堂力量、帮助孩子们成长。

几年来,安阳市东南营小学以有机适应型组织理论为指导,深入分析教学改革下如何做好“内适应和外适应”这一命题,尝试以组织内外变革推动校本教研,以校本教研的模式创新、内容创新、形式创新等变革推动课程变革,焕发课堂活力,从而达到提升教师教学能力,促进学生全面发展的初心。

一、问题的提出

核心素养是指学生在接受相应学段的教育过程中逐步形成起来的适应个人终身发展与社会发展的人格品质与关键能力。培养孩子们的核心素养是我们东南营小学构建“一个中心、两条主线、四大模块”校本教研模式的根本目的。在教育教学朝着交互性、便利性发展的同时,学习也正在走向微型化、碎片化、移动化,现有的学习资源将面临着新的挑战。传统大单元、大容量的课程资源已无法满足学习者的需求而逐渐走向微型化、移动化,此时学习资源的改革势在必行。

我们要开发适应学生个性需求的微课资源库,让课堂内容更加有针对性和可操作性,让课堂内容围绕着学生的核心素养进行。微课针对某个知识点而制作,适合学生进行个性化的深度学习。这种学习形式对于学习地点和学习时间没有限制,便于学生自主地查漏补缺,在学习过程中能够培养学生的自律意识和主动学习精神。有条件的学生还可以通过制作微课培养团队合作精神和发现问题、分析问题、解决问题的能力,促进自身的全面发展。只有这样,才能真正激发学生的学习兴趣和好奇心。同时,微课资源库的深度开发与全面应用要求一线教师要有过硬的信息技术应用能力和团队合作能力。

基于此,我们试图构建"一个中心、两条主线、四大模块"校本教研模式,让我们的课堂真正焕发出应有的活力。

二、解决问题的过程与方法

(一)现状及目标

安阳市东南营小学是河南省电教达标一类学校,在"十五"期间又被命名为中央电教馆和河南省电教馆现代教育技术实验学校,各种设备处于领先地位。学校有卫星地面接收站 1 个,微机室 3 个,101 网和宽带网,并建立了局域网,有多媒体教室 2 个,摄像机多部,刻录机、编辑机、扫描仪、数码相机、一体机等先进设备齐全。每个教室都安装了交互式电子白板。目前有 67 个教学班,4300 名学生,以传统班级授课制为主,所有教室实现了以电子白板为硬件标配的班班通。

结合目前情况,安阳市东南营小学决定先行先试,创设校本"互联网+微课资源库"平台,创新地提出了"一个中心、两条主线、四大模块"的研、学、教模式(见图 1):"一个中心"就是培养孩子们的核心素养,即促进学生的学力提升和人格陶冶;"两条主线"就是指教师和学生,强调教学的双边性;"四大模块"就是课程平台,以核心素养和全面发展提升为宗旨的四个知识模块,围绕着教师和学生两条线开展,不仅提升了教师教学能力和团队合作能力,最重要的是关注了学生的学习现状,提升了学生学习兴趣,体现了以生为本的指导思想。该平台以微课为抓手，每个模块有针对性地为学生提供了所需知识技能和能力要求的内容供学生自主选择。四大模块分别为品德修养、学科知识、综合实践、体育健康。这四个模块之间并不是孤立存在的，每个模块是完整的但之间也是有机联系的，且每个模块围绕培养核心素养这一中心设定的内容都对学生分析问题、解决问题、团队合作能力等方面有所要求。

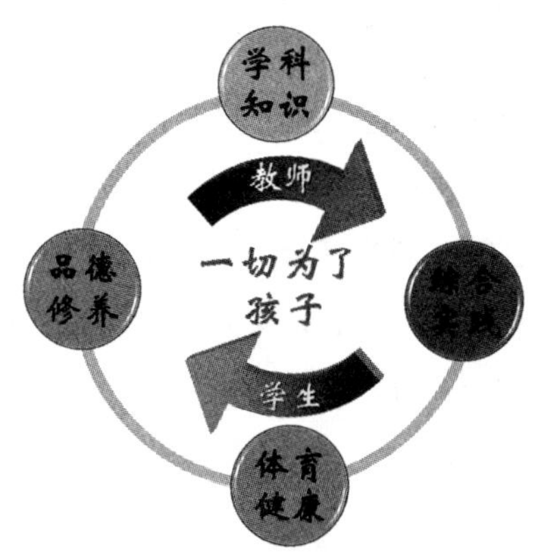

图1 研、学、教模式图

通过该微课资源库的建立为学生提供有效的数字化学习资源，提高学生自主学习能力，促进学生全面发展；通过微课制作、授课等环节，以微课为抓手，整体提升教师自身信息化开发和应用能力，促进教师专业化发展。

（二）研究过程

1.广泛调研，开拓思路

结合基础教育自身特点、学生年龄特点、教师专业化发展水平等主要要素，采用比较法、文献调研法、分析归纳法，对该案例研究的必要性与可行性进行分析。围绕微课资源开发与应用的相关问题，我们向学生、教师、家长发出近百份问卷，内容涉及思想认识、微课模块设置、喜爱程度、能力提升等方面的问题。学校已形成“专题研究—课程改革—课堂教学”的校本教研制度。获得研究成果的教师与研究人员可优先获得专业学习与培训的机会。制度化的管理模式，确保了案例研究工作的顺利开展，为完成此次案例的研究工作提供了有力保障。

2.分析研判，摸清问题

通过基础数据采集、调查问卷及访谈等方式的广泛调研，项目组理性分析出目前微课资源开设在基础教育过程中的现状和问题，并开拓思路，不再墨守成规，有针对性地提出了微课资源虽然是利用孩子的碎片化时间来学习，但是在微课资源开发和设置上，学校要整体考虑系统设置的应用策略，比如创新提出了“一个中心、两条主线、四个模块”的微课资源开发模式。

3.组织会诊，集思广益

项目组针对该课题主要内容，多次组织校内外老师和专家会诊把脉，为微课资源开发和设置等问题出谋划策，根据长期的实践经验及基础教育学习者的需求和年龄特点，努力探索出一整套微课资源库，使其适应不同年龄段学生的特征，根据学生不同年级学习重点和认识水平开发出适合各个年级的系统的微课资源，为培养学生合作学习、主动学习，还学生一个快乐的学习空间提供了有效的天地，真正做到了从学生角度去思考问题，去设置课程。

4.探索总结，重在落实

通过走访调研、专家会诊等多种方式，结合我校实际情况，项目组认为针对微课资源开发时大多过于注重知识的传授，忽视了知识本身的兴趣以及知识的系统联系等问题，我们要努力构建一个全方位、系统化的微课资源库，真正提升学生们的实际动手能力和满足学生们不同的兴趣要求，切实提高学生各方面的能力。

三、研究成果

（一）倡导科学管理，规范了东南营小学教研组织模式和流程

在项目研究不断深入的过程中，项目组逐步达成了这样的共识：原来的教研流程（见图2）不利于调动教师的教研积极性，要完成研究的目标和内容，实现研究的效益最大化，需要将学校原有教研组织模式和流程中的有利因素发挥放大，同时也要进行必要的完善、改进、变革。为此，我们在项目研究的过程中，调动各种力量，不断尝试、总结，形成了新的“安阳市东南营小学教研流程图（试行）”（见图3）。

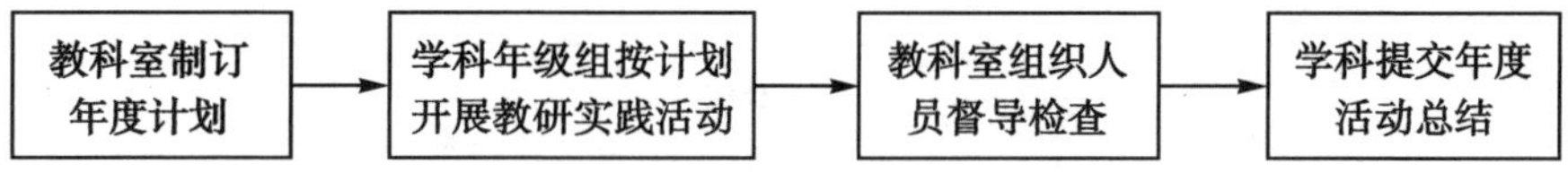

图 2　旧版教研流程图

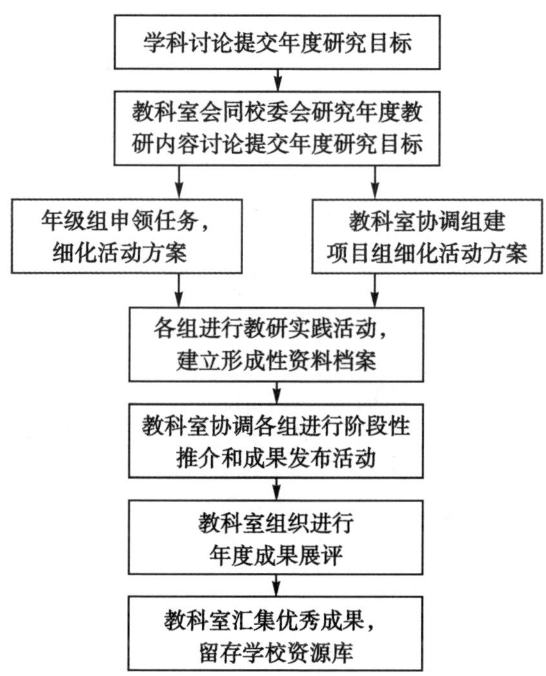

图 3　新版教研流程图

（二）积极搭建平台，创建了完善的校本微课资源开发应用体系

以白板为媒介、微课为内容的课程教学形式深受学生好评。通过项目组不懈努力，以点带面，整体辐射，实现了教师人人都会制作微课、使用微课的局面，积极构建了校本微课资源库（见图 4），受到学生欢迎，改变了学生学习面貌。如项目组成员张鹏老师一学期就利用 120 余节次的微课辅助了自己的课堂教学，提高了课堂效率，受到所教班级学生的热烈拥护。学校在微课资源库平台学习上打破原有行政班级，按学生需求和兴趣组成上课班，深受学生欢迎。学校学生社团按学生需求和兴趣混编，每周集中活动，大大拓展了学生们个性化学习空间和时间，提升了团队归属感和合作能力。截至目前，我们在校内外平台建立起 23 个社团群，推送微课 195 节。

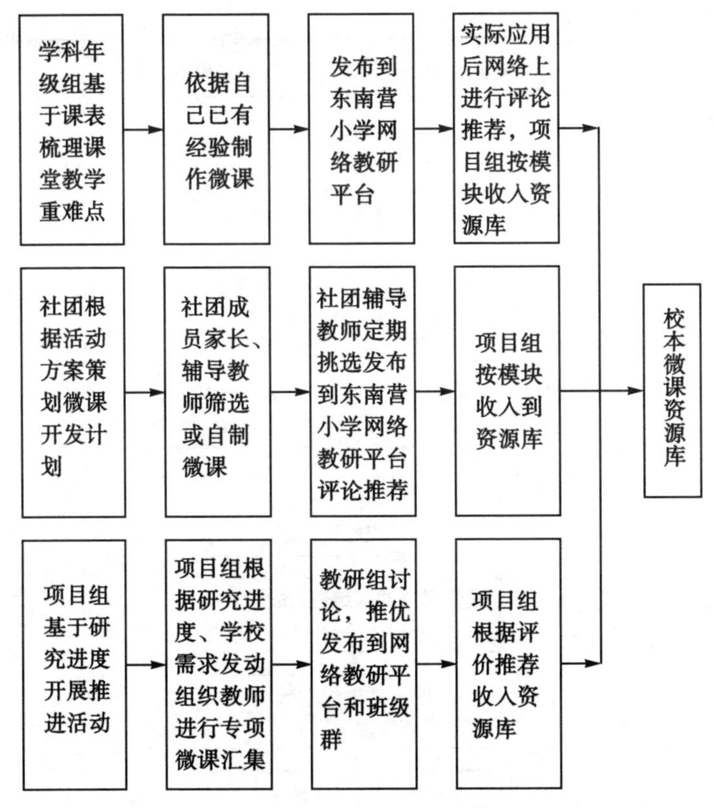

图 4　东南营小学校本微课开发过程图示

在充分考虑教师不同基础和需求后，我们把校本化微课开发分成 3 个基本途径（见图 5）：以各教研组为单位，其中，教学经验丰富、技术起点不高的教师可以在学科年级中指导微课内容的确定，有技术基础、从教时间短的教师可以在微课制作的过程中一展身手，有兴趣、有余力的教师可以通过不同的途径释放才华和热情。

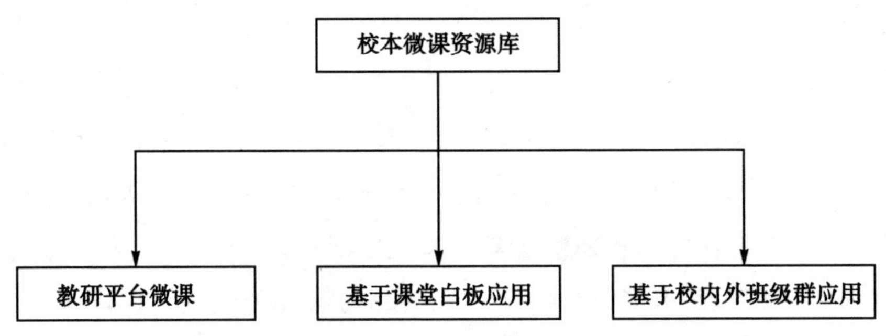

图 5　东南营小学校本微课应用过程图示

（三）创建网络教研平台，打造了智慧的教师学习共同体

校本教研活动的开展是提升教师教科研能力的重要途径。利用微课进行校本教研，可以将真实课堂中的教学实践制作成一些典型的、有趣味的、有意义的数字故事，短短几分钟，就能体现出教师的教学智慧，以小见大，这样不仅能提升教师自身信息技术应用能力，还能充分激发教师学习与探究兴趣。另外，教研组老师针对一个点展开深入细致的交流，实现了实践与理论的深度融合。

以学生全面发展为目的搭建的网络教研平台，打破原有各学科课程界限，将各课程依据一个主题有机融合成综合课程，提升了教师专业技能，拓展了专业视野，使教研活动更高效，团队更加具有凝聚力。

四、主要结论

（一）"互联网+微课资源库"是开展校本教研的有力支撑平台

校本教研是以学校教育教学过程中存在的问题作为研究对象，有针对性地解决教师教育教学过程中遇到的问题。校本教研调动了教师再学习、再创造的激情，有助于教师教学科研能力的提高，促进个体发展和群体发展，从而提升教师队伍整体水平。而做好校本教研，首先要构建一个覆盖所有学科、各年级，并涵盖所有知识点的微视频资源库，零散的教学微课并不能真正改变传统的教学模式。

各教研组按照课程标准要求，将知识内容按照学科逻辑与学生的认知特点划分为若干较小知识模块，运用现代信息技术手段，整合图、文、声、像等要素，制作成了便于学生学习的视频资源，构建了学校微课教学资源库。这是实施校本教研的有利途径，是实现翻转课堂的重要前提。

（二）微课资源校本化开发是解决微课应用中出现争议的关键和突破口

我校从2013年开始尝试进行国家课程校本化的探索，经过教研组牵头整

合课程,积极构建了具有学校特色的课程体系。

一是纵向拉伸。将各年级单元内、单元间、同类知识内容按其内在的逻辑组成由简单到复杂的结构链,通过内容的适当调整、增补,将断裂的知识结构修复完善,使学生对知识间的纵向关联有清晰的认识。

二是横向贯通。把具有同类特征的知识整合到一个单元,凸显前后共通的思维方式,丰富学生对同类结构特征知识内涵的整体认识和结构把握,提升学生分类、比较、概括、抽象的能力。

三是纵横融通。教师综观整个小学阶段,打破原有单元和学段的界限,把视野从单元整体结构拓展到整个年级甚至各学段,在整个教学课程的视野下审视、策划和体现结构链和结构块之间的关联,形成主次分明、有机渗透的校本格局。这样以结构为大单元重新理解和组织教学内容,以结构的逐步复杂化作为贯穿教学的认知主线,开发学科书本知识内在结构所蕴含的促进学生主动发展的丰富资源。

(三)教师学习共同体构建是推进学校发展及整体提升的重要抓手

有机适应型组织理论认为,由于工作任务变得更有意义,更具有专业性,也更令人满足,专业人员将能得到更多的激励,从而实现组织目标和个人目标的吻合,从根本上解决内部协调问题。因此,做好教师个体和团体的内适应,从而达到促进整个组织提升是学校提升教学质量最关键的环节。

1.利用微课开发提升教师信息技术素养

微课制作需要提前明确教学内容,对教学进行精心设计,从主题的引入到重难点的分析,从方法的讲解到问题的设计,都要精益求精。除此之外,教师更要掌握微课制作技术和录制微课技巧。如可以用摄像机、手机等设备对讲授类的课程进行教学视频的拍摄和录制,又可用电子白板软件对演示类课程进行录制,还可用录屏软件对操作类的课程进行录制等。相对于以往传统授课教学模式来说,微课的出现丰富了教师的文化知识和教学工具,它在提高教师资源实践能力的同时,也对教师信息处理能力有更高的要求。可以说,微课录制过程就是教师自身信息技术素养提升的过程。

2.利用微课开发激励教师、学生整体提升

(1)教师主线:项目组成立了教师电子白板课题小组,让有活力、有思想的年轻教师先行先试。通过这些教师的摸索和学习,先形成一支能较为娴熟地使用电子白板进行教学的先锋队,再由点及面辐射到其他教师。学校组织的“电子白板使用技巧大赛”让大家对白板有了全新的认识,亲身感受到了交互式白板的魅力;构建以微课资源库为基础的东南营小学网络研修平台,把校本教研从线下搬到了线上,不受时间、地点的约束,为学校校本教研增添了新的活力和色彩。随着大家研修时间的增多,教师信息技术素养得到了很大提升,而微课资源库也逐渐丰富起来。

(2)学生主线:小学阶段,学生主要的学习活动是通过课堂教学完成的,而且还需要教师指导,但小学生年龄小,心理和生理还不成熟,学得快忘得也快,如何能在课余时间给学生学习上的指导呢?校本微课的出现,很好地解决了这个问题。微课使学生的学习不再局限于课堂教学,学生可以在任何时间、任何地点通过微课进行学习。微课,为学生提供了个性化学习资源。通过校内外这个线上平台,学生根据自身情况有选择性地观看学习,个性化学习得以实现,自律性、主动性也得到了很大的提高,学生各方面的能力都有了明显的进步。

五、反思

第一,教师还不善于整理科研成果。教师往往干得很积极,但不善于积累素材、经验,有很多事做了,但不会写,只限于表面现象,而没有进行深入挖掘。学校在今后要对教师提要求,定目标,为教师搭建平台提供机会,提升其科研水平。

第二,教师开发微课资源库的参与广度不高。课程库开发集中在骨干教师和计算机水平较高的教师身上,没有真正以点带面地有效辐射全体教师。学校需要进一步做全面思考,整体规划,有步骤地推进全员参与。

第三,微课资源库开发过程中需要整体考虑,整体规划,还应注重应用过程中的反思和总结。学校要对微课资源库的构建全过程及实施全过程有一个整体规划,有计划地推进微课资源库的构建和应用。

综上，学校通过校本微课资源库的构建，以教研组校本教研改革为抓手，形成了小学阶段不同年级与不同学科的校本资源库，为东南营小学、安阳市中小学乃至全省以教研改革为抓手建设校本微课资源提供了一些操作性、针对性强的建设经验，并且通过教师全方位的参与，促进了教师教学能力提升，从而落脚到项目组最初提出的“一个中心”——一切为了学生。

变革教学管理　促进深度教研

案例持有人：薛志芳

所在单位：修武县第二实验中学

主要合作者：刘小棉　薛素琴　常利峰　张冬亮

河南省修武县第二实验中学成立于2008年7月，由一所旧学校更名改建而成。现有在职教职工105人，教学班30个，在校学生1800余名。近年来，我校以“深度教研”为抓手，深入开展校本研修，着力于校本课程研发、理想课堂构建及教师专业成长，助推了学校教育质量及办学实力的整体攀升。

一、“深度教研”的实施背景

（一）生源结构

我校位处城乡接合部，根据划定的招生范围，学生除极小部分来自县城学校外，其余大部分来自周边农村学校，生源构成比较复杂，学生存在学习基础薄弱、行为养成习惯差等问题。

（二）教师团队

随着学校规模逐年扩大，外校调入的教师也逐渐增多。新调入的教师大都来自乡村学校，有着各自不同的经验背景，教育理念、学识经验和能力水平等参差不齐，年龄结构又整体偏大，所以需要在新学校里充分调适、全面规范和及时提升，才能适应学校发展和学生进步的要求。

(三)办学条件

由于我校是由一所旧校改造而成,再加上近年来投入十分有限,所以学校整体办学条件并不占有特别优势,尤其是在硬件方面存在着校舍陈旧短缺、设备老化、实验室及运动场地严重不足等问题。

综合以上整体情况,这样一所新学校要想在短时间内获得立身的能力和行走的资本,必须寻求新的出路,必须搭建更新、更好、更大的平台,才能更好地发展。基于此,从建校至今,我校统筹全局,抓住关键,做好顶层设计,扎扎实实组织开展了一系列"深度教研"行动,并取得了显著成效。

二、"深度教研"的理论支撑

(一)项目管理

项目是在限定的资源及限定的时间内需完成的一次性任务,具体可以是一项工程、服务、研究课题及活动等。项目管理是运用各种相关技能、方法与工具,为满足或超越项目有关各方对项目的要求与期望所开展的各种计划、组织、领导、控制等方面的活动,具有普遍性、目的性、独特性、集成性、创新性、临时性等特性。其中主要有这样三个关键要素:一是"任务",为完成一定的任务而组建,此即任务驱动;二是"团队",为达成目标可以凝聚多方力量,成员不受原组织束缚,此即集成管理;三是"自主",为目标负责,为自己负责,是趋于扁平化的管理模式,此即深度激励。这些特点,对于学校这样知识分子扎堆、专业性比较强的组织管理来说,便于激发民智,汇聚能量,攻坚克难。

(二)"新教育实验"的理想课堂

"新教育实验"是由朱永新教授发起的一个民间教育改革行动,它是以教师发展为起点,以十大行动为途径,以帮助新教育共同体成员过一种幸福完整的教育生活为目的的教育实验。"新教育实验"在理想课堂的构建行动中提出,理想课堂应该有"六个维度",即整合度、参与度、亲和度、自由度、延展度、练习度,这是侧重于从学习过程评测课堂;同时,在"新教育实验"中还提炼出理想课堂的“三重境界”,即落实有效教学框架,挖掘知识伟大魅力,实现知识、生活和生命的高度融合,这是侧重于从教师的教学过程反思课堂。其中第一重境界“有效教学框架”包括五个部分:教材及学生的解读、确定教学目标、有明确方向的预习作业、严谨的教学板块、教学反思。这是新教育在综合多门学科教学理论的基础上,将最为重要的教学元素,经过反复提炼、修改、实践确定出的一个比较理想的课堂教学基础模型。

(三)校本课程研发

当前中小学校本课程开发有三种主要模式:“需求主导模式”“条件主导模式”“目标主导模式”。三种模式各有特点:“需求主导模式”的开发策略是以学生的实际需求和个性发展为校本课程开发的主要依据,始终把学生的需求放在第一位。在这种模式中,学校最关心的是“学生喜欢什么”“学生希望得到什么”等,开设课程时基本是按需设课。“条件主导模式”是以学校自身条件为开发校本课程的主要依据,将学校在现有条件下能做什么作为第一考虑要素,强调校本课程独有资源的制约性。在这种模式下,学校最优先考虑的问题是“我能做什么”“我有哪些可利用的资源”等。“目标主导模式”是以学校的办学目标为开发校本课程的主要依据,优先考虑的是学校特色的凸显,将学校特色的构建看作是培养学生个性化的必要途径,强调课程的系统和整合功效。在这种模式下,学校首先考虑的是“我需要什么”“我应该做什么”等,其次才考虑“我能不能做”等,再根据情况创设条件培养、引导学生需要。

三、“深度教研”的具体做法

(一)“深度教研”的具体内容

1.狠抓常规,夯实教学基础

(1)突出重点抓常规。常规既是规范,也是保障。在教学常规的众多环节中,我校重点抓好了以下三方面工作:一抓集体备课。建立备课组长负责制,各备课组每周至少组织一次集体备课,组员在个人独立钻研教材的基础上,轮流主备,轮流主讲,集思广益,确保备课的质量和资源的共享。二抓课前会课。上新课前,各学科备课组都要进行集中会课。会课内容丰富多彩,既有前一节的经验总结、失误反思,也有对今后教学的改进意见、对当天新授课程的设计分析等。有快乐同伴分享,有困惑大家齐帮。一般时间不长,但对教师来说却是最有效、最经济、最直接的经验交流与智慧碰撞方式。三抓教后反思。抓集体备课和课前会课主要是为了将有效备课、同伴互助前置,而平时的常规检查重点则在教后反思,目的是更好地引导教师关注反思修正,注重内化提升。检查“教后反思”一查“量”,看字数多少;二查“质”,看内容怎样;三查“时”,看反思是否按时、及时;四查“心”,看态度是否端正。

(2)创新载体抓常规。我校力求让教学工作的每一个细节都充满着生机与活力,充盈着创新与激情。为真正把教学常规落实到位,我校专门设计印制了富有校本特色的“教案本”和“校本教研工作手册”,重点突出其规范、引领、激励等功能,在教案本上设计了“案首语——自我期待”“教案的书写及管理办法”“教学计划及进度”“教育经典絮语”等栏目,在“校本教研工作手册”上设计了“写在前面——学校希望”“听评课要求”“一节好课的标准”“本校教师语录”等栏目。“教案本”和“校本教研工作手册”的独特设计,使过去对教学常规絮絮叨叨的口头强调一下子变成了当下实实在在的具体操作,对教学常规的落实是一种很好的规范和引领。

(3)开展活动抓常规。我校始终把组织开展好各学科的教研活动作为构建理想课堂的一个重要抓手。每一学期,学校通常要举行三轮教研活动。第一轮是“集中听课活动”。安排在每学期的第一个月里,组织每一位教师广泛听课,不仅要听同年级同学科教师的课,而且还要听相近学科甚至跨学科教师的课,全面了解同行的课堂教学水平、设计艺术与授课特色,取人之长,补己之短。第二轮是骨干教师引领课。由各学科备课组组织,安排骨干教师上引领课;同时,充分发挥本土教学能手的传、帮、带作用,在教师中间组建“学术对子”,捆绑考评,坚持以“老”带“新”,以“新”促“老”。第三轮是“同课异构”。各备课组所有成员一起上课,而且上同一节内容的课,相互之间开展深层次的切磋和研究。一个学期三轮活动,每一轮都是备、做、听、评、研、思一条龙,使广大教师的课堂设计能力、教学效率意识在这一节节实用且丰盈的课堂交流中得到提升与锻炼。

2.研制模式，提升课堂品质

我校在吸收全国各地先进教改经验的基础上,不断融入新教育理想课堂的核心理念,确立了“学生自主达标课堂”教改模式。其基本做法是,以学生自主学习为前提,以小组活动为中心,以“教学案”为载体,学生当堂学习交流,当堂落实达标,真正把课堂、时间还给学生;其基本流程是自主学习—合作交流—成果展示—反馈矫正—达标检测。

(1)“自主学习”要求实:即可由学生个体独立完成学习任务,也可以在教师的主导下,师生共同认定目标任务,而后自主开展学习及检测活动。

(2)“合作交流”要求精:自己不能解决的问题可在组内交流或打破小组进行交流,从而达到兵教兵、兵练兵的目的。

(3)“成果展示”要求活:在组内、班内展示学习成果,形式可以多样化。该环节能锻炼学生展示的能力,也是兵教兵的重要环节,既能彰显学生个性,又能达到共同提高的目的。

(4)“反馈矫正”要求准:在学生展示过程中,有效组织生生、师生之间展开多层次的交流互动,进行学法归纳、病例纠正等。

(5)“达标检测”要求真:即验证学生学习目标是否达成,对学生来说是学后即考,考后即评。要求学生全员参与,反馈面100%,测评方式要灵活多样,测评结果应当堂反馈。

3.研发课程，助推全面成长

我校依据校本课程研发的“目标主导模式”“需求主导模式”“条件主导模式”等理论,把课程开发分为“常规课程开发”和“特色课程开发”。这么划分是为了清楚知道学校应在哪里如何用力,教师该在何处怎么用心。

近年来,教师研发出许多卓越的课程,为学生的成长提供了强劲的助推力量。

(1)“国旗下经典诵读”:编辑《国旗下经典诵读120首》六册,每周一次,始终坚持。每周一升旗后,全校师生在国旗下激情朗诵经典篇目,用诗词吐纳,用经典润泽,让师生精神抖擞地开始一周的工作和学习。

(2)“天天成长课”:每天早上一节,坚持不懈。孩子们迎着朝阳在自我反思中修齐治平,在互帮互助中进步成长,在写与说的过程中历练思想、锻炼口才,做最好的自己。

(3)“阅读课”:每天下午一节,风雨无阻,在静静流淌的音乐声中,学生们读书看报,以经典为伴,与大师对话,鉴往知来,体悟人生,为发展夯基础,为成长打底色。

(4)“每周一支英文歌”:每周精选一首英文歌曲,每天午后十分钟,提升学生英语素养。

(5)“电影课程”:间周一次,坚持不懈,让孩子们通过欣赏《当幸福来敲门》《放牛班的春天》《音乐之声》等优秀电影,不断提高学生发现美、感受美、鉴赏美、创造美的能力。

在穿越这些卓越课程的过程中,时间便是孩子们成长水到渠成的见证。2013年12月25日,焦作市中小学“校本课程”开发现场会在我校隆重召开;2015年6月,我校“‘天天成长课’的课程开发与研究”课题荣获2015年河南省教科研成果一等奖。

(二)“深度教研”的实施方法

1.整合课时,盘活课堂

建校之初,我校大胆将课堂教学时间由原来每节课45分钟缩减成40分钟,多出来的时间上、下午各增加一节小课。上午的30分钟小课为自习课,安排让学生自习,任何教师不准讲课;下午的30分钟小课为全校师生的阅读课及各种兴趣小组活动的时间。这样,大小课堂结合,为丰富课程内容、构建理想课堂、开展深度教研活动提供了充足的时间保障。

2.项目组管理,整合力量

在管理上,我校凝聚集体智慧,群策群力,整合提出了“理想课堂”“课程开发”“教师专业发展”“校园新生活”“学生新评价”“校园新文化”“家校新合作”“完美教室”等8大项目组、28个子项目组,以项目组形式构建学校管理和发展大格局。这8大项目组、28个子项目组几乎涵盖了学校教育、校园生活的方方面面,每一个教师都至少参与一个项目组,深度激发和全面调动起整个团队的激情和智慧,全校上下充满了生机与活力,推动了学校发展和进步。2013年10月,我校申报的“建好‘项目组’,深度促发展——以‘项目组’建设为核心推动学校整体发展的行动与研究”课题,在焦作市提升学校管理的实践与研究课题中荣获综合类“焦作市优秀教育科研成果奖”一等奖。

3.专业成长,强大教师

教师是学校发展之本。对于教师的专业成长,我校着重打造了“三个一”工程,即“每天一语”:在每个工作日,我校都会利用校讯通短信平台发送一则与教育有关的经典论述或观点,用教育智慧润泽教师心灵;“每周一文”:我校每周都会精选一篇教育类文章,在周一印发给全体教师,让教师的思想与多种教育思想碰撞;“每期一书”:每一学期,我校都会精选一本教育专著,免费赠送给全体教职员工,大家一起精读共研,譬如《第 56 号教室的奇迹》《理想课堂的三重境界》《适于脑的教学》等,让教师与教育专家对话,不断激活广大教师的事业心和上进心,不断拓展教师的学术视野,为教师专业成长添加了能量,增加了底气。同时,我校还在教师中间开展了“图书漂流”活动,漂流的图书有《书写教师的生命传奇》(报告集)、《第五项修炼》等。为了深度推进教师的读和写,我校还成立了“‘四棵柳’读书沙龙”,组织榜样教师天天读书,周周写作。2013 年 11 月 10 日,薛志芳校长登上“阅读的力量——2013 年新教育国际高峰论坛”作典型发言……

四、“深度教研”的成效和困惑

(一)成效

1.教育质量连年攀升

建校以来,我校在市县组织的各类质量检测中,连年取得优异成绩,曾先后多次荣获市县教育质量奖。中招成绩连年夺得佳绩,在 2017 年河南省中招考试中,我校共被市县一中录取 261 人,再次取得升学人数和综合考评居全县第一的优异成绩。同时,在学期期末考试全县综合考评中,我校的非毕业班也连续夺得总平均分、及格率、优秀率全县第一,各分数段优秀生分布位居榜首。

2.学生素质全面提高

由于“深度教研”的落地生根,课堂上师生关系、教学关系都得到了极大改进,学生的主体地位得到尊重,学生学习的积极性被充分激发和调动起来。学生不仅要在课堂上主动说、积极做,更要相互促进,精诚合作,孩子们的上进心、自信心和团队意识都得到了培育和发展,综合素质普遍得到了极大的提高。

3.办学业绩更加突出

2015 年 5 月,在中国教育学会初中教育专业委员会初中质量建设大会上,我校荣获首届全国初中质量建设奖,被授予"初中质量建设先进单位"荣誉称号;2015 年 12 月,我校荣获"2015 年度河南省教育系统文明学校"荣誉称号。2016 年 4 月,在第十二届中国儿童阅读论坛暨 2016"阅读改变中国"颁奖典礼上,我校荣获 2016"阅读改变中国"年度书香校园大奖。

(二)困惑

我校的"深度教研"虽然取得了显著成效,但也遭遇了诸多困惑,还有很多的不足需要我们去完善。最大的困难是教师专业素养的提高;最大的问题就是初中学校有着很大的升学压力,影响了"深度教研"的发展;最大的障碍就是理论和智慧还很欠缺,所以,很多项目做得不够深入,不够精细。总之,在开展"深度教研"工作中,我们既有收获的喜悦,也有艰难的探索,更有前行的坚定,我们希望在探索与思考中有全新的发现与发展。

以有机适应型组织理论探究多元并行教研机制

案例持有人：时晔

所在单位：新蔡县第一高级中学

主要合作者：曹亚博　何丹丹　杜新峰　赵艳萍

一、问题的提出

2008—2013年，我校师资队伍迅速扩大，结构发生了很大变化，中青年教师占任课教师总人数的75%，然而我校教师管理行政化、单一化，教研管理方式陈旧，导致出现老年教师陷入发展瓶颈、中年教师职业倦怠感增强、青年教师缺乏有效的指导等问题，学校教师整体成长速度慢，严重制约了学校的快速发展。2014年，为促进教师专业成长，学校构建了“层层推进，合作互助”的校本教研机制：由教科室将教育中的问题集中，分配给学科组和老教师组成的教学研究会，再分给相关教师执行；同时制定了一系列互助措施和奖励政策，如针对老、青年教师的拜师带徒，针对中年教师的名师工程，集中研究校本教材，建立试题库、成立专项课题组等；还有针对青年教师的青蓝工程、推门听课、精品课堂等。

这种工作机制在一定程度上改善了我校的校本教研现状，但在运行过程中发现，教师参与教研的积极性和主动性并没有真正被激发，教研过程中学科组长、备课组长、老教师唱主角，出现了课题主题过于集中、校本教程不丰富、精品课堂模式单一等问题。

分析原因，发现原有的机制靠行政组织推进，且自上而下没有足够的沟通渠道，导致运转效率低下。而美国管理学大师沃伦·本尼斯针对机械的组织结

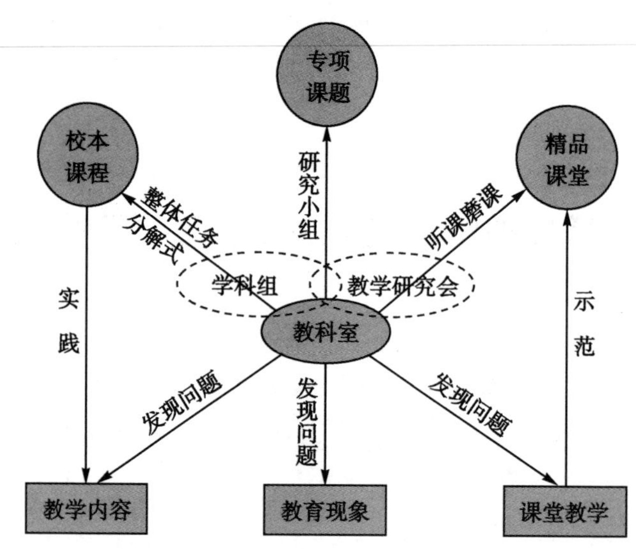

图1 “层层推进,合作互助”校本教研机制

构提出的有机适应型组织理论,恰好可以解决上述问题。这种组织结构呈现出扁平化特点,围绕共同任务开展工作、强调上下双向的沟通,形成低复杂性、低正规化、分权的高效有机式组织,能很好地解决我校面临的现阶段问题。

因此,在有机适应型组织理论指导下,针对如何进一步改进教研组织结构并促进教师迅速成长,我校进行了积极的思考探索和实践操作。

二、解决问题的过程和方法

(一)形成多研究会并行推进的扁平式教研组织结构

一个有机的组织结构或扁平式的组织结构,假定其他条件不变,由于它的管理跨度更宽、更大,它所需要的管理人员就更少,成本也更低,效率大大提高。据此,学校将原来的自上而下的由教科室管理学科组和教学研究会、学科组和教学研究会再管理教师的“单线模式”改为现在“多个研究会并行”的体系,如课题研究会“在学校教师合作研究项目中选择有共性的项目—组成科研课题团队—立项研究形成成果—指导教育教学”,课堂诊断研究会“发现课堂问题—组织听评课小组研讨修正—课堂大赛展示—教师互动交流—构建高效课堂模式”,校本教材开发研究会等。改革后的教研组织机构保持低程度的集权,形成一种松散、灵活的具有高度适应性的组织形式,这种形式能根据实际教育教学需要迅速地作出调整。研究会还可以邀请省市教科研专家到校进行研究指导,帮助教师从更高层面、更宽视野把握研究方向。

各个研究会的人员有交叉重叠,一个人可以在不同的研究会,这样同一个人会身兼多个角色。比如何丹丹老师是科技创新教育研究会的会长,是综合实践活动研究会的会长,同时也是技术校本教材研究会的成员,她制定了新蔡县第一高级中学科技创新实践活动方案,将技术课程、综合实践活动和科技比赛有机融合,研究会通过通用技术、信息技术、综合实践活动三科合作教学提高学生的创新实践能力,目前已经探究科技实践活动大课堂教学模式;又如李伟老师既是试题研究会的会长,同时也是校本教材开发研究会的成员,他建立了新蔡县第一高级中学试题评价体系,整理汇编了各科各学段高、中、低三个等级的试题库,在建立试题库的过程中研发出"数学思维进阶"等校本课程。这样每个人的主动性都被调动起来,因人而异,兼顾特长,人力资源得到最大程度的利用。

(二)建立线上和线下平台,汇集问题,形成自主合作的研究项目组

我校搭建了线上和线下两个教研平台,线上是依托校园网建立实时交互的教研信息平台,线下是每周的业务研讨会。教研的基本流程是:第一,每位教师将自己在教育教学中的问题整理出来,通过校园网的信息平台填写"问题记录表",问题记录表由学校自行设计,要求记录发现这个问题时"我经历的教学现象""我的分析思考""我存在的困惑"等。这些问题应是学校教育教学中的真实问题。第二,在教研信息平台上,教师根据相似的问题形成自主合作共同体。第三,合作共同体在每周业务研讨会上开始交流并制定研究方案。第四,各个研究会对不同研究合作组进行调研,指导研究者对所发现的问题进行反思和再认识,并指导其探究方向。第五,教科室将相关研究项目规划为专项研究项目。第六,合作共同体将自己的研究结果放到教研信息平台进行展示。

在新的组织结构中,教科室、学科组长、各个研究会就变成了协调者和服务者,教师则成为针对问题积极主动的研修者。如我校曹亚博和马文赴老师对班级管理和传统文化有兴趣,代雪莹老师对传统文化和现代化教学有兴趣,何丹丹和梁平川老师对班级管理和现代化教学有兴趣,接下来教科室就会根据轻重

缓急和其他小组情况，指导信息技术的何丹丹老师与梁平川、代雪莹老师先结合成信息技术与语文教学合作研究小组，指导马文赴、曹亚博组建班级管理研究小组，并制定研究目标，将传统文化定为学校专项研究计划。

（三）创新校本教研活动方式

1.诊断式

课堂诊断研究会通过教研信息平台获得需要帮扶教师的信息，听课并根据所发现的问题，分析“病因”，开出“处方”，帮助被听课者提高教学能力。这种研究形式一般用于对年轻教师的帮扶上。年轻教师虽积极上进，但工作经验不足，需要有经验的老师或专家帮助，以求快速提升自我。“指导组”成员有经验、有理论、有能力、有水平，往往能很快找到年轻教师教学的“病症”，对症下药，时间短、见效快，有利于教师的快速成长。活动牵涉的教师人数不多，所占时间也比较少，效果又好，因而可执行度很高。在开展课堂诊断活动时，听取授课教师的汇报课或研讨课后，专业指导小组要指出他们存在的问题，帮助他们改进和提高。有时，甚至可以就同样的课进行二次、三次跟踪会诊，以达到理想效果。

2.专题（问题）式

课题研究会对研究项目组中的集中问题和典型的教学事件形成专题，进行研究；就具有共性的问题进行聚焦式研讨。如果属同一学科组问题，则帮助教研组集体探讨问题解决的途径；如果是多学科交叉问题，则帮助研究项目组形成共同体，相互合作构成主课题和子课题组。这种形式，更容易形成教育教学研究的氛围和习惯，对学校整体教研氛围的形成很有好处。如各学科都有创新能力培养的问题，学校就以如何提高学生创新能力建立了专题研究小组，由校长担任“创客教育培养中学生创新能力”课题主持人，从各科选拔优秀教师进行研究，目前各学科编写的研究性学习手册在科技实践大课堂得以使用，依托项目式学习和创客教育理念，学生的创新能力得以迅速提升。

3.网络式

以计算机和网络为支撑，把探究学习、交流研讨作为主要学习方式的教研活动。我校网络教研所采用的载体有微信群、博客、论坛、网站、QQ、留言板、电子邮件等。与传统的教研形式相比，网络教研优势明显：一是不受时间和人数的限制;二是信息容量大,交流范围广,网上交流不受年级组和学科组限制,所有教师都可以发表意见,校外教师和专家也可以点评;三是氛围轻松,发言顾虑少。在网上交流,教师减少了面对面交谈时的心理压力,各个层次的教师都能比较轻松地发表自己的看法,并得到多位教师的指导。

为推动网络教研,学校专门为教师建立网络教研平台,鼓励各科骨干在平台创建网络教研室,引领教师在线研讨和共享资源。主要有以下几种交流形式:一是“聊天”式交流。聊天式的交流,是在彼此的对话中进行交流。学校利用网络优势建立了自己的微信群和QQ群,甚至邀请名师加盟,让教师们和名师进行聊天,所有聊天内容都会被随时贴在公共空间里,供大家再学习、再讨论。二是“帖子”式交流。现在很多网站都设置了教育板块,如“教育在线”“成长在线”“基础教育论坛”等专业论坛。每天,来自五湖四海的教师,都在论坛上忙着翻帖、读帖、回帖。凡是读到精彩之处,读到质疑之处,都会跟上一段属于自己的文字,要么是鼓励的言语,要么是自己的见解。对于那些想学习的教师而言,这就是在培训、在拓展视野、在和别人思维的火花碰撞,从而达到取长补短、共同提高的目的。三是“博客”式交流。博客,又叫网络日记。大凡熟悉网络的教师和教育专家,都有自己的博客。每天工作结束,把一天教学中、研究中的所见、所感、所思、所想,一点一滴形成文字,写成随笔,发到自己的博客上,任别人品读、批评。坚持每天写博客,有利于教师自我反思,更利于教师练笔,自然也是对教师的一种培训。

三、校本教研的成效

(一)建立了多元并行、以问题为驱动的“教育研究会+研究项目组”有机教研机制

学校以问题驱动式创立不同类型的教育研究会和研究项目组,进一步完善“针对问题—研究提高—回归实践—反思成长—提升内涵”的校本研修工作流程。面对实际教育教学问题,教师先通过研究项目组提高自己的教研能力,形成自己的特色,再通过参加教育研究会,聚焦学校发展某方面问题,集中研究解决,这样点点相通、层层递进的矩阵式成长模式对我校教师的成长形成了巨大

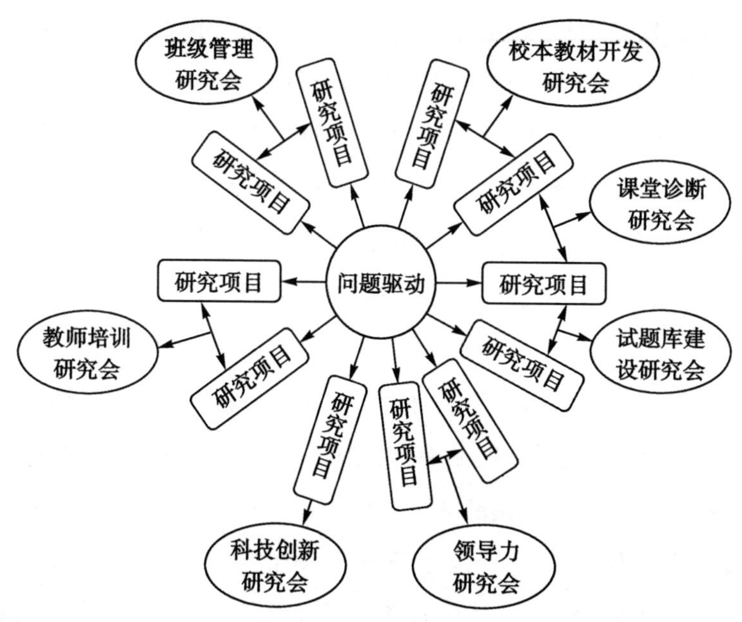

图 2　多元并行、以问题为驱动的“教育研究会+研究项目组”有机教研机制

的推动力。

例如，校本课题研究会在开展学校承担的“高中教师校本培训问题的研究”课题实验过程中，校长和主任级以上领导也同时形成领导力教育研究会参与其中，各研究项目组根据自己的研究点纷纷献计献策，这就使课题研究的针对性和实效性大大增强。目前，有机性教研组织形式已成为我校连接理论与教师教学实际的“切入点”，形成了具有新蔡一高特色的教研组织形式。

（二）打造精品课堂：“一月四赛一展示”

课堂诊断研究会通过长期的研究和实践，将 10 月定为学校“教师专业化发展促进月”，学校各层面分主题的课堂教学全面开放。通过开展青年教师大奖赛、课堂教学明星大赛、骨干教师之高效课堂、名师之特色课堂等活动，教师人人开放自己的课堂，老中青相互借鉴，新手、骨干、名师互动提升，全员提效，共研教学策略，打造精品课堂。同时，学校还组织获奖教师集体进行“金牌课堂”展示活动。在展示过程中，各学科组、备课组教师彼此沟通，同心协力，精诚合作，认识并挖掘自身的潜能，克服了心理惰性和畏难情绪，磨炼了战胜困难的毅力，同时也激发了想象力与创造力，提高了解决问题的能力；特别是让青年教师认识到了集体的力量和团结的作用,增进了集体活动的参与意识与责任感。大家纷纷表示,要把在展示课中得到的启发运用到生活和工作中,达到“1+1>2”的效果。

(三)产生了大批基于校本教研的课题研究成果

省级课题立项、结项30多项。如省级课题“序列化课堂活动提高学生自主阅读能力的探究”“高中英语以读促写教学研究”“化学教学中自主学习和合作教学的策略与案例研究”“高中信息技术与高中语文合作教学模式的研究”“高中物理低成本实验的开发”“创客教育提高中学生创新能力的研究”等。

(四)促进了师生全面发展、快速成长

教师专业成长迅速,大批中青年教师脱颖而出。其中,王东、马权、唐义琼、李书毫、李庆伟、段莹莹等老师获得“全国高中信息技术与教学融合优质课大赛”一等奖;赵海妮、钟丽娟老师获得“一师一优课、一课一名师”国家级一等奖;胡婵玲、李庆伟老师在河南省教学技能大赛中获一等奖,何丹丹老师在河南省科技创新大赛中获得教师科技研究项目一等奖等。

学生特长和爱好得到充分挖掘、培养和发展,核心素养得到全面发展,特别是科学精神和实践创新两方面能力提升明显。科技创新实验班学生在省市、全国各种科技创新实践活动中纷纷斩获大奖,师生在青少年科技创新大赛中荣获国家一等奖1个,省级一等奖7个、二等奖38个、三等奖89个,省优秀科技教师1个;在全国青少年科学调查体验活动中荣获全国学生优秀作品二等奖1个、三等奖2个;在河南省青少年科学素质知识竞赛中获得一等奖3名、二等奖6名、三等奖19名;在河南省青少年机器人大赛中获得省三等奖2名;在全国中小学电脑制作活动大赛中荣获省一等奖3个、二等奖15个、三等奖39个;在河南省青少年航空航天模型大赛中荣获一等奖9个、二等奖16个、三等奖32个,优秀航模教练员2个。例如,在2016年“登峰杯”全国中学生学术科技创新大赛中荣获国家级一等奖1名、二等奖26名、三等奖28名。学生已拥有国家发明专利7项。

(五)提高了本校整体教育教学质量

学生成绩提升明显,自主招生人数均实现历史性突破。学校也先后获得

“国家二十一世纪教育创新学校”“全国青少年科技创新活动示范校”“全国科学调查体验活动示范校”“河南省文明学校”“河南省创客示范校”“河南省知识产权实验校”等荣誉称号。

四、校本教研实施过程中存在的主要问题

（一）缺乏相关理论技术指导

教师对校本教研的内容需求很广泛，但是关注点相对集中在教育教学理论、提高科研能力、提高教育教学的实践能力等方面，缺乏前沿性的教育教学理论作指导。在日常教学中或者研修中遇到问题时，教师首先想到的解决方式主要是与同伴讨论。这说明教师在解决教育教学问题时，局限于个人查阅资料或者与同伴交流，与外界交流较少，请教专家或与专家交流的只占5%。

（二）组织管理有待进一步提高

学校成立了专门负责校本研修管理的部门，制定了一系列研修规划、政策和管理制度。但由于规划制定时没有全面预设到教师在校本教研实施过程中存在的实际问题，制定的一些制度不尽完善，考核评估只注重形式和数据结果的统计，对研修过程缺乏一定的监督、引导，所以并没有完全达到预期的效果。

（三）成果推广意识稍显薄弱

学校校本教研实施效果好、有特色，形成了本校的研修风格，取得了一定的研究成果，但是却没有进行很好的总结评估，而仅限于经验总结、教研体会心得，研修成果没有上升到理论层次，没有进一步推广。校本教研过程中涌现出了一批具有自主学习能力、善于总结、积极钻研业务能力的优秀校本教研组织者和教师个人，他们起到了引领教师专业成长的作用；但是影响范围具有局限性，仅局限于本人、本教研小组、本校。总之，对校本教研取得的成果推广意识薄弱，没有形成教研成果的辐射效应。

有机适应型组织理论指导下的“3+1”校本教研模式

案例持有人:韩建军

所在单位:禹州市颍川街道办事处长春观小学

主要合作者:马洁　康雪丽

一、问题的提出

校本教研是指以学校教研活动为主阵地,以学校教师为主体,以学校教育教学中的实际问题为研究对象,以促进学生发展、教师专业化水平提高为重点,把教师培训、教育科研和教学研究融为一体的教研活动。目前教育教研活动中还存在着许多问题,例如:教师日常工作烦琐,集中研修时间难以保证;传统的集中研修形式单一,教师发言机会少,教师间互动性不强,集中研修难以充分激活教师思维;公开课只能局限于学科教研组,教师跨学科观摩的机会少;学校教师外出学习带回的大量信息、名师作课情况、讲座光盘等需要及时分享,但如果因此频繁召开教研组会议又难免增加教师负担;学校的一系列主题教研活动需要展示、交流,而实现这一切都需要一个固定的平台;教师的专业成长需要外出学习,开阔视野,但是教研部门安排的外出培训学习机会太少,需要更多常态化的机会。

鉴于学校存在的以上问题,如何提高教师的教研热情,一改过去的被动教研为主动教研,给教师打造一个适合他们自身成长的快乐、自由、开放、自主的平台是急需解决的问题。

二、问题的解决

著名的管理学家沃伦·本尼斯提出,群体乃至所有组织,只有在一种人人都愿意并且能够相互信任的开放气氛中才能有效地运作。在其提出的有机适应型组织理论的指导下,针对学校在教研活动中存在的以上问题,学校创造一切条件,鼓励教师参与继续教育和专业培训,激发教师展现自己个性的热忱,变"服从领导安排"的被动接受为"我要教研,我要成长"的主动参与,提升教师的专业技术水平和综合素质。经过多年实践的积累,我校探索出了一条"3+1"校本教研模式:"3"即构建"说课—上课—评课—赛课"为一体的校本研究方式,实行集体备课、一课一研制度,开展主题教研活动;"1"即创建"禹州长春观小学教研"微信公众平台。

三、"3+1"校本教研模式的主要内容及操作过程

(一)以课例研究为载体,构建"说课—上课—评课—赛课"为一体的校本研究方式

作为教师,没有"研"的意识,没有"研"的能力,教学经验就会得不到及时总结提升,"教"而不"研"只能成为熟练的"教书匠",却不能成为专家型教师,教学质量提升的空间也会越来越小。把教师集中起来很容易,但是要如何做到扎实、有效、不流于肤浅与形式却很难。我校借助有机适应型组织理论,开展系列性、有序性的教研活动,成为一项新的尝试与创新。

1.举行说课比赛

说课作为一种教学教研手段,对提高教师的备课质量、教学效率和教师的组织能力、表达能力都有着重要作用。说课比赛的举行,是一次教学智慧与思想的交流和碰撞。

我校举行的说课比赛,要求教师不仅要着眼于说教材、说教法学法、说教学过程,阐明"教什么、怎么教、为什么这么教"的问题,还要求说课内容要有一定

的理论支撑,展示自己的教学理念,用粉笔字呈现自己的板书设计,并要求45岁以下的教师使用课件呈现与说课相关的内容,使讲解与课件相得益彰,达到良好效果。

在说课活动中,说课内容的设计方案和展示交流,使教师之间有机会相互切磋与学习,这种教研形式既是对教师教学基本功与整体素质的检阅与展示,也是一次教育理念的更新与提升。

2.开展讲、评课活动

我校以"汇报课"工作为中心,开展"四个一"活动,对学校的校本研修和促进教师专业化发展起到了很好的推动作用。这"四个一"分别是:每人上好一节汇报课;围绕这节课每人完成一篇高质量的教学反思;每人主持一次评课活动;每人交流一篇小论文。

在学校的教研工作中,我校以"三课"活动中的汇报课作为切入点,要求每位教师拿出一节代表自己最高水平的课在本学科组交流,并根据学校的公开课安排表由各教研组组长统一组织,负责提醒本组听课教师及时到位并提前给各位听课教师发放听课记录。评课是一种能力,是教师必备的一项业务素质。我校组织的评课活动灵活多样:

(1)自评:作课教师授课后针对预设教学方案的试教情况作自我分析与总结,最后形成一份完整的、高质量的教后反思材料。

(2)走廊式评课,如时间不允许,就主要的问题在教室走廊上与作课教师及时而精要地作短暂的交流。

(3)开评课会:听课后,由教研组长召集,对作课教师的教学设计、教学方法、教学效果实施即时点评,由主评人形成一份完整的高质量的评课材料。

3.开展优质课赛课活动

优质课对学校来说是展示最高水平课堂教学的平台,我校开展优质课赛课的形式多样:或以教研组选送的优质课进行评比(此种形式考察的是集体的智慧,由各教研组成员组成备课组,带领参赛人一同备课、磨课);或以"同课异构"的形式开展,同课异构课堂展示教师对同一课题的不同设计,对教材的不同解读与处理,使任课教师受益颇丰,在课例研究中实现教师的专业成长。以上形式都将根据赛课活动的具体时间安排,在学校录播室举行。听课后,学校以学科教研组为单位及时组织召开评课会，在作课教师说课的基础上，再由各年级备课组安排中心发言人作主旨点评。通过开展赛课活动，教师们观课议课、交流探讨、取长补短。

（二）实行集体备课与“一课一研”制度

我校推行电子备课。每学期，教研组长把本学期全册内容以单元（或课时）为单位，均衡地分给有关任课教师。各任课教师接到备课任务即成为该部分教材的主备教师。主备教师要深入钻研教材教参、搜集资料，按学校提供的电子教案模板，撰写教案。

使用电子教案的核心是实行集体备课。上课前一周，各教研组组织本年级的教师就下一单元的教案进行集体备课与研讨。主备教师作为中心发言人对自己主备的单元进行说课，其他教师对教学方案提出合理化的建议，达成共识。主备教师综合本备课组的意见修改自己的电子教案，交教研组长审核打印并分发给本组教师作教学参考。

备课组其他教师根据本班教学实际对主备教师的教案进行修改，体现共性和个性的和谐统一。既要吸收他们的精华，又要充分展示自我，体现个性，让自己的课堂焕发出生命的活力。

学校要求每个教研组在讲授新课之前进行二次备课，时间控制在 30 分钟左右。就所要讲授新课的知识点、重难点、易混点、学情等进行探讨与交流，做到“一课一研”，并结合实际把教师们的集体智慧和成果真正用到课堂教学中。

推行电子教案近一年的时间，一切教研工作都在有序地进行，集体备课的时间由最初的学校规定到现在各年级组根据各组的教学进度报备。由过去的“要我教研”，到现在的“我要教研”，教师们主动教研的热情有了很大的提高，也能根据自己的实际情况熟练灵活地使用电子教案。教导处也在定时或不定时检查和随堂听课中将发现的问题及时与教师交换意见，并及时督促调整和修改。

（三）开展主题教研活动

以促进学生全面发展和教师专业进步为研究目的，以教育教学过程中的问题为研究对象，以任教老师为研究伙伴，学校开展了以校为本的各项教研活动。

教研主题是从教学中存在的问题提炼出来的,是为解决教学中的问题而确定的,围绕主题,每个教师能够做什么,应该做什么,如何做,都可以通过开展不同形式的主题教研活动来解决,如讲座、论坛、报告、沙龙、心得交流等,在主题教研活动中,大家畅所欲言、群策群力、相互学习、共同提高。

我们把确定主题的任务交给了学科教研组长,并要求教研组长在解读主题时注意以下几方面的问题:一是主题的来源及涉及的研究范围。二是主题的已有成果经验及前沿信息。三是围绕主题应该学习和查阅的相关资料指引。教研组长把活动主题提交给教导处,教导处进行筛选后,再根据学科特点及学校教研活动安排统一规划主题教研活动时间和地点。在主题解读的过程中,每个教师可将自己的经验体会与困惑在研讨会上说明,互相启发思考。

每个学期,我们在总结学校的教学工作时,每个教师要把自己教学工作的成绩、经验、方法、体会总结出来,还要把教学工作中的失误、困惑、疑难的问题总结出来,我们把教师工作中碰到的问题与困惑进行系统整理,把我们认为是制约教学发展的关键性问题列出来,经过提炼,确定为下学期的教研主题,每个学期确定 4—5 个主题,基本上一个月一个主题,如刚刚开展过的"如何上好阅读指导课主题教研""如何提高作业布置的有效性"等主题教研活动的成果都正在实际的教学工作中发挥作用。

通过主题教研,更新了教师的观点,也激发了教师的工作热情,让教师体会到自己不是在重复过去的工作,而是在不断创新,使教师教学水平不断提升的同时,也克服了职业倦怠,推动着全体教师齐头并进向前发展。

(四)开发微信公众平台,促进校本教研

通过各项教研活动的开展,我校教师的教研热情都很高,对提高学校校本教研的质量有更高的期待,具体表现为:

1.期待校本研修能成为教师的智慧场地

教师的智慧是在个体实践与群体互动中生成的,个体实践与反思是校本研修的基础,群体的真诚互动是智慧分享与提升的重要途径。

2.期待校本研修成为教师的成长乐园

人人都是校本研修资源的提供者和享有者。名师是资源,管理者是资源,

如果能让潜质和积极性得到充分发挥,长春观小学的每一位教师都能够成为课程资源的开发者。

3.期待校本研修能为自己带来精神的愉悦和成就感

自己的教研成果在展示中得到大家的认可是一种幸福,把自己的教学思想借助一个教研平台分享给同事甚至更多的人也是一种快乐。

在网络环境下能够实现和特定群体的文字、图片、语音的全方位沟通、互动,能极大地满足教师们对校本教研的诉求和期待。为此,我校结合网络环境下的资源优势、技术优势等,搭建了以"禹州长春观小学教研"为依托的校本教研平台。建立以任课教师为主的关注群体,开辟教研栏目,引导任课教师写随笔,写教学故事,写反思性文章;通过本平台发布并交流外出学习的所感所获;策划并组织多项网络教研主题活动。让教师成为网络教研的主角,拉近教师与教师之间、学科与学科之间的距离,让教研走进教师的日常生活,弥补原有教研活动时空、交流面、内容呈现等方面的不足。

我校在长期的教育教学实践中探索出的"3+1"校本研修模式已日趋成熟,在学区内进行交流,我校教师在这一模式的引领下,快乐教研,快乐学习,快乐成长。崔利君、赵晓东、陈银鸽等多位老师在许昌市教育局举办的优质课评比大赛中获奖。其中,马洁老师执教的"伯牙绝弦"、马占英老师执教的"小数的初步认识"和桑洁老师执教的"棉花姑娘"获得河南省教育系统优质课二等奖和三等奖的好成绩。学校教师踊跃参与各项教学评比活动,其中陈银鸽、赵晓东、桑洁、王亚丽、梁阿倩在许昌市教育局举办的微课大赛中获得一等奖和二等奖的好成绩。我校教师肖倩和吴艳娜辅导的学生卢琦和戚恒博也在许昌市举办的汉字听写大赛中荣获一等奖。随着"3+1"教研模式的深入开展,我校的教育教学成绩也有大幅度的提高,我校还被评为"许昌市校本教研先进单位"。

与此同时,我们还发现这一模式在具体的操作使用过程中存在一些需要反思改进的地方。比如:个别教研组集体备课时程序显得烦琐,抓不住重点;已经修改过的教案在使用时也应根据班级情况进一步完善,不搞一刀切等。我们会结合实情继续探索、完善,不断实现创新和超越。

专家点评：创新管理模式，助推校本教研

为了适应时代对教育的诉求，走内涵式发展道路，我省广大中小学校积极开展富有实效的校本教研活动，形成了各具特色的校本教研风格，其中以沃伦·本尼斯有机适应型组织理论为依据在学校层面的校本教研改革取得了显著的效果，产生了良好的反响，其具有以下突出特点：

管理理念先进，管理思想更新。随着时代的发展，传统层级式管理的多环节、低效、控制强等弊端日益显现，教师被动教研的情况比较普遍，一定程度上影响了教育教学质量。为了改善这一情况，不少学校积极学习探索，摸索方法，探寻路径。其中，一些实验学校认为沃伦·本尼斯的有机适应型组织理论所倡导的管理扁平化、关注个人成长与自我实现、重视非正式组织与创造力等理念，能够有效地使教师的教学教研变被动为主动，从而提高工作效率。我省各地区的很多学校大胆试验，积极尝试管理改革，采用双轨管理的方式进行校本教研管理，即层级式与有机适应型组织管理相结合，更加稳妥实际，更能解决实际问题，双规管理模式推行以来，教师的主观能动性得到了更好的发挥，主动教研蔚然成风，其中濮阳市实验小学的“双三”机制、三门峡市实验高中“双向三轨道”教研机制、信阳市羊山中学“三纵三横+专项工作室”管理模式等，都是这种管理思想的典型，在实践中取得了突出的成绩，深受师生欢迎。

教研团队建设更科学、实用。基于沃伦·本尼斯的管理思想，学校管理者意识到“人人都想感觉到他是别人需要的人”“给予人们以承担责任的自由，可

以释放出隐藏在其内部的创造力”，以人为本，注重发展，关注专业与生命成长成为学校管理者的共识，学校更加重视各种因为任务而产生的临时性研究团队。这种团队建设针对性强、务实高效。在这些团队里，谁最专业谁就是当次任务的首席专家，这种对教研团队建设的要求，极大地激发了教师们的工作热情，调动了大家工作的积极性。各种真正基于教学问题解决的研究团队如雨后春笋，极大地促进了教学，使学校的教研面貌焕然一新。如，洛阳实验小学创客空间项目组、数学游戏项目组等基于项目的研究及形成基于项目的校本教研的操作流程，取得了实践成果，有效地指导了教学；郑州伊河路小学“梦立方”课程、造纸艺术家课程等专题教研活动的开展，极大地激发了教师的创造力以及对专业的热爱，使得师生发展充满个性与活力。许多实验学校临时性研究团队丰富多彩，从不同角度立体化解决教育教学的问题，团队是因任务而临时性成立的，不是花架子摆设，更具理性、科学性与实效性，团队因任务的结束而结束，在临时性组织不断代谢的过程中，教研品质不断提升。

教研聚焦，针对性强，切实高效。理念的改变，带来组织的变革，而扁平化的组织管理又充分调动了教师们的积极性与潜能，这为教学研究的实用性、针对性、有效性与创意化解决问题奠定了基础，使得在校本教研当中，教学问题的提出、探究与解决更加接近实际情况、实事求是、事半功倍，有效促进了教师专业化水平的不断提高。首先是学习力与自我认知力的提高，很多学校都有专门的学习社区与学习论坛，教师在这里规划、行动、交流、分享，不断提高自身的综合素养。其次，教师发现问题与提出问题的能力不断提高，专业反思力也不断加强。特别重要的是，教师们的行动力不断提升，在解决问题方面更具智慧与创意。如三门峡市实验高中高一一名历史教师提出近年来历史 SOLO 试题已成为学生考卷失分的主要题型之一，这引起了高三教师团队的重视，他们马上成立了“年级学科团体”，教研小组先利用 2013 年、2014 年、2015 年三年的 SOLO 试题对高三学生进行了摸底测验，在掌握第一手资料的基础上，分析学生存在的主要问题，针对问题，研究小组拿出应对策略，并制定行动方案，进行教研、指导、训练，在 2016 年的高考中，据已收回来的调查问卷可知，大部分学生的得分在 10—12 分之间，问题得到解决，教研及教学效果十分显著。聚焦问题，探索策略，实践解决，突破困境，提升质量，这成为实验校当下校本教研解决实际教学问题的朴素路径,为广大教师所接受。

以有机适应型组织理论的思想影响教育教学与教研,在我省的实验学校取得了初步的成效,特别是在管理思想、人力资源的开发与个体创造力的发掘、教研团队的建设、教研问题的解决上都取得了不少可圈可点的成绩。但是,教育事业的发展任务是艰巨的,会有许多具体复杂的问题需要突破与解决,我们会紧密结合实际,稳步前进,不搞形式主义、不浮夸,接地气,不非此即彼,不顾此失彼,科学地将传统管理与扁平化管理结合起来,使之能相互促进、补充、完善。扎根基层、务实创新,为学生、教师、学校的长远发展不断开辟校本教研的新路径,大力促进校本教研的质量与水平稳步迈上新台阶。

(河南省基础教育教学研究室　张琳)

第三章 教研组建设创新优秀案例

人人成为研究者
——“多层级‘自转+公转’校本教研运行机制”的探索

案例持有人:周素娟
所在单位:巩义市子美外国语小学
主要合作者:王晓丽 李潇 赵银平 张继锋

叶澜教授说:教天地人事,育生命自觉。生命自觉是人的生命价值实现的内在力量,教师的成长更是如此。巩义市子美外国语小学自成立以来,把满足教师个体发展的合理需求与实现学校整体目标结合起来,不断完善科学高效的校本教研制度,建设“合作共进”的校本教研文化,激励教师积极参加校本教研活动,引领教师在积累与感悟中重建,在知行转化中超越,在互惠共生中成长。学校鼓励教师逐步达到三个层次的发展目标:一是做有思想的行动者;二是做学者型、研究型教师;三是做学科领袖,做教育家。为此,学校在校本教研实践中结合有机适应型组织理论,进行了“多层级‘自转+公转’校本教研运行机制”的探索。

一、问题的提出

“享受教育”是巩义市子美外国语小学的办学理念。我们认为教育带给师生的应该是一种享受，一种自主参与、相互合作、彼此尊重、共同成长的快乐与幸福。在“享受教育”理念的引领下，我们努力把学校变成教师实现人生价值的场所、展示才能的舞台，以校本教研为抓手，提升教师的专业素质，期望成长成为教师的生命自觉。

但在日常的校本教研实践中，我们发现了诸多问题：首先，原有的管理模式导致组织烦琐，校本教研效率低；其次，缺乏日常化的教研机制和常规保证的动力机制，教师专业成长缺乏内驱力，校本教研影响弱；最后，学校的各项工作缺乏整体思考和长远规划，导致教师工作盲从、疲于应付，校本教研成效低。

因此，我们一直在思考：如何通过教研组建设的创新，提升教师教育教学研究能力，引领教师“人人成为研究者”，从而实现教师的专业化发展，享受教育的幸福；如何通过校本教研，解决“新基础教育”研究与实践中遇到的具体问题，实现学校的整体转型。

基于以上思考，我们试图探索出一种有效的校本教研运行机制。

二、解决问题的过程与方法

在以往的校本教研中，我们强调自上而下，提出要求，全员参与，效果不甚理想。为解决日常教育教学中的问题，教师自主组成研究团队，内驱力被激发，研究效果自然显著。基于此种考虑，我们鼓励教师梳理教育教学中生发的实际问题，提炼成研究专题，兴趣相投的若干个人相机成立“专题研究工作坊”，扎实开展行动研究，在实践研究中形成解决问题的策略。

“数学思维训练”一直是数学教学工作中的重点和难点，中、高年级的数学组长和骨干教师自发组成了“直观思维模型专题研究工作坊”，同时邀请巩义市数学教学专家李泰峰老师加入。围绕“直观思维模型”，他们一起制订实验方案，协力商讨可行措施，并在研究实践中提炼出两个有效途径：一是前期背课标,定时、定点、定发言人领着大家学习指定内容,两天后组长把课标内容按专题分类做成"题签",成员抽签背诵相关的课标内容。这样,成员对课标内容熟记在心,先确保教学方向不跑偏,以科学的理念来指导实施教学,促进了教师的专业成长。二是听课议课。"直观思维模型"和小范围内的整合数学教材实验持续了整整一个学年,听课、磨课、评课从未停止,先每人主备一节课在自己班里上,其他成员都参与听课,听课结束立即评课,提出合理化建议,再调整方案到自己班上课,研究逐渐形成常态,最终形成了五个直观思维模型:加减法的三量关系与直观思维通用模型"加数+加数=和",从根本上解决学生无法确定加减的"困惑";加减法的拓展与直观思维通用模型"谁比谁多/少几",顺应了人们的思维习惯;乘除法的三量关系与直观思维通用模型"因数×因数=积",采用了竖式,凡涉及"平均数"(或"率")的问题都可做;直观思维模型"谁是谁的几倍(几分之几)",采用了"对应匹配"的思想;"甲比乙多/少几分之几"也采用了"对应匹配"的思想。这五个模型,可以帮助学生解决从小学到高中几乎全部的数学问题。在教学过程中,教师只需引导学生用此思维方法,学生就可以轻松解决问题。研究教师获得成就感和价值感的同时,也促进了学生良好的发展态势。课堂上学生是主体,自学、交流、展示,学生的思维能力明显提高。研究结束,这几位教师分散于各年级,目前是数学教学改革中的领军人物。

为了推进课堂教学改革,学校推行"学科自治",成立了"课型研究项目部",重点进行课型研究,并推广成果。"学科自治"给了学科教师极大的自主性,教师们围绕一个个课型,结合实际相机组成不同的"专题研究工作坊":识字写字专题研究工作坊、绘画专题研究工作坊、句群训练专题研究工作坊、戏曲课专题研究工作坊……这些专题研究工作坊常常采取"同磨一课"的研课方式进行课型研究:工作坊的教师共同选择一课或一种课型,集体研讨编制教学设计初稿,并进行修订,所有成员逐一上课,其他成员听课、提建议,修改后再上课,相互比较,彼此借鉴。目前,各专题研究工作坊共创出的识字写字课、主题阅读课、数学运算课和练习课、英语学科的词汇课和句型课、绘画课等均已成型,有力地推进了课堂教学改革。

我们在总结梳理每个专题研究活动的成败得失时,发现以"项目引领—任务驱动—聚焦专题—建立组织—行动研究"的方式开展工作,有效地解决了一个个难题。基于以上成功的经验,我们重新审视了学校的校本教研工作,发现很多成功的案例都是通过有机适应型组织实现的。因此,我们明确提出了成立“项目部”和“专题研究工作坊”,引导教师“聚焦专题—建立组织—行动研究”。

有了前期的实践基础,教师们对“聚焦专题—建立组织—行动研究”的方式高度认可,自发自主自由结合,针对教学中的实际问题,形成一个个项目组,效果颇佳。“子美论坛”是学校学术分享的重要形式,每周一的“子美论坛”是雷打不动的学术交流活动。进入“新基础教育”实践研究初期,理论学习堪称重中之重,当“新基础教育”专家团队为教师推荐专业书籍之后,各级部教师别出心裁地进行联动教研:发起者购买书籍;按章节拆分并复印;自发认领学习内容;临时组建各章节的专题学习组;34 位教师组成了“‘新基础教育’研究手册”专题分享项目部;开展学术分享交流活动;分享结束时,项目部自行解散。在此项目研究中,每位教师根据学习内容,集体研讨,深入阅读,精心准备,分工协作,项目部所有成员为全校教师呈现了一场震撼人心的精神盛宴,使教师们对“新基础教育”有了深入的理解。整个研究过程一气呵成,研究结果更是扎实有效。

经过两年的研究与实践,依托“项目部”和“专题研究工作坊”推行“学科自治”和“级部自治”,打破了原有管理模式的局限,使校本教研更为高效。经过多次讨论和反复论证,创生出了一套完整的“多层级‘自转+公转’校本教研运行机制”。

三、多层级“自转+公转”校本教研运行机制

“多层级‘自转+公转’校本教研运行机制”依据沃伦·本尼斯的有机适应型组织理论,借鉴天体的自转和公转原理,围绕学校“享受教育”的核心理念,致力于焕发每个教师个体的内驱力,唤醒教师内在的生命自觉,实现其自我发展,即“自转”;每个教师在“自转”的同时,围绕学校核心理念和学科中心工作,聚焦实际问题,开展专题研究,即“公转”。通过这样的运行机制,努力让人人成为研究者和管理者。

“多层级‘自转+公转’校本教研运行机制”主要包括三个层级:

（一）三大“研究中心”——管理服务中心、学科发展中心、学生成长中心

为了实现功能整合，我们合并中层部门：将办公室、总务处、膳管室、信息技术部、安全保卫处合并重组为“管理服务中心”，为学校各项工作的顺利开展提供整体服务；将教务处、教科室、课程中心合并重组为“学科发展中心”，直接服务于“学科组”；将德育处、少先队、家委会合并重组为“学生成长中心”，直接服务于“级部”。三大研究中心实际上是“学科组”和“级部”的有效支持系统，为其提供全方位的协调和帮助，同时又保证“项目部”和“专题研究工作坊”围绕学校的核心理念和工作运转。

（二）“学科组”和“级部”

“学科组”在“学科发展中心”的支持下，主要领衔学科课堂教学改革，依托与学科教研相关的“项目部”和“专题研究工作坊”推行“学科自治”。“级部”则由各个年级组组成，在“学生成长中心”的支持下，依托与“级部”工作相关的“项目部”和“专题研究工作坊”推行“级部自治”，自主策划组织级部活动。各个“项目部”和“专题研究工作坊”在研究解决自身实际问题的过程中“自转”，同时又围绕着“学科组”和“级部”的整体教研规划“公转”，全体教师既是“学科自治”的主体，又是“级部自治”的主体，真正成了学校管理和校本教研的责任人、参与者、合作者。

（三）“项目部”和“专题研究工作坊”

有机适应型组织理论指出，有机适应型组织的组织结构是临时性的，权力和责任会根据情境和任务随时变化；组织围绕着有待解决的各种问题开展工作，强调组织成员的彼此信任与合作；组织内部的工作协调有赖于处在各个工作群体之间交叉重叠部分的人员，他们身兼数职，同时属于两个以上的群体；组织里的专业人员能得到更多的激励。这实际上与叶澜教授在“新基础教育”理念中所倡导的“非行政性组织”异曲同工。

而“项目部”和“专题研究工作坊”就是这样的有机适应型组织，以“项目引

领、任务驱动”开展专题实践研究。根据学校发展和自身研究的需要有机组合相关人员成立“项目部”，如课题研究、课程建设、学习培训、信息管理、综合评价、家校联盟、开放办学、膳食管理、安全保障、校园文化等项目部，各“项目部”再聚焦专题，建立一个或多个“专题研究工作坊”，开展行动研究。

“项目部”和“专题研究工作坊”的具体研究流程：①项目需要—聚焦梳理—提炼专题；②有机组织专业人员，建立“专题研究工作坊”；③聚焦专题—行动研究—反复验证—分享交流—成果推广；④将项目下属的不同“专题研究工作坊”的成果进行梳理、整合，完成项目。

在完成项目的过程中，每个教师都有着多重身份，在不同的专题研究工作坊中承担不同的研究任务，既符合工作实际，又体现了有机性、适应性。因为专题研究指向的是参与者在教育教学工作中遇到的实际问题，所以其参与研究的主动性、积极性、实效性也相对较高。例如，在推行学科自治的过程中，成立了“阅读研究”项目部，项目部内的百日阅读研究工作坊、“素音娟声”朗读研究工作坊、群文阅读研究工作坊等聚焦要解决的问题，并由教师们自由组合，随机建坊，开展专题研究。如群文阅读研究工作坊，聚焦群文阅读的课堂教学，围绕“课型结构研究”“如何做到语用与人文两大主题并重”“如何帮助学生形成对文本的多层次多能级的理解”等主题开展研究，反复验证，之后在“子美论坛”分享、交流、推广成果。

“项目部”和一个个“专题研究工作坊”在自行运转的同时又围绕“学科组”和“级部”运转，再汇集到“三大研究中心”教研体系，最终形成了一种符合自然发展规律、类似于太阳系运行的“多层级‘自转+公转’校本教研运行机制”，减少了管理层级，下移了管理重心，实现了组织结构的扁平网络化，通过三大研究中心、“学科组”和“级部”、“项目部”和“专题研究工作坊”之间的有效沟通协作，唤醒了组织和个体内部的发展动力。

四、效果与反思

(一)效果

1.形成了“聚焦专题—建立组织—行动研究”的“专题研究工作坊”研究机制

在学科自治的过程中,教师们结合自身的工作实际,提炼研究专题,自行组建“项目部”和“专题研究工作坊”,之后自行运转,解决问题。学校的支持系统适时介入,帮助总结提升,助推学科问题的研究与解决,逐渐形成了“聚焦专题—建立组织—行动研究”的“专题研究工作坊”研究机制,很好地解决了教师们在实际教育教学工作中遇到的问题,同时使教师养成了发现问题、研究解决问题的习惯。“专题研究工作坊”的研究机制目前也被运用在学校管理中,诸如十年校庆、艺术节等大型活动均采取了这种方式,逐一解决难题,促使活动取得圆满成功。

2.形成了研究创新和常规保证的教师发展动力机制

灵活组建的“项目部”和“专题研究工作坊”激发了教师参与研究的激情,唤醒了教师的内驱力,逐步创生了促进教师发展的新常规:学习—研讨—实践—反思。“新基础教育”实践研究开始后,围绕语文、数学、英语、学生工作等四个领域进行的每月一次的研讨活动,已经形成了“前移后续”(前三后三)的教学研究新常规:一是活动前,围绕专题进行理论学习和交流;二是确定研究课型和讲课内容,进行集体研讨和教学设计;三是反复磨课,之后是全员参加现场研讨活动(有“新基础教育”专家参加);四是还原专家评课及指导;五是反思自己课堂存在的问题和改革方向,提出重建建议;六是团队教师人人上重建课。如此循环往复的学习研讨有力促进了教师的专业成长。

“每天读书一小时,每周一篇叙事或反思,每天上好一节课,每期一次学术分享,每年一个小课题”的“五一工程”逐渐成为教师的生命自觉。2017 年 7 月,分布在“项目部”和“专题研究工作坊”的 100 多名教师潜心阅读“新基础教育”系列丛书,短短两个月的时间,人均阅读教学理论书籍两本,为“新基础教育”实践研究打下了坚实基础。教师们边学习理论边实践,课前研究教学设计,每天上一节好课逐渐成为常态。教师们人人建博客,逐步养成了记日志、写反思、谈心得、发博文的习惯:周素娟北京挂职30天,在博客中发表挂职日志27篇;李全明“国培”15天,在博客中发表“国培”日志11篇;王利“国培”15天,在博客中发表日志10篇……

“周素娟名师工作室”及时传递教师心声,开通了“周素娟名师工作室微信公众平台”和“素音娟声”公益广播电台,每天关注和收听人数达2000多人。微信公众平台不断推出教师微信专栏:《素音娟声》《巧巧心语》《平心而语》《涂涂说说》《岁月留香》《潇潇微语》《若有所思》《炎炎说吧》《楠得有你》《维维道来》……

在实践研究中,张爱红的第一本书《岁月留香》集结成册,近20万字;李潇《专业成长集》15万字,散文集《烟如云雾,花落流年》5万多字……教师们编撰个人文集共计47本,发表文章多达50多篇,出版了《巩义当代文化英才》《诗情画意话杜诗》等校本教材,编纂了“书法”“阅读晋级手册”“享受教育”系列丛书。2014年至今,教师们承担“‘子美之星’德育评价体系运用于小学德育管理的实践研究”等省级课题16项、市级课题12项,人人承担校级“微课题”研究。研究成习惯,反思成自觉,教师们记录教育故事,书写教育人生,形成了文化自觉。

3.形成了学科自治、级部自治的校本教研方式,落实了教研的重心下移

“专题研究工作坊”使学科自治、级部自治真正落到实处。各学科、各级部围绕工作实际,想方设法解决问题、形成策略,真正成了教育教学的实践者、研究者。在“友善课堂”专题研究中,教师在课堂中融入思维导图、手指操、冥想、开窗通风、听音乐等友善用脑理念,最大限度激发学生的大脑潜能,课堂更生态、自主、灵动,构建了关注学生生命成长的“友善课堂”。在“一师一优课”活动中,截至2018年2月,子美教师共晒课890节,参与录课315节次,上传课堂实录214节,目前获省级优质课11节、部级优质课4节。学科自治、级部自治给了教师极大的自主权,使教师真正成为研究者。

4.完善了“学生成长课程体系”

在专题研究中,教师们立足儿童立场,从学生的成长需要出发,充分挖掘校内外的资源,研发适合学生成长、满足学生个性发展需求的课程,包括必修课程、选修课程、“1+X”主题活动课程。“1+X”主题活动课程包括男生女生课程、爸爸妈妈课堂课程、综合实践课程、阳光运动会课程、艺术节课程、少年军校课程、子美小书市、校园吉尼斯、德育系列课程等。学生获省级奖励共计320余人次，获市级奖励600余人次，编撰学生个人文集和班级文集300多本。

“多层级‘自转+公转’校本教研运行机制”正在运用于学校管理的组织变革，促使人人成为管理者。

（二）反思

1.各领域的实践成果缺乏及时梳理、总结和提升

学校“项目部”和“专题研究工作坊”进行了大量的实践研究，但只有部分工作进行了梳理、总结和推广，还有部分工作缺乏梳理、总结，如双班主任工作、校本课程成果、学生评价、特色升旗仪式、课本剧排练等。教师们善于实践，但缺乏反思意识，不善于梳理、总结和提升已经取得的经验。

2.各领域的实践成果比较散乱，缺乏序列化

学校管理、教学改革、学生工作等各领域进行了大量的工作，组织了丰富多彩的活动，但各块工作缺乏整体性、系统性的思考，工作往往呈现出散点式，缺乏研究的专业性，缺少与理论的对接，形成的研究成果多呈现点状，需要整体思考、长远规划，以便序列化。

3.需要建立更科学的教师评价体系

“项目部”和“专题研究工作坊”更多的是依靠教师自身的专业素养、进取精神，自发自动开展工作，学校现有的教师评价体系无法衡量所有的工作，需要进一步完善，为教师的专业成长和持续发展服务，保证教师的工作激情和长久动力。

在校本教研的实践研究中，学校依托“项目部”和“专题研究工作坊”等有机适应型组织，使教师逐渐走上教育研究的幸福之路，让每个人在教育生活中遇见最美的自己，享受自主参与、相互合作、彼此尊重、共同成长的快乐与幸福。

简而易行 快乐锻炼

——三步球校本教材的研发与教学

案例持有人:姬彦忠

所在单位:濮阳经济技术开发区实验学校

主要合作者:刘广臣 王永兴 李宏伟 贾克军 魏志强

一、问题的提出

在体育与健康课程标准实施与体育教学改革中,校本教材资源开发和利用是构建以“身体健康、心理健康、社会适应”整体健康观为目标的课程体系的重要基础,是完善体育课程的重要保障。在丰富中小学体育教学内容和开发校本教材资源的过程中,学校可以对现有运动项目进行改造,使其适应本校学生体育教学需求,同时还可以发挥体育教师及学生的创造性,引入当地传统体育项目或开发新的运动项目,以丰富学校体育课程内容资源,开发简而易行的体育校本教材。

沙包是十分普及且简易的体育用品,也是中小学生游戏和锻炼身体的常用器材,但它具有一定的危险性和局限性。在掷沙包游戏中打伤脸部的情况时有发生,我们便组织学生创造新型沙包,利用体育教研活动开发新型活动项目。首先,改变沙包内的填充物,把原来的玉米、沙子、大米等易造成伤害的物品改为轻软且卫生的棉、线、布等物品,这样增加了练习工具的安全性;沙包的体积相对增大,更有利于学生抓、握或踢,这就是三步球活动用球的雏形。其次,在课堂教学的实践与应用中,发现学生喜欢把它作为足球或毽子踢着玩,由此我们创编了以毽球为原型的“二人制足式沙包运动”,后又更名为“软布球包”运动，但在“软布球包”运动实施的过程中，学生掌握踢、停等动作时不如毽球易掌握，经过长时间的练习，不能形成具有观赏性的比赛，导致学生的活动兴趣不高。我们发现有的学生在课间活动时，把“软布球包”当作篮球玩，受他们的启发，“软布球包”运动开始由脚活动为主改为以手活动为主。这是三步球项目原始的出发点。在师生共同的实践改进中，我们结合学生平时喜欢玩的沙包游戏，运用手球、篮球、五人制足球的技术动作和比赛方法，开始了“三步球运动”的研发之路。

二、成果内容

（一）三步球的概念

三步球是一项用手进行传、接配合，三步之内必须完成传球或射门动作的新型球类活动。运动技术主要包括移动、传接球、断球、射门、守门和战术。

（二）三步球的场地器材

三步球项目器材由三步球和球门组成。三步球（见图 1）是由六块类似于椭圆的皮革制成的，用安全、卫生的轻软物质填充的圆形物体，三步球小学生用球为周长 30 厘米、重 200 克，中学生用球为周长 40 厘米、重 240 克；球门是 1.2 米×1.6 米的圆弧形三步球专用球门（见图 2），由国家知识产权局认定为实用新型专利；三步球项目比赛的场地是椭圆形的三步球专用场地（见图 3），正式比赛场地小学组为 28 米×14 米、中学组为 32 米×16 米。

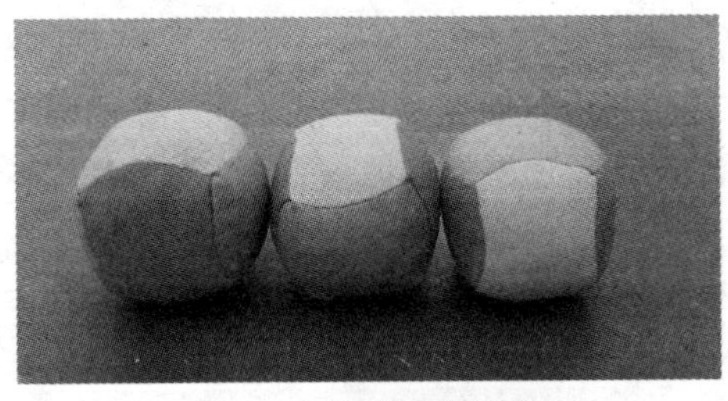

图 1　三步球比赛用球

图 2　三步球圆弧形球门

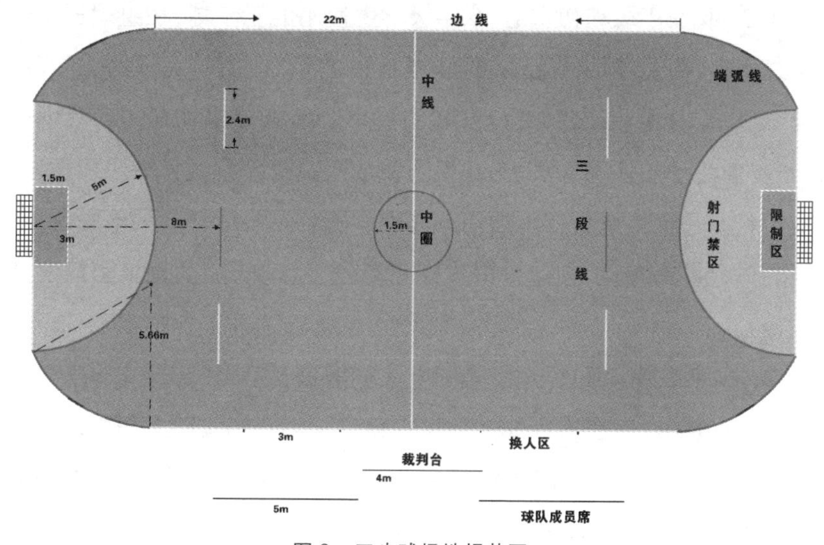

图3　三步球场地规范图

（三）三步球的主要规则

三步球每个球队由10名队员组成。正式比赛时，由两队在同一个场地各出6名队员进行对抗竞争，比赛分3小节共30分钟。在比赛中，队员可将球向场内的任何方向传、抛，可用膝关节以下的其他任何部位（膝关节除外）进行传、接、射等动作，可以持球向任何方向跨、转两步突破，在第三步落地之前必须传球或射门。队员将球射进对方球门得分，并阻止对方得球或得分。

三、成果研发的过程与方法

（一）研发实验阶段：三步球项目理论与实践体系初步形成

三步球项目的研发活动得到了濮阳市中小学教学研究室和学校领导的大力支持和帮助，学校教师自发成立了三步球综合实践活动小组，教师团队自主合作研发，学生积极参与，边实践，边思考，边改进。刚开始实验时，只是考虑怎样能使学生的沙包游戏条理化和规则化，后来在实践操作过程中，发现学生制作的沙包有大有小、有重有轻、各式各样，沙包的填充物五花八门，填充物存在安全、卫生等方面的问题。于是教师就发动学生针对这些问题进行探讨，确定了适合小学四、五年级和初中七、八年级学生使用的三步球；在组织三步球活动及比赛过程中，比赛场地的规格、球场各线区的设定、用什么样的三步球、队员及其分工、比赛时间和计分方法等问题，一个个地被提出又在实践活动中得到解决，三步球活动的比赛方法、竞赛规则和裁判制度等就这样一步步地生成，从而形成了具有一定体系的三步球活动规则。随着三步球活动的不断开展，学生的认识和体验不断深化，创造性的火花不断迸发，新的活动目标和活动主题不断生成。

三步球项目的核心设计理念是配合才能前进，协作才能成功。为了培养学生适应社会的能力，体育教师非常重视在项目的创新和实验过程中培养学生的竞争和团结协作意识。在不断探讨、实验、改进的实践活动中，这一核心理念得到了充分的体现。通过教学训练和比赛活动，学生逐渐养成了只有配合才能快速前进、只有协作才能体会团结合作带来的成功和愉悦感的良好习惯。

经过师生三年的努力和专家领导的帮助，2005 年 12 月，快乐三步球项目的基本知识、基本技术、比赛规则及裁判制度等理论与实践体系基本形成。经河南省科学技术信息研究院（原名河南省科学技术情报研究所）进行科技查新后认为：快乐三步球项目属于原创性体育项目，具有很强的可操作性，创新程度较高，在中小学体育课程教学和群众性健身活动中具有很大的应用价值。同时，三步球项目顺利通过濮阳市科学技术局的鉴定验收，并获得了科技进步奖。

（二）完善提升阶段：三步球项目课堂教学体系的完善与提升

三步球项目来源于课堂、应用于课堂。在课堂教学体系完善的过程中，学校相继完成了省市级课题 4 项，其中“创新运动项目开发体育校本教材”的课题是全国教育科学“十一五”规划重点课题的一项子课题。为了完善三步球项目在校本教材开发方面的理论体系，总课题主持人与合作学校领导、体育教师多次交流研讨。通过专家到学校现场指导和学校领导及体育教师到研修所进行专题培训、交流学习的形式，重点探讨了三步球项目在校本教材建设方面的发展和三步球课堂教学体系的丰富完善等内容。2014 年，学校承担的河南省基础教育教学研究室专项课题“在校本教研环境下对快乐三步球项目课堂教学的实践研究”顺利结题，为三步球课堂教学体系的完善奠定了重要的基础。

通过课题组、学校和市教育局的共同努力,结合三步球项目多年来实验实施的情况,在校本教材开发理论体系的指导下,学校于2007年7月出版了《三步球理论与实践》专著,2008年获得国家实用新型专利和全国优质课一等奖,三步球项目也获得了河南省基础教育课程改革优秀成果一等奖。同时,课堂教学系列教材和教具已经完成,主要有《快乐三步球教师用书》《快乐三步球教学参考》《快乐三步球学生用书》和《快乐三步球教学指导》多媒体教学光盘及自制教具各一套等。

(三)推广应用阶段:三步球项目在中小学推广应用成效显著

实践应用是检验课题研究和校本教材开发是否有生命力的主要手段。三步球项目自研发以来就一直在进行不同形式的推广应用。在不断的交流展示、推广应用过程中,三步球项目先后获得了国家实用新型专利、国家级基础教学成果二等奖、国家级自制教具二等奖等荣誉,并产生国家级优质课3节,其中一节在2015年第六届全国中小学优秀体育教学观摩展示活动中现场作课展示。2012年以来该项目小学组的“三步球移动传接球”和中学组的“三步跳起射门技术”参加河南省体育名师送教工程,目前已完成28个县区现场作课和体育教师现场比赛的送教工作。

在濮阳市教育局和河南省基础教育教学研究室的大力支持下,2010年濮阳市三步球校本课程教学研讨会召开,三步球项目已经在濮阳市中小学和五县二区普及开展,并在小学“曙光”、中学“晨光”活动中应用。2016年三步球项目代表河南省参加第三届全国中小学体育教师教学技能比赛,获得一等奖第六名的好成绩。2016年河南省首届三步球专题培训会召开,来自各地市的试点学校“种子教师”200多人参训,为三步球专题研讨和邀请赛等推广工作打下了坚实的基础。

四、成果特色与研修反思

(一)成果特色

第一,三步球项目侧重于发展学生的上肢力量及投掷技巧,注重锻炼、提高学生之间的配合、协作能力,并且具有场地器材经济实用、六大技战术体系具体明确、竞赛规则及裁判制度完善可行的特点。

第二,三步球项目的内容和方法能够有效地帮助学生达到体育与健康课程目标,有利于激发学生的学习和活动兴趣,对学生的配合协作意识、集体主义观念等也具有良好的影响。

第三,三步球教学活动能够对其他球类项目的学习起到正迁移的作用。在技术掌握和战术意识培养等方面,三步球是中小学生学习并掌握球类活动的快捷通道。项目运动量和难易程度适宜,非常适合在城镇、农村中小学校课内外开展。

第四,三步球项目的开发与应用解决了学校场地器材不足的问题,丰富了中小学体育教学内容,为经济欠发达地区和体育设施薄弱学校开发校本教材资源提供了范例。

(二)研修反思

1.体育课堂是课程标准实施和体育校本研修的主阵地

三步球项目的开发与实施就是在课程标准实施的大环境下,通过有机适应型组织理论的指导,对体育课堂教学过程中出现的现象进行深入的思考和系统的改创实验。我们在课堂教学过程中以研究学生的沙包活动为突破口,运用综合实践活动课程开展实验为主,在做、考察、实验、探究、设计、创作、反思、体验等一系列活动中,总结学生的体验、感受和经历,对沙包活动进行必要的改进和创新。从学生实践中来,再到学生的实践中进行检测和验证,使学生在感知事物、实际操作中,获得丰富的直接经验。学生知识的增长和能力的提升,都是在体育课堂教学过程中发现问题、思考问题、解决问题而实践完成的。可见,体育课堂是师生双边的共同活动,是体育校本研修的主阵地。

2.师生多向活动是课程资源开发和校本教材建设的主要形式

在整个三步球项目研发过程中,从制作沙包到动手制作三步球,师生共同搜集材料,准备工具,依照兴趣、爱好进行设计、制作和评价。从几人一组游戏活动和自主组织比赛到三步球各项技术的确定,小组共同演练、总结和推敲技术与规则。学生自主选择课程目标、内容、方式及指导教师,决定课程结果呈现的形式。整个研发过程是以学生为主体、教师做引导、小组巧合作的多边活动,在克服各式各样的困难中进行探索和创造,在很大程度上体现了学生活动的自主性,促进了学生主动、独立、合作创新意识的发展。教师也为学生的实验创新提供了广阔的空间和技术论证及理论总结。

任何教育教学案例的发生,都出现在教师与学生、学生与学生、小组与小组、班级与班级等多向的交流活动中。他们在教与学的活动中,相互激发灵感,启迪智慧。学生无意的练习行为引发体育教师的诸多思考,教师的启发引导让学生更加目的明确地实验创新,小组与小组之间观摩学习、积极研讨使三步球的开发应用更加完善合理。一个沙包综合实践主题活动把师生的多边活动整合在一起,形成了学习、教研与创新的共同体,从而实现了体育课程内容资源的开发与创新。

多维纵横，多平台支撑，构建教研新生态

案例持有人:化学教研组

所在单位:许昌高级中学

主要合作者:杜才盛　赵小强　冯涌

一、问题的提出

教学的内核是师生的情感交流与思维交流。这必然伴随着教师的情感涵养与思维的反思自省,伴随着教师和同伴间的情感交流与智慧分享。我国中小学浓厚的教研气氛和集体备课制,对于提升教育教学质量、教师的专业发展都起到了关键的作用。

伴随着社会信息化的发展,我们传统的教研活动从内容到形式都面临新的挑战。挑战首先来自教育"立德树人"总任务以及培养学生"核心素养"要求与我们现行教育观念、教学模式之间存在的一些矛盾。挑战还来自对大量年轻教师教育教学能力的快速提升上。年轻教师接收信息多,视野开阔,思维更为开放包容,且其社会责任感强,献身教育热情高。他们的不足之处是大学所学知识还难以和中学教学实践紧密结合,对学生的困难、困惑不甚了解,对教学目标、教育目的感受不深,对教育过程缺乏经验。如何通过教研活动快速提升年轻教师的教育教学能力,使之保持教育热情,成长为学校的骨干力量,是当前学校面临的紧迫而重要的任务,也是教研组建设的重中之重。教研组通过年轻教师提升工程,可以发挥老教师的示范引领作用,特别是彰显老教师的慈爱与关怀。同时也能促进老教师更新观念、贴近新时代的年轻教师和朝气蓬勃的学生,焕发整个教研组的活力,使教研组成为交流畅通、思想活跃、独立思考并愉快表达己见的沃土。

这些美好愿景的实现，关键在于组织交流并保持交流畅通。如何组织交流？如何在交流中使老教师和年轻教师都有很高的参与度并各自发挥独特作用？如何建设交流的渠道和平台并保持其高效顺畅？这些是新时代教研组建设的关键问题。不开辟新的交流渠道和平台，新老教师专业发展缓慢，就难以响应时代的发展要求，教研组的活力就难以激发；交流不顺畅、参与度不高，教研的效果就将大打折扣。

二、问题的解决

如何抓住机遇迎接挑战，建设富有生机和活力的教研组？如何开辟新的交流渠道和平台以服务教师、服务教研、服务教学？有机适应型组织理论给我们很大启发，即以事聚人、以事牵引、以志论道、分层教研，不同的事聚不同的人，加强“同质教研”，促进“深度教研”。组织交流的起点是事，以事聚人，以学生发展、教师发展、学校发展的目标驱动，在研究解决问题的过程中理顺人与人之间的关系，以新的师师关系变革教研方式，让年轻教师提升工程给整个教研组注入活力。

另外，信息时代最大的机遇就是交流沟通的渠道丰富了、方便了。信阳市羊山中学“三纵三横”的微信管理群给我们以具体的启示，即教研可以更多地借助 QQ 群和微信群进行实时沟通和持续交流。每个群都有独特的组织和功能，群与群之间相互联系、相互渗透、相互促进，共同构成了许昌高级中学化学组教育研究新的生态体系。我们称之为“两纵两横、三大平台”。

三、成果的主要内容

（一）两纵两横，实时沟通，持续交流

1.两纵

（1）各个教研平台的新老沟通。其操作重点是，教育研究、教研活动多给年轻教师派任务，多安排年轻教师发言、展讲，老教师观察、指点，年轻教师再答辩、说明，反复循环，逐层深入，形成切实可行的教学行动方案或深刻认识。

(2)以老带新,新老教师结对拜师形成师徒,具体到人的点对点纵向联系。老教师关怀指导,新教师奋力向上。新教师每节新课都要听老教师的,老教师也要每周都听新教师的课,既是学习指导,又能相互观察课堂,共同改进教学。师徒教研每年都有总结发言,三年出师。

这两方面的纵向,更是理念,指导三大平台注重老、中、青三结合。

2.两横

(1)微信许昌高级中学化学"未来希望群"。群成员全部为教龄低于5年的年轻教师,共计11人,占整个教研组人数的近三分之一。他们有相似的经历和追求,也有相似的困惑和烦恼,他们之间的交流能够深入涉及价值判断,相互形成心理支持。这可以看作横向交流——"同质教研"。"同质教研"概念来自华东师范大学胡惠闵教授的报告。微信群运行几个月来,他们随时交流教学中遇到的问题,例如过氧化钠与水反应,实验过程中出现酚酞褪色的原因;例如如何给学生讲解原理与习题。刚入职不久的教师问题更多,在一起交流更加畅所欲言,有时会迸发新的想法,更会在相互帮助的过程中共同提高。在学习上,交流分享比较欣赏的教学公开课,分享教学杂志上优秀且实用的文章,分享实用的教学网站等。他们大部分来自六所顶尖师范院校,各自都联系着六所院校的资源,合作使他们的备课、学习资源更为丰富,并惠及了全教研组。

(2)微信许昌高级中学化学"竞赛教练员群"。这属于横向的教研群,学术气氛浓厚。教练员不仅要解决高深的奥赛问题,还要解决平时教学遇到的棘手的化学问题,他们是化学教研组的学术核心。这不仅是横向的交流群,也是发散联通的群,因为教练员和全组成员有着密切的联系,大家有难以解决的问题都会请教教练员。作为教练员,更能自觉学习、钻研业务、应对教学难题和教学比赛。例如董晶亮老师,被选为化学竞赛教练员的近两年来,不断学习化学专业知识,阅读核心期刊,积累渐丰,专业发展迅速。当全省化学实验创新大赛即将举办时,他在平时积累的基础上,将电解水实验进行改造发展,解决了中学燃料电池演示实验问题。这个开创性的演示实验,对于燃料电池这个难点的教学大有助益。

（二）三大平台，以事牵引，活力澎湃

1.课题组

做课题，要求教育研究严谨规范又全面深入，有继承，有创新，有发展后劲。开展教育课题研究，是促进教师专业发展的强力催化剂。我们提倡人人有课题，从校级、市级做到省级，接受课题研究的训练，提升教育研究水平。课题组实行主持人负责制，根据课题研究特点招募成员，将研究任务分解到人，避免人浮于事。研究过程中每月有集中的研究讨论，平时有微信群和 QQ 群的日常交流。课题完成，相应的平台撤销。

2.年级备课组

这是常规教学研究的主平台，不仅有固定的集体备课时间和轮流的主持人，还渗透于平时，即在办公室研讨教学设计、重难点突破方案以及师生的困惑等。在工作之余，教师们还可通过微信及时沟通、深入探讨。观课议课、课例研究也主要在年级备课组进行。

3.化学教研组

每两周一次的全组成员参加的教研活动内容丰富，但它的主功能要牢牢把握，即它是全组融通交流的总平台，所以只适合部分成员的活动不应纳入全组教研。全组教研活动以以下三方面的内容为主：

（1）对其他各个平台和纵横网络进行检阅。例如课题组有了重大突破或课题结项，由课题组汇报研究过程和研究成果；师徒结对和“未来希望群”每年一次汇报发言；“竞赛教练员群”更要结合高考和教学热点经常作学术报告；各个年级备课组的难题也可以提交到全组教研活动研讨。

（2）安排适合全组成员参与的教研活动，例如学习新课标、新考纲等；分析高考试题、高考动向；学习新的教学方法；参观火力发电厂、自来水厂、污水处理厂、环境监测站、综合焦化厂、金刚石制造厂等。

（3）外部交流活动汇报。对外交流是教研组的雨露清风，是促进全体教师开阔眼界、吸纳新知、更新观念、变革行动的助推剂。我们化学组积极参加全国、省、市的教研活动、课题研究和各项比赛，参加活动的教师代表回来都要谈经历、说体会、分享感受。这也是我们教研活动不竭动力的源泉之一。

四、效果与反思

（一）效果

“两纵两横、三大平台”构建起许昌高中化学教研新生态。融通、支撑，使每位教师都身在其中而富有存在感，有身份、有任务、有作为，受关心、乐奉献、能交流。同时，交流和分享使得教师乐于思考、善于思考，持续提升化学思维能力，不断陶冶育人情怀，享受作为人民教师的崇高荣誉。

（二）反思

多维纵横，多平台支撑，构建教研新生态，其核心是联结与高效。实现联结与高效，教研组长的精心组织和着力推动是至关重要的。但同时，教研组长必须以服务的态度将教师们推到前台，让年轻教师当主角、显风采，让老教师做后盾、显慈爱。

教研的微生态建设亟须展开。由于我们化学教研组“两纵两横、三大平台”建设尚处于起步阶段，所以还未进行微生态建设。但是教研的微生态交流是不可或缺的，是值得深入研究的。

教研活动行政要求多，部分教师动力不足、自发性不强的问题依然存在。构建由下而上、教师们普遍积极参与教研的生动格局，突破口和着力点在哪儿，也是很值得研究的。

“以微见大”
——郑州市第十一中学化学组的“微教研”

案例持有人：敬小娟

所在单位：郑州市第十一中学

主要合作者：黄元东　张浩杰　陈晓飞　丁小威

近年来，我校立足自身实际，开展了形式多样的教研活动，并且这些教研活动已成为学校发展的动力与保障。为努力开创校本教研工作新局面，我校鼓励各教研组立足实际，勇于创新，不拘形式地开创学科教研新局面，提高校本教研实效性。在基础教育课程改革实践中，我们化学教研组积极开展校本教研工作，全体教师不断进行探索、研究、反思：探索校本教研的新方向、新特点；研究适应新课程教学的新方法、新路子；反思我们在课堂教学中遇到的新问题、新挑战。教研组以促进每个学生和每位教师发展为宗旨，以教师为研究的主体，以新课改实施过程中出现的各种具体问题为研究对象，大胆尝试“微型课”“微专题”“微课程”“微课题”等一系列形式新颖、有效的“微”教研活动，得到了学校领导和组内教师的一致好评。

一、教研过程与方法

（一）微型课

微型课的重要性可以从职称答辩、教师培训、教学竞赛、教师选拔、教师评价、优质课比赛都采用微型课的形式来体现。一节微型课用时约为 15 分钟，具有“具体而微”的特点，执教者只有突出教学重点、难点，精选教学环节、精练教学语言，方能在规定时间内完成教学任务。

微型课是一节完整课时教学过程的浓缩，是一种形式齐备而规模较小的课。虽然没有学生的参与，但常态课的基本环节，如导入、讲授、总结、板书、练习、作业等要素，都一应俱全。微型课不同于说课，说课的重点在“说”，在于介绍自己的教学设想，告诉大家准备怎么上，为什么这么上，就像设计师介绍自己的图纸，而上微型课就好比设计师亲自施工。相对于说课，微型课更能在较短的时间内考查一个教师的实际教学水平、教学基本功和基本素养。

郑州市第十一中学化学教研组采用微型课这种方式助力校本教研的设想始于 2015 年年底，并于 2016 年上半年实施开展，全组教师采用“15 分钟微型课：听课—评课—议课—修课—改课—上课”这种教研模式推进教学，收获颇多。微型课不仅有利于课堂观察，提高教师业务水平，更可以应用于日常教研活动中，为化学组日常教研增添新活力，助推化学教研迈上新台阶。

（二）微专题

自 2017 年 1 月起，全校实行大教研组集体教研，成立学科教研中心，固定教研地点。为了调动大家的教研积极性、充实教研内容、提高教研实效性，化学教研组每周确定主题与发言人，精心准备发言主题，开展全组研讨，教研结束后书写教研活动总结，留存教研资料。发言的主题涉及教学问题、教学技巧、教学思考等方面。我们把教师发言的主题叫作“微专题”。微专题研究对提高教师业务能力大有帮助，教师能够对一些教学重点、难点及核心问题、教学技巧把握得更清楚。

（三）微课程

微课程是“微型视频网络课程”的简称，是一种时间在 10 分钟以内，有明确教学目标，内容短小，能集中说明问题的教学视频课程。它是翻转课堂的有力助手，是学生在自媒体时代自主学习的良好工具。2015 年，学校曾开展“电子书包进课堂”的实验，我们老师曾接受过微课视频制作的简单培训。一节 5—10 分钟的微课需要教师精心备课、细致讲解。学生可根据自己的程度灵活学习微视频中的知识点，对学习进度进行合理安排，针对薄弱之处重复观看以加强理解。结合微视频，学生在课前通过先学先练的方式掌握基础知识，发现自己的疑惑,而这些疑惑正是学生课堂学习的重点。学生课前观看微视频,提高了自主学习能力;课后学习微视频,可以更明确学习重、难点,学习更有针对性,提高学习效率。我们可以把一周学习的重点、难点或下周要预习的内容,抑或对一道难题的讲解制作成微课发送至微信群或 QQ 群,供学生反复学习观看,实现课堂教学和课下教学相结合,巩固学习效果。

(四)微课题

教而不研则浅,研而不教则空。我们要求在一学年中化学组成员至少申报一个省级或市级研究课题,课题内容可以针对课型模式、教育前沿、教研动态、教育过程中遇到的教育问题,在教学中开展扎实的实验研究,形成研究成果,丰富科研形式。同时为了激发大家的科研热情,争取做到组内"人人有课题,人人有论文",我们在省、市级课题基础上衍生出若干个子课题,在校内开展微课题研究。

微课题即"微型课题研究",也称微型科研,教师需将日常教育教学过程中遇到的问题进行梳理、筛选和提炼,使之成为一个课题,并展开扎实的研究。套用一句罗丹的名言:教研中不是缺少课题,而是缺少发现课题的眼睛。问题即课题,教学即研究。在日常的教育实践中,教师面对的教育现象和规律作为纯粹的客观存在,不会自动地进入教师的大脑成为思维作用的对象;只有当教师意识到教育现象和规律的存在,并提出了"是什么""为什么""怎么样"等问题后,才能去关注和研究这些问题。因此,我们要求教师要有问题意识,即要求教师必须具有一双慧眼,具有一颗匠心,在纷繁复杂的教育教学工作中发现有意义的现象,在纷乱迷离的工作实践中发现有价值的规律。

微型课题研究是一种我们以前尚未接触的校本教研方式,虽然我们的实践和探索时间不长,但却给学校注入了全新的活力,得到了教师们的好评和热情参与。

二、教研成果

(一)微型课

2016 年 2 月至 5 月,全组 15 位化学教师采用微型课教研方式推进教学,同组教师受益匪浅。2016 年 5 月 18 日,我校召开了化学教研组第一届微型课比赛，有4位老师分别进行了微型课展示。敬小娟老师的“苯酚的化学性质”活动设计全面到位，知识拓展延伸合理，教师语言精练、授课有感染力。王燕老师的“同分异构体书写密码”知识点讲授详细，方法独特，学生推广使用效果好。李可可老师和陈晓飞老师作为新入职青年教师，讲课仪态自然大方，授课思路清晰，板书规范，成长迅速。

2017年10月25日，我校召开了化学教研组第二届微型课比赛，有6位老师进行了微型课展示。丁小威老师的“化学反应为人类提供能量——原电池”实验设计新颖，小组视频录制有创意。李可可老师的“化学反应为人类提供能量——原电池”实验，利用创新实验装置——电流传感器结合信息技术展示原电池中的电流变化，变抽象为具体，实验效果好。黄元东老师讲“金属钠”这一节课也用创新实验装置演示了钠和水的反应，解决了反应产生气体的检验问题。张浩杰老师的“电解质在水溶液中的反应”课件制作精美，语言表达清晰，课程环节设计紧凑合理。张丹霄老师的“SO_2 的性质”采用了创新实验装置 SO_2 集成器，检验了 SO_2 的物理性质与化学性质，实验现象明显且污染少。陈晓飞老师讲“硝酸”一课时案例翔实，解题方法总结到位。

在这两届的微型课比赛中，每位参赛老师都做了精心准备，都能依据课标整合教材，强化学生的动手、探究能力，更可贵的是，青年教师的创新意识很强，开发了一系列创新实验服务教学，为日常教学增添了亮点。

（二）微专题

2017年2月至6月先后有9位老师进行了主题发言，刘政老师作第一次教研发言《优秀学生的培养》，此外还有张成林老师的《工艺流程图题的思维模型构建》，于新义老师的《例谈硝酸的守恒关系》，李建新老师的《动手课堂，自主高效》，张秋霞老师的《化整为零，分段突破》，张丹霄老师的《与量有关的离子反应和未知氧化还原方程式的书写》，陈秀红老师的《同分异构体的书写》，孔大伟老师的《化学知识点默写的必要性》……专题研讨后请发言的教师对该次主题教研活动进行总结，并尽快整理出文字材料，发送至化学组公共邮箱，最后打印成册，形成校本教研成果记录《郑州市第十一中学化学组主题教研微专题合集》（第1期），作为交流资料供组内教师分享学习。随着教研的不断深入，我们还会推出第2期、第3期等一系列校本教研案例。

（三）微课程

我们开展微课程制作之后，动员组内青年教师积极参与微课程视频制作，每周至少推送一节微课程视频。目前我们制作的微课程视频有《阿伏伽德罗定律及推论的应用》《配置一定物质的量浓度溶液的误差分析》《胶体的性质和应用》《离子方程式的正误判断》《离子共存》《例谈三个守恒关系》《原电池和电解池的工作原理对比》《原电池电极反应式的书写》《电解池电极反应式的书写》《电解的应用》《化学平衡的图像分析》《等效平衡》及《有机物同分异构体的书写》等10多节微课。

在化学课堂教学中，微课的实践应用可以科学分散化学知识点，降低化学课程知识理解与记忆难度，有利于学生科学记忆重难点知识，在脑海中构建知识板块，更好地将化学知识应用到实践中，将化学知识学活，并以此辅助化学课堂教学，为化学课堂增添一抹新色彩。

（四）微课题

选题小巧、研究灵活是微课题的显著特点，它存在于教育教学的每个环节，甚至每个细节之中。而我们是教育教学的实践者，有着丰富的探索机会，有着最佳的研究视角，是最有资格的研究者。基于这样的认识，我校遵循“问题即课题，过程即探索，收获即成果”的理念，以现实问题为中心，着眼于问题解决，追求在实际中进行微型课题研究。

我们申报了一项省级课题，即“高中生化学实验‘问题解决’认知心理的实证研究”，并荣获河南省教育科学研究优秀成果一等奖，两项市级课题“高中生化学新课程化学演示实验创新研究”“基于问题驱动的高中化学课堂教学模式探究”待结项。为了保证省、市级大课题的顺利结题，组内老师认真研讨并根据自己的特长爱好，选择与大课题相关的问题确定微型课题。最终我们将大课题分解，从中衍生出了4个校级微型课题，即“自我提问在化学实验问题解决中的应用”“数据驱动教育教学”“化学演示实验创新原则探讨”“问题驱动式的化学课堂研究”。分解后的微型课题更贴近实际教学，操作起来也更简单易行。

微课题研究是学校教研教改工作的重要一环,它使教师在教学平台上迅速地进入教育研究状态,有效地促进其自身的专业化发展,带动教研组的教研水平不断提高,增强了教研组的教研活力,最终也促进了学校整体教研水平的提升。

三、活动效果

化学教研组的微教研从构思到实施有一年多时间,校本教研成果如下:

(1)上微型课共计 15 节,成功举办两届组内微型课比赛。通过微型课比赛,大家熟悉了微型课的流程,凝练了语言,提升了上课技巧。我们总结了上微型课的六要素:切入课题要迅速、讲授线索要清晰、教学设计有亮点、教师语言要得体、课堂板书要简明、课后小结要快捷。

(2)微专题讲解共 9 次,编辑一本《郑州市第十一中学化学组主题教研微专题合集》(第 1 期)内部交流资料。我们要继续推广沿用微专题的教研模式,同时将专题研究变成课题研究,将专题研究和课题研究结合起来以提高教研水平和实效性。

(3)制作的 13 节微课程视频,全部经微信推送至家长群用于学生周末学习,其反馈效果良好。微课程是一种丰富的教育资源。教师合理使用微课程配合自己的教学讲解,可以弥补实验条件的缺陷,微课程同时也增加了化学学习的趣味性,激发了学生对化学的学习兴趣,提高了化学教学的质量。

(4)教研组确立省、市级科研课题 3 项,衍生开发校级微课题 4 项,充分调动组内教师的教研积极性,充分发挥个人的聪明才智,使所有成员都成为教科研的主力军。微型课题形成于学校的日常教学生活中,只要多留心、多探讨、多感悟,就会有取之不尽的课题资源。教无止境,微课题的研究也永无止境。

我们会坚持用"微专题贯穿,微型课助力,微课程添彩,微课题提升"的思路,着手规划"微讲座"及"微课堂",形成化学教研组校本教研的"微系列","以微见大",在创新中求发展,切实提高校本教研的实效性。我们开展"微教研"的时间不长,校本教研成果还不够丰富,但只要我们有热情、有想法、有行动,我们坚信化学组的校本教研一定会硕果累累。发展无止境,创新无止境,郑州市第十一中学化学组的课堂改革、校本教研永远在路上。

依托教师学习共同体以微课题研究带动教研组建设创新

案例持有者及所在单位:河南省淮滨高级中学

河南省淮滨高级中学(以下简称“淮滨高中”)在“教育:生命对生命的影响”办学思想指导下,全力推进基于教育科研的教师成长体系建设。教研组是学校组织教学的基层单位,是教师进行教学研讨、生发教育能力和产生教育智慧的源头,是促进教师专业成长和发展的重要平台和阵地,也是学校推行素质教育、推动课改深入进行的主力军,加强教研组的建设是学校发展的一个重要前提。只有完善和重视教研组建设,才能更好地引导、激励教师向着科学正规的专业化成长目标前进,从而真正把课程改革落到实处。在当今教育改革的大环境下,学校正在经历一场整体转型性变革,变革中教师的主体地位前所未有地凸显,作为教师个体与团队的组织载体,教研组成为这场变革的关键。教研组应该如何顺应时代变革实现自身的建设创新,是值得我们思考的问题,而依托教师学习共同体以微课题研究带动教研组建设创新是我校探索实施的一个重要策略。

一、微课题研究提出的背景

20 世纪初,人们开始对组织展开系统的研究,大致经历了传统组织理论、行为科学组织理论和系统管理理论三个阶段。之后,美国的本尼斯建构了一种新的组织发展模型——有机适应型组织。本尼斯认为,有机适应型组织是由各种专家组成的有适应能力的、聚焦于问题解决的、临时的多个系统,它们在评价任务的管理专家的协调下成为一个不断变化的有机体。

当前中小学教育科研工作越来越注重求真、务实，这为教研组教师开展教育科研、进行建设创新营造了良好的氛围。由于微课题具有切入点小、针对性强、研究周期短、易操作等特点，淮滨高中从2012年起实行课题微型化，在做实、打响学校精品课题的同时，规范微课题研究，使之成为淮滨高中各教研组开展教育科研的重要方式。

淮滨高中将有机适应型组织理论与校本教研相结合，在每个教研组均成立了教师学习共同体。每个共同体有3—6人，也可根据需要和发展情况不断调整。因为人数少、灵活度高、便于管理和组织，教师学习共同体的成员更方便围绕同一任务开展工作，也便于在互相影响下不断修正、调整思路方法，通过不同形式的探究、学习、研讨、反思，促进教师专业发展和教研组建设的创新。其中具有淮滨高中特色、基于教学实际的微课题研究是基于教师学习共同体开展合作探究、共同提升的校本教研的重要途径。微课题研究既是淮滨高中校本教研的重要组成部分，也对教研组建设创新起到带动作用。

微课题研究把教师在教育教学工作中遇到的具体问题作为研究对象，将课堂、教研组等场所作为研究基地，将追求教育教学工作的改进与提高作为主要研究目标，实现了研究对象的具体化、微型化，研究成果的多样化、实效化。开展微课题研究，可提升教师教育科研素养，促进广大教师实现从教育经验型向教育科研型的转变。概言之，微课题研究是学校教师校本培训的有效载体。

二、依托教师学习共同体开展微课题研究的过程与方法

教师常常会萌生教育灵感，每天都会面临教育实践问题，他们从自身感受到的诸多细节和多种因素中，更能直接地获得真实而生动、丰富而鲜活的研究素材。微课题研究的价值和意义就在于通过反思、探索，找到解决教育教学实践问题的方法途径，用以指导下一步的教育教学。

淮滨高中依托教师学习共同体以微课题研究带动教研组建设创新的过程方法如下：

(一)建立和完善学校微课题研究制度

制定并不断完善《淮滨高中微课题研究实施方案》,制定实施细则,出台相关制度,对微课题研究的开展过程进行管理和评价。

(二)组织引导教师开展微课题研究

1.课题申报

学校教科室每月月初通过学校网站、微信群等平台发布微课题研究的立项申报通知,确保学校教师及时了解相关内容。微课题研究的立项申报通知包括立项申报的总体要求、申报对象及数量、指导课题、申报材料格式及时间、组织管理等内容。

(1)立项申报的总体要求是坚持以推进基于教育科研的教师专业发展成长为方向,以切实提高学校教师教育科研能力为目的,坚持通过课题研究、科研带动,将课题研究与解决教育教学实际问题相结合,与提高学校课堂教学效果、提升学校教师专业素养和学校教育质量相结合,使之成为推动学校教育改革发展和质量提升的有力抓手。

(2)申报对象是学校全体教师。每个微课题含主持人1人,参与者不超过3人。

(3)选题方面由教科室根据学校教育教学阶段性工作突破重点,发布若干指导性课题,供教师作为研究课题参考选用。教师也可立足学校教育实际、立足本职工作,从教育教学、课堂改革、课程建设、德育工作、班级管理、学生发展、文化建设等实践遇到的问题中提炼确定,自行选择课题进行研究。

(4)申报者需按要求填报《河南省淮滨高级中学微课题申请·审批书》一份,申报时间为每月1—5日。

2.研究的开展

教师学习共同体根据需要选择不同合作方式进行微课题研究。尽管每个学习共同体人数不多,但完全可以共同完成一个微课题。每个学习共同体成员之间、不同共同体之间都可展开横向与纵向的合作交流。通过这种纵横交织的研讨交流,教研组不断学习新思想、适应新变化、探究新问题、推动新变革。

(1)选题确定后,教师根据"立项申报通知"的要求填报《河南省淮滨高级中学微课题申请·审批书》,并在规定时间内交给教研组、教科员,相关材料以年级为单位统一报送教科室,以供检查评审。

(2)研究过程中如遇到困难,可以请年级教研员、教科室专业人员给予指导和帮助,或由学校出面邀请校外专家给予指导。

(3)教师学习共同体需从学校的实际出发,通过合作探究、深入思考、反复论证不断完善修正研究方案,确保课题的科学性、创新性、实用性,使研究的课题有实际的意义与价值。

3.结题管理

学校教科室在每月下旬发布当月微课题结项工作的通知。当月完成的微课题可以按要求上报。承担微课题任务的教师根据微课题结项工作的要求,在规定时间内提交各项材料,并以年级为单位上报教科室。我校对课题研究报告的撰写和格式提出了具体要求,并规定了结项材料报送的时间、地点及方式。教师需提交《河南省淮滨高级中学微课题结项申请·审批书》、成果主件(研究报告)、成果附件(立项申请、发表或交流的相关论文及其他过程性资料等)。

(三)加强组织管理,定期评审与表彰

为进一步调动教师参与的积极性,提升微课题的质量,提升教师科研能力,促进教师的专业成长,淮滨高中对每月上报的微课题进行评审、表彰、推送。

在微课题的组织管理上,淮滨高中微课题立项申报工作由学校主管,教科室组织实施,各年级教科员协助开展,依托教师学习共同体具体落实。为提高申报工作质量,各年级教科员对申报材料按要求进行初审、指导、把关。学校教科室对课题开展的过程进行管理,定期组织指导、咨询、检查、评审、展示活动,真正发挥课题研究的功能和作用。

1.课题评审

由学校教科室组织微课题评审小组严格依据评审标准,进行匿名评审。

2.总结表彰

每月评选出优秀微课题,在学校网站上公示后进行表彰,颁发荣誉证书。

3.成果推广

将优秀微课题在学校网站和微信公众号上推送，以供全体教师参考学习，使研究成果及时推广。

（四）搭建有效平台，促进科研带动

1.网络平台

着力建设基于网络的教师发展平台。学校努力建设具有较强选择性、实用性的教育教学资源库，创设良好的学习环境，为教育教学提供优质服务，鼓励教师开设个人博客、教育微信群，促进教师之间互动交流、经验共享，提高资源使用效度。

2.展示平台

积极实施教师培养工程，进一步做好各级名师、学科带头人、骨干教师的评选工作。积极开展各种业务技能竞赛，开展“聚焦课堂教学”系列活动，通过组织评选典型教学案例、教育叙事、优秀教育科研论文等微课题研究活动，为广大教师开辟互动交流的通道，搭建展示才华的舞台。

3.交流平台

邀请名师专家到我校讲学，聘请专家跟进指导，每年有计划地组织学科带头人、骨干教师到教育发达地区考察、学习，打通交流渠道，为广大教师搭建学习平台，拓宽教师视野，转变教育观念，推进素质教育和基础教育课程改革的深入实施。坚持举办教育教学研究沙龙，发挥学科带头人的中坚作用，鼓励名师、学科带头人创设自己的“名师工作室”，为广大教师答疑、提供教学资源。

4.科研平台

一是建立、健全校本教育科研制度，构建教师学习共同体，致力于把学科组建设成为学习型、研究型组织，开展学习型教研组评优活动，把共同学习、合作研究、互动提高作为校本研训的核心理念，切实保障校本教研的成效。通过各种教研活动和理论学习，提高广大教师的教学分析与设计能力、教学实施与调控能力、教学总结与反思能力，真正提高教学素养。实施“六个一”工程，即每人参与一项课题研究，每月写一篇教学反思或案例分析报告或教育叙事，每学期读一本教育理论专著，每学期做一次教研活动的中心发言人，每学期写一篇经验总结或科研论文,每学年开设一节优质观摩课。

二是积极开展行动研究。教育行动研究的特点是以实践为导向,研究来源于实践。教育行动研究的目的是强调教学即研究,避免教育科研与教学实际分离。通过聘请专家开设多种讲座,指导教师读书,使教师了解教育研究与日常教学融合的意义与方法。定期举办行动研究沙龙,促进教师对话与交流,分享研究经验与成果。

三是继续深化课堂教学改革,进一步优化课堂教学结构,让每节课都成为高效课堂。学校鼓励教师从课堂教学实践出发,以改进教学模式、优化课堂结构为载体,深入研究提高课堂有效性的途径与方法,积极消除不良因素对课堂教学的影响,在提高课堂教学质量的同时也为教研组微课题研究提供资源。

三、依托教师学习共同体开展微课题研究取得的成果

淮滨高中教师学习共同体在研究微课题的过程中充分发挥组织形式的优点,结合学校发展特点,深入探究具有实际意义的微课题,形成了微课题的常态化研究。这些微课题极大地丰富了淮滨高中校本教研的内容和内涵,增强了淮滨高中教师的科研意识和能力,为教师在平时工作中遇到的问题提供指导方法和理论依据,是教研组建设创新的动力源泉。

(一)提升教师的教育科研能力,促进教师专业成长

淮滨高中培育教研组名师培养工程初见成效。学校依据名师培养工程,以学校为阵地,以教师为主体,以活动为载体,形成了比较成熟的培养体系,培养出一批研究型、专家型教师。学校现有特级教师4人,省级名师3人,国家级骨干教师5人,省、市级学科带头人、骨干教师150多人。学校于2017年推荐申报省级骨干教师5人,市级骨干教师6人,市级学术技术带头人1人,县级骨干教师15人;推荐申报15项县级综合实践活动设计方案(其中6项申报为市级),申报立项省级课题3项、市级课题5项,参加中国人民大学附属中学国家级重大课题子课题申报;结项省级课题3项、市级课题8项、县级课题9项。淮滨高中加强教师发展型学校的建设力度,并成功承办首届“中原名师信阳大讲堂”。

（二）运用科学的组织方式，打造研究型教师团队

淮滨高中有一支团结协作、敢于担当、善于管理、业务精良、勇于创新、特别注重学科教研组内部教师专业发展的干部队伍。在学校的科学管理下，每个年级每个学科教研组均成立了教师学习共同体，每个共同体由3—6人组成，坚持定期研讨、交流，每月开展不同层次的微课题研究。

（三）发挥团队的智慧，集体攻关，助力学校重大工程的实施

1.以微课题研究的形式解决学校发展的重大问题

淮滨高中在李明校长的带领下，通过多年的实践探索，凝练出“教育：生命对生命的影响”这一教育思想。近年来，淮滨高中聚焦教育思想引领下的教育实践，以学科教研组课题研究的方式丰富和发展教育思想，组织申报微课题72项，厘清了在教育思想引领下关于“课程、课堂、评价、教育科研、教师发展、信息技术与课堂融合、活动开展”的实践方法，进一步明确了学校的发展方向。

2.整合微课题研究成果，构建校本课程体系

2013年以来我校有序推进精品课、主题性特色课堂、微课题、月课题的评比活动，并将积累的成果整理成《微课题成果集》《精品课成果集》等，优秀校本教材如《高中语文选修读本》《诗词意象文化内涵解读》《从审美借鉴到个性写作》《自主导学教程》，形成了校本课程如德育、生涯规划、创客、素拓训练等。

3.以微课题研究为导向，集中解决学校教育教学阶段性中心任务

（1）深化课堂教学改革。淮滨高中教研组以良好的课题科研风气，促进课堂教学改革不断深入。我校“三段六块、立体交叉”课堂教学模式曾获河南省基础教育教学成果一等奖、国家级基础教学成果二等奖，而后在此基础上进一步提升形成了“学习前置、问题驱动”课堂教学模式。如今，我校继续深化基于“让学习发生”的课堂教学改革。2017年10月的指导性微课题即聚焦于“让学习发生”的课堂教学研究。

（2）推行有效作业。当前，提高作业有效性已经成为课程改革的重要课题。根据新课程的理念和要求，淮滨高中引领教师以学生为本，优化作业设计，提高作业质量，改进作业批改方法，提高反馈和评价的有效性。2017年11月的指导

性微课题即重在有效作业的策略研究。

(四)走向专业学习,推动教研组建设创新

教研组文化是教师成长的"小环境""小气候",良好的教研组文化有利于教师形成正确的态度与价值观。淮滨高中通过开展微课题研究加强了教师的合作、研讨,形成了良好的文化氛围,促进了教师的共同成长,也推动了教研组建设的不断发展。

1.创新教研组教研模式,凝聚团队共识,形成共同体文化

对教师专业学习共同体而言,共同体文化是凝聚成员共识的情感依托。从某种意义上看,教研组建设创新必须要实质性地走向专业学习共同体,也就要求必须塑造一种协作型共同体文化。具体而言:首先,形成心理约定。教研组成员之间不是简单的"同事"关系,而是一种稳定的"专业伙伴"关系,这是基于合作需求与机制的一种心理约定。心理约定源于共同体成员间的情感依赖,是生成教研组共同体文化的感情基础,是促进持久合作的心理基础。其次,培养合作意识。教研组在重视教师个人学习和反思的同时,更要强调教研组学习共同体教师间的专业切磋、协调、交流与合作,共同分享经验,互相学习,彼此理解支持,共同成长,防止教师遇到孤立无援的情况。最后,创新教研模式。教研活动是教研组践行合作型共同体文化的平台。教研组要促进教研活动有效转变与创新,打造多样化的教研形式,如主题经验分享、同仁省思对话、教学档案袋制作与分享、微课题研究等。借助这些活动增进教师对共同体文化的认知,最终实现教研组合作型文化及合作智慧与能力的提升。

2.教研组建设创新之研修活动机制的再完善

教研组研修活动的创意设计和有效开展,需要学校相关保障机制的创建和完善。因此,学校创建并完善了教育教学视导机制、梯队教师发展机制、激励表彰机制等。这些机制同时发力、共同推动教师专业发展,为教师专业发展和教研组建设创新创设良好的环境。

(1)建立教学视导机制。教学视导以教学精细化管理为保证,旨在督促、检查教研组常规工作的落实,夯实教学基础。视导团队根据不同的教研组特点设计视导目标。视导工作围绕"8+1"模式进行,即"8 项调查检验"和"1 个教学质

量改进亮点”。“8 项调查检验”内容如下：找每位教师做一次访谈；听教研组每位教师至少 1 节课；备课组做一次备课展示活动；教研组做一次教研组展示活动；做一次教学常规检查；结合教学常规，做一次教学质量改进的具体实施效度展示；教研组组长完成一次视导汇报；安排一次视导总结反馈经验交流会。目前，每学期学校均对全校各年级坚持进行 1—2 轮视导。

（2）构建导师制梯队教师发展机制。教师的发展原本存在着不平衡性，我校对教研组教师的专业发展不采用“一刀切”做法，而是根据个人基础、期望创设分层推动的导师制梯队发展机制。学校以“自下而上，自上而下”的方式让教师通过主动申报、学校讨论审核，确定骨干教师梯队名单。教师确认申报的梯队后，填写学校下发的《导师制梯队任务目标责任书》，根据培养方案中的师德修养、学历进修及职称晋升、教育教学、科研水平、信息技术等几部分内容细化发展目标，年终进行自评、年级组考核、校级考评，考核通过则发放导师制奖励津贴，考核未通过则取消奖励津贴。

（3）建立表彰激励机制。学校为导师制梯队教师提供各项鼓励政策，每学年考核合格后，根据考核情况为每个梯队发放数额不等的奖励。学校为骨干教师提供较好的教研条件，优先解决必要的专业培训经费；在学校审核批准的情况下，骨干教师享受外出培训及交流机会。每年的教学技能大奖赛学校均设“优秀组织奖”“优秀学习实践共同体奖”，评选表彰以教师共同体的工作业绩为指标，定性与定量相结合，邀请专家共同评定。

3.构筑标杆管理的教研组评价问责机制

基于标杆管理的评价问责制度是学习共同体规章制度体系中的重要一环。它不仅强调对专业学习共同体自身发展过程和成效的评估，还强调对专业学习共同体制度体系本身建设状况的评估。评价和问责在驱动组织学习的力量中扮演中心角色，学习共同体需要的是一种关注过程、结果及其与组织目标相关的价值承载型评价。作为一种改革创新的管理工具，标杆管理让专业学习共同体能够以一种客观和可测量的方式基于现有绩效水准对自身进行评估、改进和提升。对于教研组而言，标杆管理过程能够为教研组决策提供更加广泛的支持，使其可以致力于整体性的组织评估。鉴于此，教研组要实现向专业学习共同体的转型，必须践行标杆管理的评价问责机制。

借鉴专业学习共同体基于标杆管理的评价问责机制的实施程序，我校教研组通过以下五个基本环节引入评价问责机制：(1)诊断教研组发展现状。从改进和提高教研组绩效的角度出发，全面审视和考察教研组工作的方方面面，并根据教研组发展目标确定用标杆管理什么、谁来进行管理，即明确教研组标杆管理的主体和内容。(2)确定教研组标杆识别对象。在评价和问责中，标杆对象即为学习的对象，是进行教研组评估和问责的参照标准。标杆对象的选择直接影响评估的成效，因此在选择对象时要结合自身实际，选择具有可比性、相似性，又在整体上或者某一方面领先自己的教研组。(3)分析差距和原因。教研组明确自身与标杆对象在绩效水平上的差距，并分析两者存在差异的原因，最终确立教研组未来要达到的绩效等级水平。(4)标杆管理的实践行动。该工作包括制订计划、实施计划、评价调整三个阶段。制订计划即教研组根据差距分析制定实施方案，明确计划中的重点、难点，预测可能出现的困难，确定对实施情况的考核标准等。实施计划即标杆管理的具体落实。评价调整即对标杆管理的实施过程进行监控和评价，并采取必要措施加以修正和调整。(5)循环提升。基于标杆管理的教研组评价问责机制是一个持续运行、循环往复的过程，并在这种循环过程中不断获得发展和提升。

四、效果与反思

以教研组教师学习共同体为依托，以微课题研究为平台和抓手，对于教研组建设的创新有着非常重要的意义：凝聚散点形成专题，使教研活动清晰有序；从统一到开放，专题研究融入常态，确保教研活动深入高效。由此，我校在教育教学的实践过程中收获了一定的成果。为了更好地依托教师学习共同体以微课题研究带动教研组建设创新，在以后的工作中我们可以从以下几个方面进行改进：

(一)坚持自我适度超前学习

教育改革的理论若不深入到教师个体层面进行内在理论的重建与实践行为的更新，就不可能产生真实、持久的效果。因此，在教育教学研究性变革实践的开展过程中要采取“理论先行、持续导航,实践跟进、迁移转化,自我建构、同生共长”的策略,逐渐提升教师的专业素养和理论水平。

(二)开展专项理论实践培训研究活动

由于教师个体的差异,在学习共同体内部存在教师之间理论水平不平衡,年龄、经验等方面差异较大的情况,由此导致共同体的培养目标难以统一。在今后的工作中,教研组可根据学校和各共同体的实际情况,以教科室为主导,开展专项理论实践培训研究活动。

(三)微课题研究应注重成果的推广

不管什么类型、什么级别的课题,其成果推广都是考量研究成果优劣的重要指标之一。微课题也是如此。如何帮助教师提炼课题的成果并采取合适的方式、载体加以推广,是一个需要重视的问题。

教师专业发展是教育的永恒主题,是学校发展的动力源泉。淮滨高中依托教师学习共同体以微课题研究带动教研组建设创新虽经历了风雨磨砺,但成效明显。我们始终相信这条探索教师专业成长的道路会越走越宽、越走越顺。

小学教师专业发展“258”梯队培养的策略研究

案例持有人:华秀娟
所在单位:洛阳市实验小学
主要合作者:李青青

一、问题的提出

日益深入的新课程改革不仅为学生的成长提供了广阔的空间和机会,也对教师的专业发展提出了更高的要求。目前,在教师专业发展方面,学校大多采用“专家报告”“外出学习”等形式对教师进行培训,以期提升教师的专业素养。在长期的教育教学工作实践中,我们发现,教师参加这种形式的培训往往是当时“听着激动”回来“还是不动”,虽然参加了培训,但其个体内在的发展愿望没有被充分激发。在培训学习中一些教师处于被动甚至应付状态,学习效果差,专业发展难遂人意。

唯物辩证法告诉我们,外因是变化的条件,内因是变化的根本,外因通过内因起作用。我们提出从内因的角度重新考虑教师的专业成长与发展,站在学校管理的角度,思索如何为教师搭建平台,激发教师成长的内在动力。

近年来,洛阳市实验小学在如何促进教师专业成长方面不断探索,启动了新一轮的教师发展培训,明确了教师发展培训的目标:“每位教师都是不同的,都是不可替代的。努力让每位教师成为最好的自己。”力求在教师发展培训中,寻找到一条适合教师发展的有效途径。通过对教师专业发展现状的调查,我们发现,他们都有不断成长的愿望,会在同事之间谈论自己的专业发展,有时会有些反思,但还没有把反思与实践紧密联系,形成习惯。多数教师虽然有愿望,但是没有目标，也缺乏路径与规划。同时，在管理机制方面，自上而下的教育组织方式也制约着教师的自我认同和发展。在学校管理层面，有必要以有效的组织形式引导教师进行专业发展规划，让教师获得清晰的自我认知，激发自我发展的愿望，规划自己专业成长的路径。

二、解决问题的过程与方法

我们以有机适应型组织理论为指导展开研究，形成合理的组织结构。以课堂为抓手，坚持实践研究，以教研为主渠道，确保研究的科学性和有效性。同时，加强校本调研，对实践成果进行科学的检验，为研究提供科学依据。

（一）研究的过程

2014 年 6 月至 2014 年 8 月是研究的准备阶段。我们先进行了一系列的问卷调查及分析，撰写了分析报告。结合调查问卷的分析情况，我们确立研究目标重在采用有机适应型组织形式，以教师发展“2 5 8”梯队建设（即工作 2 年成教坛新秀，工作 5 年成学科骨干教师，工作 8 年成校级名师）为抓手开展研究。

2014 年 9 月至 2016 年 4 月是研究的实施阶段。我们进行了每年度的教师外出培训数据分析，对教师进行培训需求问卷调查，确立了我校教师发展的“三格”（入格、升格、风格）培养目标。2015 年开始，我们出台了《洛阳市实验小学名优骨干教师发展规划》，制定了《洛阳市实验小学名优骨干教师评选管理办法》，建立了“2 5 8”教师发展梯队。

在建立梯队的基础上，我们也以各项工作为抓手，不断地锻炼、培养教师梯队。我们结合我校“自主体验三维度”体验式校本教研模式，以研究为抓手，在“2 5 8”教师梯队培训中开展校级课题研究。

2016 年 5 月，我们的研究已经取得了一部分成果。但我们在研究的过程中发现，中老年教师的学习动力较为不足，专业发展愿望不强烈。“2 5 8”教师梯队培养的策略研究还需要深入，研究效果需要进行更加系统的验证。我们认为有必要将此研究深入进行下去。因此，2016 年 9 月，针对学校中年以上骨干教师的发展需求，我们又在“2 5 8”教师发展梯队的基础上增加了“10”的发展目标,即参加工作10年及以上的教师可以申报校级学术技术带头人。我们同时出台了《洛阳市实验小学名优骨干教师奖励制度》,为相关梯队的教师确立了持续性的奖励目标,激发了教师专业化发展的需求和动力。在这近一年的时间内,我们对研究的数据与资料进行了更为客观、科学的分析,至2017年7月,较好地完成了研究资料搜集与成果汇总工作。

(二)研究采取的方法

1.数据统计分析法

数据统计分析是指用适当的统计分析方法对搜集来的大量数据进行分析、对数据加以详细研究,提取有用信息从而形成结论的过程。这一过程也是下一步决策判断的支持过程。

例如,为了摸清教师的发展需求现状、专业现状,有的放矢地进行教师梯队建设,我们从以下三个方面进行了数据搜集与统计分析。

(1)教师队伍的数据分析。从2013年开始,学校教科研室就有了一项常规的项目——教师现状的数据分析。我们试着通过教师现状的数据分析,来为教师成长情况把脉。首先是对学校教师的年龄、学历、骨干教师情况的统计与分析。目前,学校教师85%都在40岁以下,平均年龄36.8岁,其中6年以下教龄的新教师占了全校教师的三分之一。研究生学历4人,本科学历179人,大专学历53人,中专学历13人。统计分析后,我们也发现了教师队伍的整体特点:教师整体素质高,年轻的团队使学校充满生机和活力。(见图1,图2)

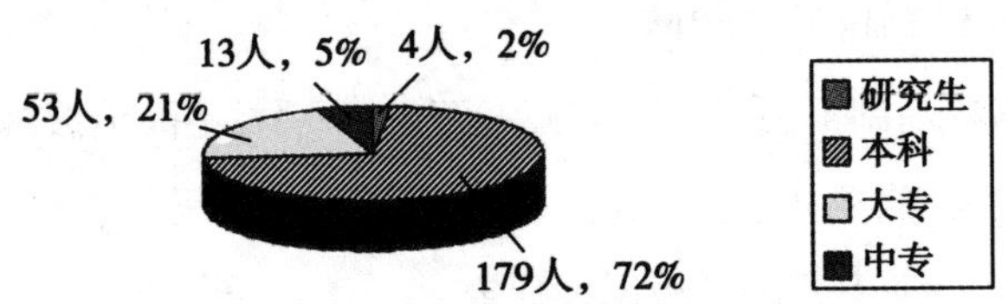

图1　洛阳市实验小学教师学历信息统计

(2)教师成长现状的分析。每年的9月份,我们都进行教师专业发展需求问卷调查。调查显示,95%的教师在教学中能认识到自己的不足,97%的教师有进修学习的愿望,教师都愿意对学校的教师培训提出自己合理化的建议。

(3)校本研修现状的分析。为了加强教师在校本研修活动中的主体地位,

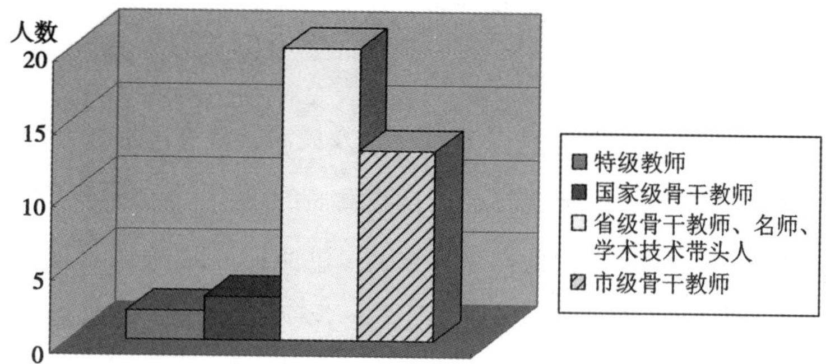

图 2 洛阳市实验小学各类优秀教师人数

我校在每年暑期的教师集中培训前，都会面向全体教师进行调研，发放《暑期培训意向调查问卷》，了解教师的学习需求和喜欢的培训方式。

我们还针对教师外出培训的情况进行了持续的跟进式数据统计与分析。以下是2016—2017学年第一学期外出培训的数据统计表：

2016—2017学年第一学期外出培训统计表

分析项目	分布维度	人次	分析项目	分布维度	人次
校区分布	凯东	33	地点分布	市内	15
	洛浦	29		省内	22
	新区	31		省外	57
职级分布	校级	9	学科分布	语文	32
				数学	30
	中层	17		英语	9
	教师	68		体育	9
教龄分布	5年以下	13		音乐	7
	6—15年	36		美术	0
	16—25年	39		科学	2
				信息技术	4
	26年以上	6		品德	1

该学期，教科研室共组织教师校内培训330人次，其中全员参加的学期初大型通识性培训1次共2天。校外培训94人次，其中9月份24人次，10月份32人次，11月份29人次，12月份9人次。整体来看，该学期10月、11月为我校外派培训的高峰期。从校区分布来看，培训情况为校区间教师人数不一致。从

学科分布来看，美术教师的外出培训机会需增加。

2.问卷调查法

我们设计了《洛阳市实验小学教师专业发展需求调查问卷》《小学语文教师自我诊断调查问卷》等，以了解教师对自我发展的认识。此外，我们还围绕“你理想中的教师”“你希望学校为你在教学上提供何种帮助”“你在教学中最大的困惑是什么” 等问题，举办座谈会、个别谈心会等活动，在老、中、青不同年龄层次的教师中展开调研。

3.自我观察陈述法

“2 5 8”梯队教师需对自己的教育教学行为进行观察反思，认清差距，讲述自己的教育教学故事，在讲述中完成自我观照。我们要求教师在有一定的教育教学经验和基础、保持良好心态、自我静心的情况下触及内心。校级骨干教师吕姗姗在《和八年前的自己聊聊天》一文中这样写道：从迷茫、青涩的年轻教师到教学工作游刃有余的教师，我在悄悄地发生蜕变，回顾八年的教学生涯，我心怀感恩。正是因为有了学校搭建的一个个教师成长平台，我今天才能自信地站在讲台上，充满期望地向心目中的名师迈进！

三、成果的主要内容

（一）确立了“2 5 8”教师成长梯队“三格”培养目标

我校教师发展的目标是：“每位教师都是不同的，都是不可替代的。努力让每位教师成为最好的自己。”在此目标的指导下，我们根据教师的教龄情况，探索出了“2 5 8”教师成长“三格”培养目标：

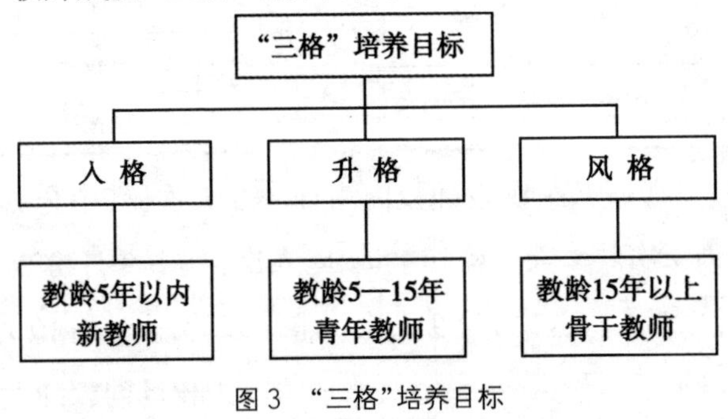

图3 “三格”培养目标

新教师“入格”培养。新教师为执教时间少于5年的教师，为缩短磨合期，通过强化理论知识、实践操作、岗前培训等方式，使新教师快速上手。通过实施“青蓝工程”，激励每位新教师在参与教学与实践研究中“入格”。

青年教师“升格”培养。青年教师为执教时间在5年至15年的教师，通过开展读书论坛、教师讲堂、外出学习等活动，让他们自觉践行学校的教育理念，培养其创新能力。

骨干教师“风格”培养。对执教15年以上、取得突出成绩的骨干教师，学校本着“干着今天、准备明天、想着后天”的指导思想，使骨干教师充分发挥争做名师的积极性和创造性，最终成长为具有个性化教育风格的名师。

（二）构建“2 5 8”教师成长梯队体系

学校出台了《名优骨干教师培养、评选及管理办法》，分别设立校级教坛新秀、骨干教师、校级名师、校级学术技术带头人等梯次，构建了“2 5 8”教师成长梯队体系。

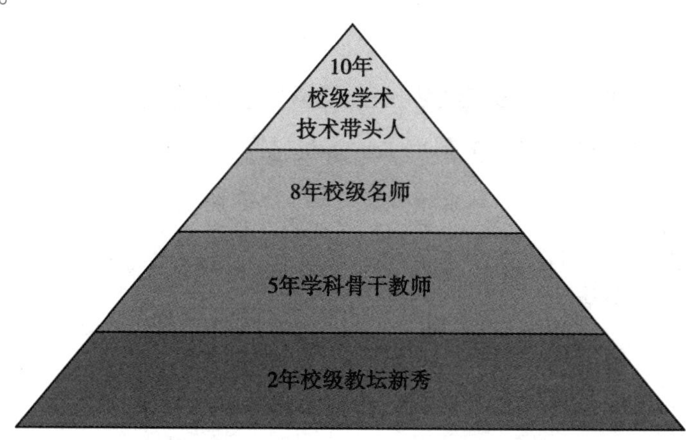

图4 “2 5 8”教师成长梯队示意图

四、研究的效果

（一）“2 5 8”梯队带动——引领教师成长

近年来，借助“2 5 8”教师发展梯队的东风，教师发展的愿望越来越迫切。在我校，2014年首批“2 5 8”名优骨干教师申报30人；2017年10月，新一批

“2 5 8”名优骨干教师申报的人数达到57人,加上前两批申报的教师,名优骨干教师人数达到103人,占全校教师总数的40%。一大批教师在工作中快速成长起来。截至目前,学校产生了2名省级特级教师、1名国家级骨干教师、2名河南省教育专家、4名省级名师、7名省教育厅学术技术带头人、10名省级骨干教师、7名洛阳市特级名师。在洛阳市各项教师业务竞赛中,学校教师获奖的人数和级别均居首位。

(二)学术活动——搭建学术交流的桥梁

根据学校的教师发展规划,2013年至2017年,学校将围绕不同的主题开展学术节。2015年5月17日、18日的第三届学术节主题为“课程,让师生成为最好的自己”,推动教师大胆展示自己的课程。洛阳市实验小学也被授予“中国好老师”基地学校。2016年5月20日、21日,我校举办了主题为“学校治理和学校形态的规划与发展”的第四届学术节,将“2 5 8”教师发展梯队的相关工作正式推向了项目化、流程化。

(三)区域带动——辐射“2 5 8”梯队建设成果

2014年,学校牵头成立洛阳市小学实验研究专业委员会。无论是学校组织的体验式课堂研讨,还是专家入校交流,学校都会邀请县、区学校的教师共同分享,学校的辐射和影响力进一步增强。“2 5 8”教师梯队成员先后有20余人次到县、区学校上示范课、开讲座,“2 5 8”教师梯队发展的成果在一定范围内得到推广。一大批中青年教师到县、区进行支教帮扶活动。

(四)书籍出版——提升教师发展动力

在“2 5 8”教师成长梯队的建设过程中,学校教师通过实践、思考、反思,形成了大量的优质案例与心得,学校把这些研究资料搜集整理后,出版了一本本书籍,有《人因思而变》《课程因你而变》《读出来的好教师》等。这些书籍既是教师辛勤劳动成果的展示,更是教师专业化水平再提升的能力内化。

五、存在的问题和思考

目前,我校对教师梯队的规划与培养方面的研究已经比较成熟。但是,我们也意识到,整体提升教师专业化的同时,还需要充分发挥教师的个性特长。在教师个性化的专业发展方面,如何发现、挖掘教师的专业特长,形成教师独有的、具有较强影响力的教学风格,我们还有较长的路要走。

教师发展需要激发教师的内在成长需求,但是,物质方面的奖励也必不可少。如何有效地平衡精神奖励与物质奖励的关系,让教师的内在原动力占主导因素等方面的问题还有待进一步探索。

以有机适应型组织理论
改进校本教研方式，推进教师专业化成长

案例持有人：马保利
所在单位：鹤壁市师范学校附属小学
主要合作者：罗宏钟

一、问题的提出

校本教研对于创造性地实施新课程，全面落实教育改革目标，切实提高教学质量，提升教师专业水平，促进学校健康发展，具有十分重要的意义。将教学研究的重心放在学校，建立与新课程相适应的以校为本的教学研究制度，是当前学校发展和教师成长的现实要求与紧迫任务，也是深化教学研究改革的方向和重点。我校近年来一直尝试从学校和教师的实际出发，以有效的教研活动为载体，探索适合学校发展和教师成长的校本教研形式，并取得了一些成效。但是在学校教研工作的开展和实施中，我们发现了一些问题和缺陷：一是教研形式比较单一和呆板，教师的主体性还没有很好地发挥；二是教师培训还是采用灌输为主的方式，很少考虑教师个体的感受和需求；三是教研活动中教师间的交流大多停留在表面，专题研究不够深入，对问题和方法的探究缺乏“质的研究”。

校本教研强调学校是教学研究的基地，教师是教学研究的主体，促进师生共同发展是教学研究的直接目的。自我反思、同伴互助、专业引领是开展校本教研和促进教师专业化成长的基本要素。校本教研对改进教研机制，推进新课程实验，实施科研兴校，具有十分重要的现实意义。

为此，我校坚持以校为本、科学指导的原则，以有机适应型组织理论改进校

本教研方式，有效促进教师专业化成长，不断提高教育教学质量，形成了学校办学特色。以有机适应型组织理论改进校本教研方式，更符合学校多样化、个性化发展的趋势，是教师专业化成长的重要途径，更是学校针对实践需要更新教研制度的一种必然选择。

二、解决问题的过程与方法

我校通过不断丰富、完善教研活动形式，引导校本研究工作向纵深发展。

（一）积极开展专题报告型教研

1.邀请教育专家作报告

我校充分认识到专业引领的重要作用，借助省、市教育专家、名师、教研员的力量来共同提升学校的教研质量，促进教师快速成长。近年来，我校邀请中原名师董文华，省级名师元献华、刘俊峰等人来校作学术报告，深入课堂指导教学。同时，积极邀请市教研员来校走进课堂、参与教研、跟踪指导，帮助大家更新观念、开阔视野，解决教师在教学实践中的各种困惑，有效提高业务水平。此外，学校还利用周三、周四的业务学习时间，组织教师观看教育名家的学术报告。专家报告使广大教师明确了努力方向。

2.学校领导作报告

在校本教研中，校长既是参与者又是指导者。我校每学期坚持开展“校长讲座”活动，由校领导亲自作业务讲座，介绍国内外先进教育教学信息和课改成果，并结合学校实际问题提出对策，进行专题辅导。这既是对学校管理的极大促进，又是对教师的专业引领，收到了较好的效果。

3.学校骨干教师作报告

我校每学期都要召开各种经验交流会，由学校各级骨干教师介绍经验和体会，以切身感受诠释对课改的理解。近年来，学校定期召开了教学经验交流会、课外阅读指导交流会、班主任工作交流会、课题研究交流会等，共有 10 余名骨干教师作经验报告，通过介绍典型、树立标杆、实施榜样激励，收到了以点带面的效果。

（二）深入开展问题式教研

问题式教研即各教研组围绕一个具体教学问题进行深入的研究和讨论。教学问题主要来源于两方面：

一方面来源于一线教师。每学期，学校都要下发《教师教研需求调查表》，让教师提出教学中存在的各种问题和困惑，学校把存在的共性问题提炼成若干个专题，然后组织大家在集体教研时研究讨论。比如，四年级组教师在进行阅读教学时，对如何通过学习重点段落理解课文内容存在一定的困惑，开展教研活动时年级组就以此为专题进行了深入细致的研讨。经过讨论，大家达成共识。

另一方面来源于学校日常教学管理。学校领导在平时听课中，发现个别问题，进行个别处理；发现共性问题，则交给年级组，让大家讨论。比如：在听课调研中，校领导和业务科室发现有的教师不够注重教学实效，有的教师课堂导入过长或不切合实际，有的教师开展合作探究时，课堂上热热闹闹，学生却没有实际收获。针对这些情况，学校组织教师针对“如何提高课堂教学的实效性”进行专题研讨，总结出如何处理教与学的关系、如何在课堂中落实合作探究学习等问题及解决方案，使大家有了明确认识。

此外，学校还先后组织教师针对“如何科学地设计作业”“如何根据学生实际开展预习”“面对学力水平明显不同的学生，如何进行分层教学”“低年级学生的行为习惯如何培养”等问题进行专题研讨。两年来，通过问题式教研，我们不断发现问题、解决问题，虽然我们教师不是教育专家，但是却成了解决实际教学问题的能手。

（三）持续开展课例研究式教研

课例研究式教研以教学课例为载体，围绕如何上好一节课而展开，研究过程渗透或融入教学过程，贯穿于备课、上课、评课等教学环节之中，活动方式以同伴年级组成员之间的沟通、交流、讨论为主。两年来，我校实践了课例研究式教研的多种模式。

1.同课循环

同课循环就是同一个教师连续多次上同一课，内容重复，但教学行为却不断改进。具体流程一般为：教师特别是年轻教师独立备课、上课；备课组或教研组听了教师授课之后，针对课堂教学存在的问题进行分析、讨论，集思广益；上课教师根据建议形成新的方案，再次上课。上课教师和同事对第一轮和第二轮授课效果进行对比，明确进步的方面，分析存在的问题，进一步修订方案，进行第三轮授课。如此循环，上课教师反思整个过程并写成教学课例。实践证明，这种方式对培养年轻教师，提高他们的教学技能和水平，帮助他们解决教学中的问题，效果显著。

2.同课异构

同课异构是指同一课，不同教师有不同构想、不同上法，大家在比较中互相学习、扬长避短、共同提高。其流程一般为：教研组或备课组商定出相同的教学主题，由两个以上的教师分别备课、上课，教师集体听课、评课。实施这一模式有利于教师在开放、多元的教学环境中，学习和借鉴他人的经验和做法，形成和发展自己的教学特色。

3.互助式观课

互助式观课是一种横向的同事互助指导活动，既不含自上而下的考核，也不含自上而下的权威指导。其目的主要是使双方通过观课，在某些事先预设的共同关心问题方面进行研讨、分析和切磋，从而改进教学行为，提高教学水平。这种观课由于不涉及褒贬、奖罚和评价，授课者在课堂中无须刻意展示自己的长处而隐藏自己的短处，完全可以真实地表现自我，使课堂保持自然性，而观课者由于能观察到真实的问题，可以有针对性地帮助授课教师进行反思，寻找问题答案。

4.邀请式观课

邀请式观课就是上课教师主动邀请同行或专家听课。如果说，互助式观课侧重于问题诊断，那么，邀请式观课则侧重于成果鉴定。教师就课改的某一专题，在经过一段时间的改革探索后，取得成果，课堂发生了实质性的变化，为了从多角度对自己的改革探索成果进行评价，教师主动邀请有关专家、教研员和同事前来观课，其流程一般是：教师公布自己的上课内容和研究主题；向其他教师发出邀请；观课教师认真阅读相关资料；观课教师进入课堂现场观察，并针对研究主题作出相对规范性的评价。

5.反思式观课

我校近年来创造性地开展了"镜子课堂"活动,教师成为观察自己课堂的主人。这种课例研究模式是借助录像来实现的。其流程一般是:学校在"纯自然"的状态下,为教师摄制"家常课";然后授课教师自己反复观看,实事求是地剖析和反思自己的成功之举和不足之处,对自己的教学行为开展批评和自我批评。反思式观课能够使教师看到真实的自我,促使教师重新审视和评估自我,直面自我、反思自我、修正和完善自我。

(四)灵活开展互动式教研

1.教师互动

利用教研时间,先后安排骨干教师上研讨课。课前,首先由授课教师进行说课,上完课之后,由授课教师进行自我反思,然后,听课教师和授课教师进行互动交流。大家围绕本节课进行研讨,畅所欲言,各抒己见,在研讨中共同提高。

2.师生互动

学校开展了"学生眼中的教学精彩回放"征集活动,通过书面交流,营造师生间平等对话的氛围,让教师以学生为镜子进行自我反思、自我选择、自我改进。

3.家校互动

学校请家长走进课堂,与孩子们共同上课。学校设立家长开放日,一至六年级的学生家长可以走进校园,深入课堂,和孩子们一道共同体验新课改带来的成功与快乐。学生家长可以观看教学展示课,欣赏各班的特色成果汇报。在展示课上,每位教师都充分展示自己的才华,使每节课都精彩纷呈。各班的特色成果汇报内容丰富、形式新颖,有古诗联诵、速算巧算、特长展示、读书汇报、诵读比拼、看图说话、小小英语角等。教学展示课和特色成果汇报为每位教师、学生和家长提供了一个学习交流的平台,课后家长针对所听的课从自身角度与教师、校领导共同座谈,交流思想,增进家校之间的了解和沟通。另外,我们通过书信、调查问卷、开通校长热线等形式加强与家长的交流,也收到了很好的效果。

4.校际间互动教研

为了加强校际之间的交流与合作,我校在市教研室的帮助下,与鹤壁市第四小学进行了区域性集中教研,这一做法加强了校际间的校本教研交流,利于取长补短,互相促进,收到了较好效果。

在创新校本教研方式的初步实践与探索中,我们体会到了改变给我们带来的喜悦,它为学校各方面的工作注入了生机和活力,特别是教师的主体意识增强了。在校本教研中,全体教师都是参与者、指导者、研究者,教师成为研究的主人,这使他们达到一种更高的境界:课改发展与否,我的责任;学校发展与否,我的责任。教师在实践中不断发现新的问题,这些问题又成为我们研究的主要内容,同时校本教研还促进了学校管理。

三、效果与反思

近两年,通过以有机适应型组织理论改进校本教研方式,我校教师的专业化水平得到提升,学校教学工作得到全面推进,得到了社会的认可,《鹤壁日报》《淇河晨报》等媒体纷纷介绍推广我校的教研方式。在取得的效果方面,一是完善了我们学校的校本教研制度及激励机制,调动了教师教学研究的积极性和创新性,教师校本教研观念得到树立,教研热情得到激发,营造了生动活泼、团结向上的氛围,形成一种既团结紧张又心情舒畅的局面,教师养成了积极参与的自觉性,有力地促进了教师自身专业的自主发展,提高了教师的教学能力,推动了教师的专业化成长。二是实现了校本教研与教学的紧密结合,促进了课堂教学有效、高效地发展,提高了教学质量及教师的教学研究水平。三是营造了严谨、务实、民主、和谐的教研氛围,有效开展了教师间的交流与合作,建立起了平等、合作的伙伴关系,教师间也形成了互相学习、共同切磋、取长补短、分享经验的习惯,提高了教学研究水平,提高了教学质量。四是全校上下学习氛围非常浓厚,教师的课余生活丰富多彩,逐渐打造出“终身学习”型的教师队伍。五是教研成果不断涌现。近两年,我校有省、市级立项、结项课题20余项;我校连续被评为市级教研先进单位;教师在各级各类报刊发表教育科研论文10多篇;全校共有教师20多人次在省、市级教育科研活动中获奖。

当然,在具体的教学实施过程中我们学校还存在着一些问题。例如:教师流动性强,新参加工作的教师科研能力薄弱;教师工作压力较大,校本教研时间有限;校本研究活动开展不够全面、深入;个别教师对活动重视不够,认识存在较大差异,特别是有极少数教师不能及时完成学校布置的研究任务;等等。

反思的本质是一种理解与实践之间的对话。以有机适应型组织理论改进校本教研方式,要求每位教师都要认真总结我们现有的教学工作:哪些做法值得肯定?哪些做法需要改进?这种认真反思与总结的过程,本身就是一个教学研究过程。

以有机适应型组织理论改进校本教研方式,推进教师专业化成长,不仅需要实现办学理念的提升、学校管理的变革,更需要实现教师培养方式的转变。而实现提升、变革与转变,需要一个扎扎实实的过程,需要干实事、讲实效的作风。我校愿和广大教育同仁一道不断研究,不断探索和创新,走出一条校本研修的新路,为教师专业发展作出应有的贡献。

小学教师走班教学的探索

案例持有人:魏锋

所在单位:巩义市涉村镇第三小学

主要合作者:李会聪　杨瑞红　张玉莲　翟素霞　翟晓霞

一、提出问题

校本教研就是为了改进学校的教育教学,提高学校的教育教学质量,从学校的实际出发,依托学校自身的资源优势和特色而进行的教育教学研究。校本教研的基本特征是以校为本,强调围绕学校自身遇到的问题开展研究。学校是教学研究的基地,教师是教学研究的主体,促进师生共同发展是教学研究的直接目的。但是,教研如果不与教师的教学实际直接结合、联系,教研成果往往就不能很好地被转化利用,就会导致教研的效率低下、教师教研的热情不高等问题。

我校的现状及面临的问题有:只有三个年级是双班,其他为单班;骨干教师调出 7 人,新进教师 5 人;个别教师教学经验不足,教学流程不熟,重难点把握不准;语文、数学教研组组长刚刚实习期满,经验不足;教师对校本教研的认识较为模糊。针对现状,为了增进教师之间的交流学习、共同提高,确保教学教研相结合,为了加强备课、授课、课后的反思研究,为了调动学生的积极性,使教师更清晰地发现自己的优缺点,我校在认真落实教师课前二次备课、课后做好教学反思,教研组开展小课题研究的基础上,受教育体育局曾安排“体音美教师走课”的启发,尝试推行了“教师走班教学”,有效地推动了学校校本教研的开展,快速提高了教师的整体业务水平。

二、解决问题

根据我校实际情况，在新老教师之间、缺乏经验和经验丰富的教师之间、同头课教师之间、新授课和已授课教师之间，推行"教师走班教学"。所谓"教师走班教学"，是指学生不变、教室不变，教师在同伴互助的前提下，深入交流，共同备课研究，形成优质教学设计，由一位教师到其他班级完成走班教学，或者两位教师交换班级进行走班教学，或者一位教师就同一节课在不同的班级(包括自己任教和非自己任教的班级)中完成走班教学。同伴或教研组成员共同听课、评课，进行课后反思，以促进教师改进教学过程，提高教师个体的教学能力，促进教师专业成长。

教师走班教学与一般的学生走班制相比，前者以教师为主体，适用于教研活动，后者以学生为主体，适用于教学活动。

教师走班教学要求教师之间或者在学科教研组内，共同研究课程标准和教材，讨论教学方法，共同研究教学中应注意的问题，兼顾学生的基础和实际情况，确定教学目标，博采众长，集思广益，实现资源共享，达到优化备课环节的目的。第一步就是认真走课，指一位教师将研究出的备课内容用到自己班级和其他班级的教学。第二步，走班教学之后，听课教师要对讲课教师进行中肯的评价，同时，组织学生代表对讲课教师的授课情况进行反馈。学生是课堂教学的主体，学生在课堂上的积极性、参与度，对知识的接受程度，以及能力的提升情况，是课堂教学效果的最直接反映。根据师生的评价结果，总结出讲课教师的优势和不足，提出改善建议和措施。

教师走班教学，最关键的应该是第三步：教师的自我反思与提高。如果走班教学完成之后，仅仅停留在师生的评价反馈上，那么教师走班教学便流于形式了。要想真正把走班教学的目标落到实处，必须做好以下三点：一是上课教师针对师生的评价反馈结果，发现自身不足，制订改进计划，努力补上自己的短板；二是听课教师通过对比，发现自己的优、缺点，增强自信，取长补短；三是教研组内通过评价、反思、研讨等交流活动，集思广益，取长补短，共同探求提高课堂教学效率的方法措施，并推广运用，整体提高教师业务素质。

结合我校任课教师的现状，我们先在英语和五年级语文课程教学中试点，然后在所有班级、学科中展开，依据实际需要既规定每学期进行 2—4 次，也要求灵活多变，尤其是新教师和缺乏经验的教师要加强，把教师走班教学作为常态化的校本教研模式。根据我校各班任课教师业务水平的具体情况，在新教师、经验不足的教师和骨干教师之间，同头课教师之间，新授课和已授课教师之间，进行合作走班教学。我们的安排包括：一是同年级教师集体备课后，一人单向走班教学，或者两人交换班级双向走班教学，互相听课、评课，反思提高；二是同年级教师集体备课后，一人到两个班级中，或者两人分别到两个班级中完成走班教学，互相听课、评课，反思提高。

我们分教研组进行走班教学授课安排，设计有《教师走班教学安排表》《协作备课过程记录表》。课后，我们进行认真总结，填写《教师走班教学评价表》。

例如，我校五年级有两个班，五(1)班的语文由从教 30 年的骨干教师丁老师担任，五(2)班的语文由新教师帖老师担任。开学初，二人结成了师徒对子，也开展了听课指导、座谈交流等活动，这对新教师的培养起到了一定作用。但听课、教研等得到的经验在面对不同的班级学生时，新教师无法运用自如。此时，教师走班教学模式就发挥了作用。师徒二人认真研讨，同备一节课，师傅先到徒弟的班级授课，徒弟跟班听课。课堂上，学生面对经验丰富的教师，情绪高涨，态度积极认真，课堂效果显著。课后，师徒二人深入交流探讨，徒弟再到师傅的班级授课，师傅跟班听课，学生听课效率也很高。课后二人再次探讨经验教训，此时，徒弟不仅明确了授课的流程环节，掌握了不少教学方法与技巧，而且因为从备课、上课、评课等环节和师傅深入交流、探讨、学习，得到了平时在教研会上所不能领悟的东西，更从中收获了自信。当然，师傅也可以从徒弟身上学到一些东西。经过几次走课研磨之后，二人交流得失，互通有无，总结经验，推广运用，均收获颇丰，尤其是徒弟的课堂驾驭能力明显提升。这使新教师尽可能地少走弯路或不走弯路，快速成长。

再比如，我校三、六年级各有一个教学班，由教研组长、骨干教师杨老师担任英语课教学，四(1)班、五(1)班和四(2)班、五(2)班的英语课分别由韩老师、陈老师两位新教师担任。第一步，杨老师先通过教研会，对两位新英语教师进行教学常规培训，上示范课，然后新教师上课，课后进行认真探讨交流。第二步，教研组集体备课,教研组长再分别到四、五年级进行走班教学,共同听课、评课、研讨交流,业务再提高。第三步,教研组集体备课,两位新教师分别到对方班级走班教学,组内进行听、评课研讨。第四步,集体备课后,两位新教师各自分别到同一年级的两个班级进行走班教学,课后进行评价、研讨交流,总结经验并在组内推广运用。

我校在其他班级、学科,按照以上思路,有序开展教师走班教学,加强走班教学之后的评价反馈、研讨交流、反思提高、经验推广,以迅速整体提高教师业务水平,弥补同课头教师少、骨干教师少、教研组长经验不足、新教师多等不利因素。

三、效果与反思

(一)工作成效

我校顶住压力,克服了各种困难,推行走班教学,连续三年被评为涉村镇素质教育先进单位,2017 年被评为巩义市教育教学先进单位。教师走班教学,"走"出了校本教研新模式,有效促进了我校教师的专业成长,提高了新教师的课堂驾驭能力,促进了教师之间的深入交流学习,引领教师思考、实践、再思考、再实践,提升了教师团队协作精神,整体提高了教师业务水平。具体表现在以下六个方面:

1.有利于提升教师的业务能力

走班教学使教师有相对充分的时间与精力,针对具体问题与同伴进行深入、细致、系统、全面的交流、研究、反思与提高。前一节课留下的遗憾与不足,可以通过交流反思,在后一节课中进行改进提高。同时,教师面对不同班级,课堂教学的生成就可能不同,这对教师的课堂应变能力、组织协调能力、教学策略的选择能力等,又是一次极好的锻炼,进一步提高了教师驾驭课堂的能力。

2.能够帮助新教师快速成长

与同伴共同备课、上课、听课、评课、反思,缩短了新教师熟悉教材、把握重难点、熟练驾驭课堂的过程。我校新教师帖莹任教的班级学生在一次全镇统考中就获得了全镇第二的优异成绩。

3.有利于教师加强教学反思

从教学效果上来说,不同教师的"教"对学生的"学"产生的不同效果,有利于教师从自身寻找问题，而不是把学生学习效果不好的原因一味归结到学生自身或其他外因上。实行走班教学以后，办公室里少了抱怨和唠叨，更多的是求教与辩论。

4.有利于老教师知识结构及教学模式的更新

老教师经验丰富，对学校的教研工作起到引领作用，但同时也容易陷入经验主义、知识僵化、模式固化的误区。实行教师走班教学，有利于激发老教师的激情，促使其学习新教师灵活的思路，以及新观念、新方法。

5.有利于发挥每个教师的专长

一些教师在教学生涯中逐步形成自己的教学风格及特点，而且特别擅长讲授某一部分的知识点，教学时往往得心应手，效果显著。这些教师就可以在走班教学时，充分发挥自己的强项，并在教师团队中起到引领和示范作用，不仅使自身的能力得到进一步提升，而且促进教师团队整体素质的提升。

6.有利于更全面地培养学生

教师的思维方式影响着学生的思维方式。传统的班级授课制下教师是相对固定的，授课教师的教学特点、思维方式也是相对不变的，在一定程度上会造成学生固定、单一的思维方式。走班教学使学生接受不同教师的教学方式、思维方式，从而能够培养学生灵活多变的思维方式，有助于促进学生多方面能力的提升。

（二）存在的问题

我们在教师走班教学的实践中也遇到了一些问题，例如尚未形成精细化、制度化、系统化的管理模式，缺乏有效的专家引领与指导，尤其是教师在进行了几轮走班教学之后，也出现了倦怠、不重视等现象。

今后，我们将进一步加强学习、实践、研究，改进走班教学的方式方法，实现灵活运用，使其更贴合教师工作的需要和实际，使教师们保持热情和新鲜感，能够收获走班教学带来的喜悦和成果，促进走班教学的深入开展；继续打破班级授课壁垒，推进年级教师、学科骨干教师合作走班教学，加强反思，努力使教师走班教学成为我校教师快速成长的校本教研新模式，有效推进教师的专业化成长，推动学生全面发展，实现学校内涵发展。

“学导和谐”教学模式的研究与实践

案例持有人:王思明

所在单位:焦作市实验小学

主要合作者:李静　王文霞　罗聘　郭玉珍

近几年,我校深入贯彻《国务院关于基础教育改革与发展的决定》和《基础教育课程改革纲要(试行)》的精神,紧密联系本校教研工作实际,积极探索教研工作的新路径和新方法,以有机适应型组织理论为指导,推动教研工作的转型和创新,取得了一定的教学效果和良好的社会反响。

一、问题的提出

教育部颁布的学科课程标准中,明确提出“充分发挥师生双方在教学中的主动性和创造性”,“教学应在师生平等对话的过程中进行”,教学“是师生积极参与、交往互动、共同发展的过程”。然而,相当一部分的教师依然理念陈旧、故步自封,沿袭传统教学模式和方法,主要表现在:

(1)认为教师是主角,学生是配角。我们传统的课堂教学往往是“满堂灌”,后来又出现了“满堂问”。无论是“满堂灌”还是“满堂问”,教师始终以严肃的面孔出现在学生的面前,教师的思想、学识、行为成为一种权威,主宰着课堂。

(2)认为学生是主角,教师是配角。为了让学生由被动的接受者变为主动的索取者,课堂教学中出现了比较流行的“满堂动”。然而在形形色色、热热闹闹的活动背后,一些现象引起了我们的反思:学生的主体地位并未真正得到落实。例如:书未读熟就让质疑,讨论初始即令停止;学生质疑,教师匆匆解答,但教师对于学生抓不住重点、不着边际的提问放任自流;教师对于学生解决问题时进入知识、思维误区的情况束手无策;教师常常把讨论这一学习环节完全交给学生,而实际上是不少学生根本不会讨论,导致讨论流于形式。凡此种种都能造成课堂教学质量的滑坡。

针对以上问题,我校运用有机适应型组织理论来改进我们的校本教研制度和形式,并尝试构建了“学导和谐”的教学模式,并将其列为我校校本研修的重点内容在全校各科教学中实施。

二、解决问题的过程与方法

(一)教学理论指导

沃伦·本尼斯是美国当代著名的组织理论研究者,他所倡导的有机适应型组织理论对当今教育科研有着很强的指导作用。

在有机适应型组织里,由于工作任务变得更有意义,更具有专业性,也更令人满足,各方面人员都能得到更多的激励,从而使得组织目标和个人目标相吻合,从根本上解决内部协调问题。依据有机适应型组织理论,我们积极改进教研组建设,组织学科教师进行理论学习,牢固树立先进的教育理念。我们以古代的因材施教、教学相长教学思想,现代甘其勋的“双主体”教学论,王敏勤的和谐教育思想,国外马斯洛的“人本主义”教学理论及“建构主义”学习理论等优秀的理论为指导,大力推进我校的校本教研改革。

(二)教学模式创新

对我校的课堂教学改革进行梳理和思考后,我们观察老教师的随堂课,研究骨干教师的优质课,逐步发现成功的课堂总是伴随着几种现象:(1)注重激发学生的学习兴趣,注重学习情境的创设;(2)教师讲得少,注重学生自学习惯与能力的培养;(3)教师能相机引导;(4)注重练习与巩固;(5)适当地拓展延伸;(6)让学生明确学习目标,树立目标意识;(7)关注全体学生,注重评价与激励;(8)注重课本知识与实际生活相结合;(9)教学目标确定恰当;(10)教学方法多样,教学手段新颖;等等。

我们把教师在课堂上的成功做法进行整合，在不断学习、实践、反思的过程中，构建了“学导和谐”教学模式，模式的主体框架是：试学—导学—活学。该模式易于操作实践，能促使教师在短时间内尽快转变自己的教学行为，提升课堂教学效率。

（三）教研组建设创新

1.制度保障

我们把校本教研制度化、规范化、常态化，扎实做好各个学科的集体备课工作。每周一为体育、音乐、美术等小科目教研时间，周二语文教研，周三数学教研，周四英语教研，确保了每个学科组认真学习和实践“学导和谐”教学模式的时间。

2.组织保障

学校成立了以王思明校长任组长，三位副校长任副组长，各科室主任、年级主任为成员的“促进教师专业发展工作”领导小组，建立了一把手带头抓、分管领导具体抓、各教研组通力合作齐抓共管的运行和督导机制，确保人人参与校本教研，让校本教研成为学校工作的重中之重。

3.领导参与

为保证“学导和谐”教学模式的顺利开展，最初我校的集体教研时间是“校长点课”时间，由主抓全局的王思明校长和主抓教学的业务校长分别针对各学科教师进行轮流点课，提前一天通知到讲课教师，在学科教研时间让这位教师按照“学导和谐”教学模式上课，听课校长和教师针对讲课教师在运用这一模式上课时的问题或困惑加以指导，保证这一模式得以快速有效实施。2017 年我们共进行“校长点课”语文 36 节，数学 24 节，英语 21 节。“学导和谐”教学模式进一步提升了广大教师的课堂教学效率。

4.教师培训

在每年的新教师培训时，我们除了对新教师进行新课程标准、教师职业道德、教师基本功等培训外，还专门安排了“学导和谐”教学模式的专题培训，使每一位教师都能够领会模式精髓，运用模式进行课堂教学，从而使新教师快速驾驭课堂。

5.师徒结对

针对我校年轻教师居多,新教师每年不断增加等现象,我校在每学年开学初都要进行师徒结对子活动,扎实开展梯队教师培养。在教师队伍中,积极开展名师带骨干、骨干带青年、青年快步跑的师资培养梯队,给每一个新教师找到合适的师傅,确保新教师在教学工作中遇到问题或运用模式出现困惑时,师傅能及时进行帮扶。

6.教师专业发展

为了全体教师专业水平的整体提升,我们还采用"走出去、请进来"的方式开展各种形式、各种专题的培训。2017 年我校的学习氛围更加浓厚,安排 64 位教师分别赴省内外各地参加多个学科、多种类别的专题培训达 40 余次,投入培训经费 8 万余元。外出培训教师在培训结束后要向全体教师作学习汇报,充分发挥培训的直接作用和辐射作用。

除此之外,我校还通过承办各种培训活动为教师创造更多的学习机会。

7.合作校建设

近几年,我校与修武黄村小学、温县亢村小学等学校开展了手拉手合作化办学。2015 年,郭玉珍副校长到修武县黄村小学送课 17 节,我校的语文名师吴巧红、数学名师罗娉赴黄村小学开展讲座、作观摩课共计 41 次。每年,手拉手合作学校还安排一位教师到我校进行为期一年的实地培训学习。

除此之外,我们还通过多媒体录播室与修武黄村小学、温县亢村小学开展了异地同堂网络课程教学。我校刘文君、刘艳巍、刘军娜、孟德华 4 位教师共上异地同堂课 51 节,使"学导和谐"课堂教学在手拉手合作学校也能有效开展。

三、成果的主要内容

(一)模式的主体框架

1.试学

试学就是尝试学习。这里没有确定为"自学",而是"试学",这是借鉴了小学语文教材里由过去的"作文"改为现在的"习作"、强调小学生作文是练习性写作的做法。因为小学生年龄小,自学能力还在形成期,"自学"的提法对小学生而言要求有些高，所以，我们确定为“试学”。大致要求是在教师讲授新课前，先让学生利用旧知或已有的生活经验进行思考或探索，尝试学习今天的新知，培养学生的自主学习的意识、习惯和能力。

2.导学

导学是指针对学生通过试学解决不了的问题，教师相机引导学生通过生生合作、师生合作解决问题。学生明确学习方向，教师引导学习方法。

3.活学

活学就是活学活用。学生学习了新知后，要加强练习巩固，学会举一反三，并适当拓展延伸。这里的“活”有两层意思：一是练习设计要活；二是广开学习的渠道，与生活相结合。

（二）模式的实施策略

1.关于试学的实施策略

(1)试学前，教师要按课程标准、教材要求、课文特点、学生的认知基础等提出建议试学的范围，或者出示探索问题诱导入课，激发学生的学习兴趣，让学生自读自悟、自问自查、思考探究，学生最后把自己不能解决的问题记录下来，留待生生、师生合作探究。

(2)试学中，教师要根据试学范围，给足学生试学时间，创设良好的试学氛围，不人为干预学生试学，保证学生的试学效果。学生试学从根本上改变了老师讲、学生听，先教后学，先讲后练等传统的教学模式。试学给学生自主学习的权利和机会，尊重学生的个体差异和个性化学习方式，有利于培养学生自主学习的习惯和能力。

(3)三是试学后，教师要及时了解检测试学情况。试学检测的形式可以多样化，如指名发言、抽查板演、试卷测试、组内互查、组长汇报等。总之，教师对学生的试学情况做到心中有数，为后面有针对性的教学打下基础。因嗜而炊是为厨之道，对症下药乃为医之术，因材施教是教师教育教学之本。

2.关于导学的实施策略

(1)试学检测后，教师要进行教学再设计。根据学生试学情况，教师要创造性地调整或设计教学程序，创造性地选择教学方法，创造性地启发、调动学生的主观能动性，从而在规定的时间内，使学生在修养、教育和发展三个方面获得最大可能的提高，即实现教学过程的最优化。

（2）教师要因势利导。这里“导”的条件是“因势”，“因”即顺着之意，“势”则指学生实际学习现状，总之是教师对学生在试学过程中出现的诸多问题进行梳理，引导学生开展学习活动，解决学习中的困难。

（3）注重合作探学。《礼记·学记》中说：“独学而无友，则孤陋而寡闻。”学生在试学中不能解决的问题，需在教师的引导下通过生生合作、师生合作，共同研究探讨。可以选择不同的探究方法，如由小组内到小组间质疑、解疑，相同的问题结成兴趣组深入研究，把问题分解到能力组突破解决等。

（4）导学是一个灵活的环节。教师导学，一定是在学生试学时解决不了问题的情况下开展的。学生试学能解决的，教师就不需要导学。不是每节课都一定有导学环节，如果学生试学顺畅，可以直接进行活学。如果是个别学生会的，教师要引导“生”教“生”。因为导学的复杂性和不确定性，在课堂中出现备课预设不到的情况时，教师应随机应变。

3.关于活学的实施策略

（1）活学包括练习巩固、举一反三、迁移运用、拓展延伸。

（2）练习设计要灵活。“活”要求教师的练习设计无论是内容、形式，还是数量、难易度都要灵活多样，丰富多彩，有创意，有新意，在提高能力的同时培养个性，达到情感与认知的统一。

（3）与生活相结合。打破课内与课外、校内与校外的壁垒，加强各学科间的融合，积极创造条件，让学生广泛地涉猎，深入地研究，让学生在丰富多彩的社会实践中学知识、用知识、长才干、学做人。

（4）建议每节课的活学时间为10—20分钟。

（5）下课前2分钟，或在活学前，教师要总结评价学生自主学习情况和学习目标的完成情况，一方面使学生树立目标意识，以不断提高学习效率；另一方面不断增加学生自主学习的信心，培养学生自学的习惯和能力。

四、成果与反思

(一)成果

2002 年,"'学导和谐发展'教学模式的实践与研究"课题结题并获省教科研优秀成果一等奖。

2009 年,《焦作晚报》《中国教育报》纷纷对我校的课堂教学改革进行了宣传和报道。

2012 年 10 月,河南省小学实验研究会在焦作市实验小学召开,我校"学导和谐"教学模式校本研修成果获得与会专家和教师的一致好评。

2014 年 10 月,焦作市基础教研室召开"焦作市小学高效课堂研讨会及专家报告会",来自上海的特级教师程华教授、河南大学的赵俊峰教授、河南省 5 位名校长及来自全省各地市的 200 名国培骨干教师都对"学导和谐"教学模式研究的先进性、科学性、可操作性给予充分的肯定和热情的赞扬。

2016 年 8 月,《小学语文教学》杂志对我校"学导和谐"教学模式进行专题刊登,发表我校教师文章共计 24 篇。

2016 年 12 月,"'学导和谐'教学模式的实践与研究"获河南省优秀成果一等奖。

2017 年 12 月,"中国好老师公益行动计划推进会暨'学导和谐'教学模式研讨会"在焦作市实验小学召开,"学导和谐"教学成果再次得到认可。

我校的"学导和谐"课堂教学展示还得到全国教学专家王崧舟老师、吴正宪老师、付学军老师,全国小语会常务副理事长胡富强老师,《小学教学》杂志主编周培红、殷宪斌老师,焦作市教研室主任翟旭贵等专家学者的肯定与好评。

(二)反思

有机适应型理论指导下的"学导和谐"课堂教学模式探究大大提高了教师的教科研能力和学生自主学习的能力,彻底减轻了学生的课业负担,让学生拥有了更多丰富多彩的课外发展空间和时间。但在具体实施过程中,个别教师教学理念还没有根本扭转,课堂上时而会出现"穿新鞋走老路"的教学行为,我们还要加大校本研修的力度,以促进全体教师实现专业成长。

专家点评：激发教研组活力，提升校本教研质量

校本教研的直接目的是为了解决教学中的实际问题，不断提高教育教学质量，促进师生共同发展。如果无法实现这一目标，那么任何“以校为本”的愿景都必将落空。学校教研组是校本教研的主要阵地，是教师专业成长的重要平台。如何使教研组在校本教研中发挥更大的作用，如何结合教学实际问题开展校本教研，如何使校本教研真正成为促进师生专业发展的推力，是基层学校、教师面临的重要课题，也是校本教研质量提升的关键所在。

自河南省基础教育教学研究室承担的“以有机适应型组织理论改进校本教研的实践研究”课题在2012年开始实施以来，全省各样本校教研组在校本教研活动中以有机适应型组织理论为指导，积极实践，与时俱进，勇于创新，吸取有机适应型组织的理论精华，把教研组建设、教师专业发展、教师培训和校本教研有机结合，以积极的探索和生动的案例进一步诠释和丰富了组织建设理论与教研活动实践，取得了许多有价值的、各具特色的教研成果。

一、改进运行机制，提高校本教研实效

巩义市子美外国语小学借鉴有机适应型组织理论，探索实践“多层级‘自转+公转’校本教研运行机制”，提升校本教研实效，形成了“聚焦专题—建立组织—行动研究”的工作坊研究机制，解决了教师们在实际教育教学工作中所遇

到的问题，同时使教师养成了发现问题、研究解决问题的习惯，激发了教师参与研究的激情，唤醒教师的内驱力，逐步创生出促进教师发展的“学习—研讨—实践—反思”新常规。新的教研机制提升了教师教育教学研究能力，实现了教师的专业化发展，引领教师向“人人成为研究者”的方向迈进。

许昌高级中学化学教研组通过构建“两纵两横、三大平台”这一新的教育研究生态体系，改进了校本教研的运行机制，保持了教研组的活动高效、交流顺畅，让每位教师都能发挥其作用和专长，使每位教师都能够有身份、有任务、有作为，受关心、乐奉献、能交流。同时，交流与分享使得教师乐于思考、善于思考，不断陶冶育人情怀，使其享受作为人民教师的崇高荣誉。

二、项目研究带动，促进师生共同成长

濮阳经济技术开发区实验学校体育教研组组长姬彦忠老师带领全组教师研发三步球项目：从一个在小学生中流行的沙包游戏入手，到出版三步球教材；从研发一个游戏性球类活动起步，到荣获全国基础教育教学成果二等奖。在这一项目研发并取得成果的历程中，获得成长与进步的是参与研发的教师和参与活动的学生，而师生的共同发展，正是校本教研的初始目标和最终归宿。

郑州市第十一中学化学教研组以促进教师与学生发展为目标，以课程改革过程中遇到的多样化问题为研究对象，开展微型课、微专题、微课题、微课程等多元化微专题教研活动，以微见大，形成了化学教研组校本教研的“微系列”，开创了学科教研的新局面，提高了校本教研的实效性，增强了教研组的教研活力，提升了学校的整体教研水平。同时也激发了学生学习化学的兴趣与热情，提高了学校的教育教学质量。

河南省淮滨高级中学以教研组教师学习共同体为依托，以微课题研究为平台和抓手，凝聚散点形成专题，使教研活动清晰有序；从统一到开放，使专题研究融入了教学常态，确保了教研活动的深入高效，促进了广大教师从教育经验型走向教育科研型，实现了以微课题研究带动教研组的建设创新与发展。

三、丰富教研形式，促进教师专业发展

鹤壁市师范学校附属小学通过开展报告型教研、问题式教研、课例研究式教研、互动式教研等丰富多样的校本教研形式，使全体教师都是参与者、指导者、研究者，教师成为研究的主人，从“要我研”变成了“我要研”，教研活动成为教师自觉的内发行为，使教师的专业化发展得到了较大程度的提升。

巩义市涉村镇第三小学结合学校教师现状，尝试推行了“教师走班”式教学，这是一种校本教研模式，指某一位教师，把同一节课，在不同的班级（包括自己任教和非自己任教的班级）中完成走班教学，在学科教师同伴互助的前提下，共同备课研究，共同听、评课，加强反思改进，以提高教师教学能力，促进教师专业成长。此模式能够提高新教师的课堂驾驭能力，促进教师之间的深入交流学习，提升团队协作精神和教师的专业化水平。

（河南省基础教育教学研究室　刘俊凯）

第四章　班级管理创新优秀案例

“学习共同体”班级管理模式的研究与实践

案例持有人:焦秋洪
所在单位:河南省实验中学
主要合作者:李功毅　焦文韬　何思　谢京川

一、实施“学习共同体”管理模式研究的原因和意义

(一)实现学校育人目标的需要

河南省实验中学的育人目标是:培养身心健康、充满自信,具有创新意识、进取精神和领导潜质的杰出公民。在达成这一育人目标的教育实践过程中,目前普遍实行的班级管理扁平化的组织结构,存在着组织层级过多、责任划分不明确、管理工作分工不合理等机制缺陷。而更多的学生因为能力欠缺、锻炼不足,容易产生性格孤僻、思想麻木、缺乏责任心和集体荣誉感等问题。这些问题都或多或少地影响着学校育人目标的实现。因此,探索实施“学习共同体”管理模式研究是实现学校育人目标的现实需要和迫切需求。

(二)提升管理班级实效的需要

每一个新组成的班级都会面对凝聚力弱、归属感不强、目标不明确等问题。

而本次的研究对象——2014级高二(11)班共有学生55人,其中女生39人,男生16人。班级有7个体育特长生,4个藏族学生。相对于同届其他班级来讲,此班班级组成更为复杂。单纯地利用目标管理,或班主任独立监管、命令强制式管理的方式势必不能全面、有效地解决问题。另外,此班学生的基础成绩和行为习惯存在较大差异。针对这种情况,我们迫切需要通过开展班级全员化管理来培养学生的共同目标,以此增强班级凝聚力,缩小个体间差异。同时,文科班学生的性格特点集中表现为思想活跃、追求自由、积极上进,比较适合采取学生参与度高、民主化程度深、制度约束性强的班级管理模式,这是针对班级实际情况和具体学情所开展的有效班级管理与提升管理实效的实际需要。

(三)以科学理论研究推进基础教育课程与管理方式改革的需要

针对当前基础教育班级管理工作存在的普遍问题,结合学校实际,针对班级基础薄弱和所要面对的实际困难,我们发现有机适应型组织理论极具进行校本教研、实践推广的价值。因此,我们进行了认真学习和研究,对照实际工作,探究应用范围和实践方法,用该理论指导实践,完善班级管理制度,创新班级管理模式。在学习和研究应用该理论的过程中,我们认识到:通过运用有机适应型组织理论,指导并建立符合学情、班情、校情的新型班级管理理论体系及管理工作模式,可以填补校本教研中班级创新管理研究中的实践空白,有助于校本课程教学研究工作的理论研究和案例研究,进而有效推进校本课程与管理方式的改革。因此,"学习共同体"班级管理模式的研究与实践,不仅是基于教育教学一线实际的理论创新和主动实践,还是以科学理论研究推进基础教育课程与管理方式变革的需要。

二、组织与实施

(一)组织机构设置

1.构建学习和管理共同体(简称学习小组)

构建依据:有机适应型组织围绕着需要解决的各种问题而设置。组织成员是在某方面拥有专业特长的成员,组内的构成是有机的,而不是机械的,谁有能力解决问题谁就发挥领导作用。另外,有机适应型组织必须完成“协调组织成员的活动和维持内部系统的运转,经由某种复杂的社会过程使其成员适应组织的目标,而组织也适应成员的个人目标”这两项互相关联的任务。据此,我们认为这种有机适应型组织理论能够通过构建学习和管理共同体被有效地运用于班级管理当中。

构建过程:根据这一理论,从高二接班起,我们就以 2014 级高二(11)班为试点,建立了学习和管理共同体。每个学习小组为 6 人左右,综合每位成员的成绩、性别、能力等差异因素,同时兼顾各位成员的性格特点,形成组与组之间相对公平的竞争格局。每位成员在学习、卫生、纪律、活动参与等方面的表现均与小组综合评定结果挂钩,每两周公布阶段评定结果,并有相应的激励政策。小组竞争的核心目标是为了共同提高。

另外,在学校小组内部,通过民主协商、交流讨论等方式,制定了适合班情、学情的组内规章和管理条例,形成了人人参与、人人遵守、人人监督、人人维护、人人争先的良好风气。

2.确定常设班委和各组组长的选举要求

整体原则:班主任在划分小组、挑选组长、确定常设班委时,要做到公平公正、合情合理,使小组成员尽量能够优势互补、运转高效。常设班委成员要光明磊落、积极上进、表现优异。通过召开班会、组织讨论活动等,使大家明白小组制度的运行机制和最终目标,充分调动起大家参与管理的积极性。班主任的动员和充分准备,是实行该制度的首要环节。

细节要求:班长是小组制度运行的总负责人和监督人,因此要带头遵守约定,在班级内树立正面形象,弘扬省实验中学的精神,传播正能量。组长则是一个小组中的核心人物,组长的挑选建立在学生自愿的基础上,一旦确定,即赋予组长充分的权力,以调动其积极性。小组制度的落实情况如何,最终由全体同学按照公开、透明、民主的原则开展检查、统计、分析、评价、报告等工作,逐一落实。

3.选举产生常设班委

在班级层面需要选出常设班委,这个常设班委基本上不再行使传统意义上的班委职能。其新的职能主要是制定“班级公约”、确定小组工作成绩评定办法、监督值周小组的工作等。此外,其最主要的一项职能是对每个小组的值周效果进行点评。

4.建立导师团队

为顺利开展好管理工作，我们还特别聘请了几位优秀教师作为导师，负责指导各个小组开展工作。导师团队只在小组遇到问题时提供参考意见，绝不干涉、影响学生的工作。班主任老师也只是在人员分组方面给出指导意见，具体工作的布置、开展、落实、督查、点评、反思等事务全部交由学生自己处理。

（二）组织机构日常运作

各小组由组长负责组织推选3名责任心强的同学，分别负责课堂和自习纪律管理、作业收交情况及卫生分工表现；负责记载小组生成的问题、主要观点、合作学习成果和小组成员的激励性评价成绩；负责收集各成员自学时遇到的问题并组织讨论，推荐组员展示小组合作的学习成果，检查作业完成情况，组织帮扶其他学生等。小组共同商定营建组文化，创设组名，确定小组的奋斗目标，修订、完善小组成员一致同意的“小组发展公约”，以增强班级学习共同体的凝聚力和向心力，以便解决本组内部出现的各种问题。

各个小组还需要齐心协力完成本组的值周任务。在每个小组值周期间，小组成员的身份自然转换为传统意义上的班长、副班长、学习委员、生活委员等，负责履行当周的班委职责，完成学校和年级布置的各项任务。同时，还要领导、督促、检查评价各个小组完成各自学习与活动任务的情况。在班级日志上和每周班会上对轮值当周各组的表现做出公平、公正的评价；同时进行自我评价，总结优点，查找不足，为下周值周小组提出改进建议；还要接受班级常设班委的评价，该评价结果也将作为小组学期综合评价结果的一部分。

值周小组要在每周对各个小组进行评价，激发小组间的竞争与合作，所有小组轮值一遍后，结合常设班委对各组的评价开展一次总结班会，做到评优表先、充分讨论、认真反思、及时改进，以利提高。这便是另一个有机适应型组织必须要完成的互相关联的任务——适应外部环境，要与周围环境进行交流和交换，我们称之为“外适应”或“适应”。

（三）各个小组开展的具体活动简介

班级采取小组值周制度后，各个值周班委都要开动脑筋改进自己的管理方法，充分利用各种活动来提高本组值周的实效性。

1.课前三分钟活动

课前三分钟活动旨在督促学生提前进入候课状态，但是发展到后来，各个小组根据不同时期和学习内容的要求，逐步把这项活动开展成了一项颇有效率的常态化的学习教育活动。活动有时根据教材的进度、内容，有时根据当周、当月的学校德育主题要求，从形式到内容、从过程到目标等各方面入手组织，形成了内容丰富多彩、方式机动灵活的活动模式。

2.丰富的主题班会

“十年树木，百年树人。”基础教育坚决不能急功近利地去追求学生成绩，而是要兼顾学生品德的培养。高二（11）班举行了一系列不同主题的班会活动，如感恩班会、励志班会、集体主义教育班会、安全教育班会、文明教育班会、责任担当班会等。因为这些活动都是学生们自己组织并参与的，所以他们感悟非常深刻。丰富的班会活动使得育人教育入心成行，效果显著。

3.爱国教育活动常态化、制度化

“树爱国之心，立报国之志。”在各个小组内，爱国主义教育不是走形式、讲空话，而是实打实地入心成行的常态化、制度化的教育活动。五四青年节开展爱国主义演讲活动，七一建党节开展“学党史、知党情”教育活动，“一二·九运动”纪念日召开“不忘国耻、牢记使命”主题班会……这些教育活动都是要写入小组的工作计划和日常工作安排中的，有规划、有组织、有落实，形成了常态化和制度化，使传统意义上的“开班会”变成了“受教育”，使容易“松、软、空”的德育工作变得“紧、硬、实”。

4.班级论坛

班级论坛是同学们非常喜欢来的地方，在这里不但能够学到更多的知识，还可以结交更多的朋友。学生和原本不认识的老师，通过在论坛里发帖、跟帖，慢慢地都熟悉起来，亦师亦友，互相研讨。尤其是周末及各种假期时，学生在家里就可以通过班级论坛热烈地讨论、沟通与交流，非常方便。

5.系列辩论比赛

针对智能手机的使用、中学生早恋、发展与环保等许多热点问题,两年来,我们适时开展了一系列的辩论赛。正反双方经常舌枪唇剑、雄辩滔滔,班级成为学生思想碰撞、交锋、融合的辩论场,对全班学生思维的激发、正确价值观的塑造起到了强有力的推动作用。辩论的过程也极大地锻炼了学生的组织、策划、协调能力,班级形成了人人争先、人人担责、人人展现、人人发展的良好风貌。

6.藏汉一家亲

来自西藏的4位同学远离家乡来省实验中学求学,举目无亲。为了使学生感受到班级大家庭的温暖,4位本地学生的家长每逢节假日均热情邀请他们共度佳节。这样的活动,让藏族的孩子们感受到了我们给予的不仅仅是学习上的帮助,还有生活上的关怀,从而大大增强了班级凝聚力。

7.确定班徽、班歌、班级誓词等班级文化标识

班徽是最能体现班级精神的文化符号。高二上学期,高二(11)班同学共同策划,学美术的同学具体设计,一同完成了班徽的制作。班徽外观大气、图案精美、寓意深刻,彰显了高二(11)班精诚团结、拿双第一的决心,以及激情昂扬、奋勇争先的精神面貌。

班歌是班级文化的跳跃音符和学生青春岁月的永恒印记,由班内各组群策群力设计的班歌,主旋律类似歌曲《真心英雄》,曲调优美、歌词优雅,参加学校合唱比赛时还荣获了一等奖。

班级誓词是班级管理理念的高度概括与提炼,彰显出班级的价值观念和学生的人生态度、治学态度。同学们精心构思、打磨,提出了以下誓词:“不忘初心,砥砺前行;自强不息,精益求精。我们坚信:上下同欲者胜,同舟共济者赢。我们必将:秉承蜗牛精神,积小流成江海;而今更笃凌云志,莫教冰鉴负初心;六月凯旋,静待佳音。”誓词有力地弘扬了班级精神,鼓舞了班级士气,形成了正确的价值导向。

三、实践成效

（一）优良班风得以形成

一个班级是否可以成为优秀的集体，关键是看这个班级班风是否优良，是否具有强大的凝聚力、极强的集体荣誉感，以及争先精神。而凝聚力和集体荣誉感的形成，则需要班级全体成员都具有极强的集体责任感。采用有机适应型理论指导下的“学习和管理共同体”班级管理模式，可以让每一位同学都有机会参与班级管理，让每一位同学都能够成为班级的主人，让每一位同学都能够最大限度地发挥自己的主观能动性，最大限度地调动起全体同学关心集体、管理集体、奉献集体、为集体争光的积极性，班级管理效果自然显著。在“学习和管理共同体”模式管理下，高二(11)班无论是纪律、卫生等常规表现，还是参加校内、校外大型集体活动，无论是学习素养养成，还是综合创新素质展示，从组织形式到内容效果等各个方面，表现都十分突出。两年中，我们几乎囊括了学校历次大型活动的所有一等奖就是很好的佐证。

（二）立德树人效果彰显

实施学习和管理共同体班级管理模式后，高二(11)班学生参与班级管理的积极性空前高涨，其管理智慧和水平明显提升，立德树人效果显著，涌现出一大批德智兼修、全面发展的优秀学生，为班级、学校赢得了殊荣。如黄骞婷同学曾荣获全国优秀共青团员荣誉称号，孙轶昭同学被评为 2015 年度河南省文明学生，赵子昊同学被评为 2016 年度河南省三好学生，范桁端同学被评为 2016 年度河南省优秀学生。虽然这三个学生只是班级中立德树人的优秀代表，但是如果仔细分析，就会发现，在 2015—2016 年评选活动中，尽管这三个奖项的评选名额极其有限，可三大省级奖项最终均花落高二(11)班，这无疑可以由点及面地证明，实施“学习和管理共同体”班级管理模式后，班级的立德树人效果是非常显著的。

（三）素质教育成绩斐然

“学习和管理共同体”班级管理模式的实施，有效提升了班级管理效率和管理水平，为教育活动的开展提供了保障，促进了素质教育的顺利实施，取得了丰硕的教育成果，形成了独特的班级现象和品牌效应，将学校的办学理念和育人目标切实落到了实处。两年的实施与探索，我们也在各个方面取得了骄人的成绩。班级先后赢得了2015年度和2016年度河南省实验中学秋季运动会团体总分第一名；班级荣获2017年度河南省文明班级荣誉称号；进入高三后的历次考试评比，本班连续获得同类班级总成绩完成率第一名。最为引人注目的是，在2017年高考中，全班55位同学，有50位升入一本院校深造，有8位同学高考成绩超过600分，范桁端同学更是以651分勇夺郑州市高考文科第三名，创下学校文科班高考新纪录。

“实践是检验真理的唯一标准。”运用有机适应型组织理论指导构建的学习和管理共同体班级管理模式，被有机应用于高二（11）班的班级管理中。实践证明高二（11）班的优秀班风得以形式，立德树人的效果显著，素质教育成绩与应试成绩都有了很大的提高。这些都充分证明了学习和管理共同体班级管理模式对当前教育环境下素质教育的实施有着积极的借鉴意义和参考价值，同时也有着广阔的理论研究空间和实践推广前景。

四、不足与反思

初始阶段制定的奖励惩罚机制不够完善，组内约定落实不够有效，竞争氛围不够激烈，小组缺乏自我革新的动力与机制。

小组在学习方面的监督检查职能有所缺失。多数小组制度主要在卫生、纪律方面卓有成效，但在学习遇到困境、作业晚交等情况面前缺乏有效的改进办法，只能被动地采取惩罚性补救办法。

在目前高考成绩被过分关注的情况下，采用学习和管理共同体这种管理模式，在最初的、尚没有办法快速显露较好效果的阶段，尤其是学生组织开展活动较多，表面看来“影响”文化课学习的阶段，如何取得家长和学校的支持，还是一个需要进一步深入研究并着力解决的关键问题。我们在探索实施的过程中也走了不少弯路,如何将这一理论更加有针对性地运用到班级管理实践中,加强校本研究,形成组织架构更加清晰、运转更加科学高效、决策更加民主和谐、组织实施更加具有可操作性和推广性的科学化的学习和管理共同体班级管理模式,更易于让家长接受、教师和领导信任,能够更好地指导本班、本校的管理工作,是开展这一研究及实践的难点和重点所在。

“8+1”工作室：校本化班主任专业发展共同体建设

案例持有人：魏俊起

所在单位：河南省济源第一中学

主要合作者：秦望　王晓琳　许银萍　刘强

一、问题的提出

中小学班主任是教师队伍中责任较大、负担较重的群体，他们在从业前往往很少接受过有关班主任的专门培训。职后培训也多停留在老教师的言传身教、同事的经验交流、领导的安排指示、专家的报告介绍等初级阶段。班主任没有类似于学科的规范教研活动，相当多的班主任，包括老班主任，一直在使用简单的、非专业的方法来教育学生、管理班级。这些问题严重制约了班主任管理水平的提高和学校的发展。如何改变这种现状呢？那就是像重视学科教研一样重视班主任工作研究，基于校本培养专业的班主任，使班主任走专业化道路，建立班主任工作室是最好的途径。

班主任工作室建设应科学与人文并重，但基于不少班主任处理教育问题缺少方法，缺少理性思维，没有教育意蕴而导致教育事故频发的现实，与其他学科相比，“班主任学”学科体系远未构建起来，关于校本化班主任专业发展的科学研究非常紧迫。而班主任工作室，就是完成这一使命的重要平台。

二、解决问题的过程与方法

(一)萌芽期:“济源一中教育在线三人行”(2005—2007 年)

王晓琳和杨兵是济源一中两位勤奋、踏实的班主任,但是“跟紧班、跟班紧、紧跟班”,高强度、低质量的工作使两人的体力和精力严重透支。从网络学习中深深受益的秦望老师见此状况,热情建议两位老师跟他一起步入班主任专业成长的学习、研究之路。秦望提议他们各自在教育在线班主任论坛开一个主题帖,撰写自己的教育日志,记录自己每天的教育实践和反思。他们更是时刻关注着对方,每天只要哪个帖子更新了,都会在第一时间回帖发表自己的意见,互相出谋划策。三人的主题帖得到许多热心网友的关注,两年下来,每个人都留下了几十万字的教育日志。三人互相帮助,互相鼓励,情谊深厚,成了志同道合的挚友,也成了在济源市和周边地市小有影响的“济源一中教育在线三人行”。

2006 年,“三人行”小组的核心成员秦望被聘为济源一中教科室主任,他以学校名义陆续邀请了几位名师前来传经送宝,李镇西老师《让生命与使命同行》的报告深深感染了团队成员。于是他们开始研读李老师的著作,践行李老师的“五个一工程(每天上好一堂课,找一个学生谈心或书面交流,思考一个教育问题或社会问题,读书不少于一万字,写一篇教育日记)”“四个不停(不停地阅读,不停地写作,不停地反思,不停地实践)”,这更坚定了他们通过读书、反思、写作来提高自己专业水平的信念。

2007 年暑假,在“新教育”山西运城年会上,他们产生了蜕变,“新教育”提出的教师发展“三专(专业阅读+专业写作+专业发展共同体)”路线图深深影响了该团队此后的走向。

(二)组建期:济源“8+1”班主任研修团队(2007—2010 年)

秦望认为团队研修是年轻班主任成长的重要路径。于是,2007 年他在全校范围内寻找有理想的年轻班主任一同组建了一个新的团队,魏俊起、刘强、郐宗炯等在工作中有追求的年轻人加入了这个团队。就这样,九名理想教育的追求者组成了一个全新的班主任专业化研修团队,他们将这个团队命名为“8+1”。“8+1”源于爱因斯坦的名言:“人的差异产生于业余时间。”“8”指每天的八小时工作,这是所有教师都能做到的,工作室成员与其他班主任不同的一点就在于那个“1”,那就是团队成员每天要比别人多做一点点、多读一点点、多思一点点、多写一点点,最后成长为一个有理想、有才华、有专业追求的专家型班主任。

一开始,团队每星期研讨一次,研讨模式很简单,即“上周做法+下周规划”,这种开放的研讨方式激发了大家的热情。后来,“共同阅读+案例反思+集中研讨+专业写作”成为团队研修的新模式。每周团队集中的一次研讨活动多是在饭桌上进行的,大伙边吃边聊,这个时期后来被团队成员戏称为“九人小饭馆时期”。真正的“圆桌会议”让大家都无拘无束,团队成员经常为了一个关键问题争论一两个小时。相互之间说服不了的时候,便搁置争议,回去继续研究。

2007 年 9 月 23 日,秦望邀请天津德育特级教师张万祥老师来济源一中讲学。从此,“8+1”团队在张老师的指导下有了长足的发展。万玮、陈晓华等专家名师也应邀来济源一中讲学,使得团队得到国内众多专家的高度关注。

团队成员从名师的身上汲取力量,并在他们的帮助下,开始了疯狂的教育之旅。团队成员秦望、杨兵、王晓琳、魏俊起、刘强等人有数十篇作品被收入“大夏书系”“万千教育”及《班主任专业成长的途径》《魅力班会课》《打造魅力班会课》《班主任其实好当》等教育专著。2010 年杨兵还出版了个人专著《魅力班会是怎样炼成的》。

2008 年 10 月,《教育时报》“本土班主任专业发展论坛”在济源召开,共有 14 位班主任在会上发言,而“8+1”团队就有三人发言,这引起了与会专家、记者的关注。2009 年《教育时报・管理周刊》7 月 11 日首版以《从“三人行”到“8+1”——解读一个班主任研修团队的成长轨迹》为标题,整版报道了这个团队。班主任研修逐渐得到了学校领导及其他班主任的认可。

随后,团队自费去焦作参加新教育阶段性培训会议。团队成员一起参加会议,会议使他们远离教学一线,从而能够静心思考日常教育教学。团队成员的研究方向、团队的“行动纲领”在会议期间研讨确定下来。高层次的会议也为团队注入了新鲜的教育思想,消除了日常僵化的应试教育所带来的困扰。

（三）成熟期：济源一中“8+1”工作室（2010—2013年）

班主任团队研修模式得到了济源一中其他班主任的广泛认可，更多的年轻班主任申请加入“8+1”团队，希望在班主任专业化的道路上获得引领。在校长的支持下，“8+1”团队在原有的基础上成立了“8+1”工作室，从本校不同年级、不同学科、不同年龄层次的班主任中吸纳新成员，工作室成员扩增至23人。在学校的支持下，工作室有了固定的研修场所。

《班主任之友》2010第11期以《扎根本土，互相扶持》为标题报道了这个团队，团队成员集体荣登封面。《班主任之友》2011年7、8期合刊做了一个“班主任专业发展”的专题，秦望的《有效的班主任专业发展共同体》对团队建设进行了理论提升。2011年10月，“8+1”工作室在《教育时报》首届最具智慧力班主任评选中被评为最具智慧力团队。

2013年工作室以案例分析为主题设计了济源一中的第五届班主任论坛，从全校班主任写的案例中选出五个在大会上为全体班主任共同解读，这是工作室在承办学校前四次论坛基础上进行的一次重大尝试，赢得了校长和老师们的一致称赞。

（四）拓展期：“8+1”工作室的发展（2013—2015年）

在这个过程中，工作室成员一直在全国各地行走。很多班主任想加入“8+1”工作室，借助QQ平台，“8+1”工作室发展成了拥有2000多人的全国性班主任工作室。

以校本团队为主体，汇聚全国热爱教育的教师的力量，工作室开展了十大课程：高中系列班会课、初中系列班会课、小学系列班会课、微型班会课、男生女生生命成长课程、教育叙事、家校合作、生涯教育、电影课程、主题阅读。

2015年1月15日是工作室成立十周年的日子。借此机会我们做了十件事：办一份电子期刊、设计一个徽标、撰写一首室诗（歌）、建一个网站、征集一批资源、编写第二辑读本、拍一个宣传片、开一个网络会议、发展一批会员、盘点自己这十年。我们讨论了工作室的定位，提炼了核心理念，规划了工作室的前景。

我们的定位是：构建一个以班级常规管理研究为基础，以班会研究为核心，以个性化发展为导向的全国性团队。

我们的核心理念是：为改善我们的教育而努力。

我们的核心价值观是：做足功课、心怀梦想、阳光心态、合作分享、学术争鸣、成就学生。

我们的前景是：成为卓越班主任的培训基地，成为班主任工作专家的摇篮，成为校本班主任团队主持人的训练场。

（五）推广期："8+1"班主任工作研究室（2016—2018 年）

2016 年校本工作室研修愈加规范，团队制定了校本工作室研修规则，研修时间、内容、纪律得到了保证，研修效率进一步提高。

研究成果系列呈现，工作室研发了"班会课程"和"电影课程"，先后出版了 9 本著作，供全校使用及全国同行借鉴。

2017 年以来，工作室在新疆、许昌、郑州及济源市内不同学段的学校进行了指导班主任工作室建设，异地复制工作室 9 所，在全国进行异地复制工作室实验，验证校本班主任工作室建设效果。由于有成熟的模式输入，这些学校的班主任工作室很快走上正轨。

三、成果主要内容

十余年回望，"8+1"工作室已经摸索出了一条行之有效的校本化班主任发展共同体建设的有效途径。

（一）开创运行了班主任民间自主成长的新模式

校本班主任工作室是融实践、研修、研究和培训为一体的学校生活和班主任自主抱团成长的有机组织。

（二）系统规划了班主任工作室日常行动的路径

群体修炼十大行动：扎实开展阶梯阅读活动、坚持多种模式日常研修、建设德育课程资源库、编写工作室读本系列、实施师生三年共读计划、探索工作室亲子教育、实现师生共写班级历史、开发课程培养团队专家、扩大对外学术交流、搭建工作室媒体平台。

个体修炼十项功课:每月读一本班主任类杂志、每学期读一本思想随笔、每学期看一部教育影视剧、每学期听一次专家讲座、每个月上一节精品班会课、每星期做一次心理辅导、每星期写一篇教育随笔、每学期举办一次主题演讲、每学年写一篇德育论文、每学年组织一次文化旅行。

工作室十种研修模式:经验交流、现场观摩、共同阅读、共同写作、聆听窗外、资源分享、主题报告、班风诊断、专题研讨、案例分析。

(三)厘清搭建了班主任必备的知识和能力结构

这些知识和能力结构有:日常管理、文化建设、特殊学生、管理队伍、活动组织、主题班会、家校共育、沟通艺术、心理辅导、案例分析、课程开发、专业成长。

(四)研发实施了助推学生成长的德育课程体系

德育课程体系包括:“高中班会课程”114 课、34 个主题和小、初、高“电影课程”100 课。

(五)归纳出了优秀班主任团队的十条标准

这十条标准分别是:有代表人物、有核心理念、有活动阵地、有研修模式、有共同行动、有特色项目、有活动制度、有研究成果、有长期规划、有资源积累。

四、效果与反思

(一)效果

“8+1”工作室经过集十余年的实践、研修、研究和培训为一体的自主抱团成长,成员的班主任专业素养获得了极大提升。工作室成员均多次被评为校优秀班主任,多人被评为省、市级优秀班主任,工作室还培养了多位校本班主任专家。

班主任团队研修模式得到了学校的认可,学校为其提供了固定的研修场所,并将这种民间自主成长模式推广到全校各个年级,学校各年级纷纷组建班主任工作研修小组,工作室成员大多成为组长。学校不干预小组活动,不安排任务,不定指标,由组长自发组织研修。基于校情、级情的班主任自主小组研修激发了班主任的实践研究热情。以往靠领导督导班主任工作的行政推动模式,渐变为老师们自动自发进行组织活动。

每年两期的学校德育论坛,一次是班会优质课展示,一次是解决班主任普遍关心的德育难题,均由工作室设计实施,已经进行到第八届,受到了学校领导和班主任的广泛认可,成为济源一中闪亮的德育品牌,学校也因此被评为全国中小学思想道德建设先进单位。工作室还基于学校发展的需求作了学校的德育规划。

团队已与出版社达成协议,近几年策划出版图书"8+1 工作室读本"系列 20 本,现已出版 9 本。

(1)《魅力班会是怎样炼成的》 (班会理论) 杨兵 著

(2)《为学生一生发展奠基》 (班会案例) 杨兵 主编

(3)《光辉岁月》 (教育叙事) 秦望 著

(4)《32 朵鲜花和 9 株绿树》 (班级史册) 秦望 主编

(5)《生命拔节的声音》 (学子回忆) 秦望 主编

(6)《阶梯电影课程》 (课程建设) 王晓琳 主编

(7)《高中系列班会课》(高一卷、高二卷、高三卷)
(班会案例) 秦望 主编

我们的校本工作室建设引起了很多学校的关注,《校本班主任共同体建设(8+1 工作室)》申报了河南省 2016 年基础教育教学成果奖,并获一等奖,在 2017 年河南省校本教研推进会上作为典型进行交流。

(二)反思

工作室取得了可喜的成就,但同时也存在一些问题。一是工作室在校内的引领带动作用没有想象的那么大,由于团队的自发、民间的属性,工作室只能吸引那些愿意自我发展的同人,对那些产生职业倦怠感、缺乏工作热情的班主任影响较小。二是工作室部分成员动力不足,团队某些成员没有研究方向,缺少动力,拖拖拉拉,影响项目的进行。三是工作室成员的教育理论功底较弱,团队成员缺少对系统教育理论书籍的研读,对教育问题仍停留在总结经验的表层,与专家型班主任的理论要求不适应。四是工作室异地复制经验有待积累,面对不同地域、不同学段的班主任工作室,在工作室复制的过程中遇见不少问题需要解决。

如何让"8+1"工作室的点点星火变成熊熊燃烧的火焰,如何让熊熊燃烧的火焰引燃身边同事甚至整个德育团队,这是我们一直在努力研究的方向,并将始终坚持下去。

运用有机适应型组织理论促进学生自主管理文化体系的建设

案例持有人:赵验军

所在单位:安阳市殷都实验小学

主要合作者:白艳红 李银旺 陈颜 张瑞娟

一、问题的提出

有机适应型组织理论作为一种科学的管理模式,它是基于变化、适应变化的制度,鼓励个人创意,强调兼容并包,能够容纳异议,并反对盲信教条与权威。这种模式需要民主的氛围,包括以下要素:充分、自由的沟通,依靠多数意见而不是胁迫或妥协来解决冲突;相信影响力是基于技术能力和知识,而不是基于个人一时的异想天开或特权;允许甚至鼓励任务导向的行为,以及情感表达的氛围;承认组织与个体之间必然会有冲突,但也愿意理性地处理和调停这些冲突;在科学模式中,个人可以充分发表意见而不是被排斥、压制;个人得到足够的重视而不是被视为机械式的工具;个人拥有自主权,能够发掘自身潜力,充分表现自己。

安阳市殷都实验小学的小学生岗位自主管理是在学校“我发现”文化的引领下形成的学生自主管理体系。所谓小学生自主管理,是指小学生自己主动采取的用来自我控制和协调班集体、小组、个人之间关系的行为管理方式。有机适应型组织的理论恰恰为我校的小学生自主管理确立了坚实的理论基础。

根据有机适应型组织的理论来发展完善我们学校的小学生自主管理,有助于孩子学会协调个人与班级、个人与小组的关系,更有助于孩子培养健康完善的个性，让孩子认识到要想让生活学习的环境对自己的成长和发展更有利，就必须学会充分自由地沟通，并且学会把自己的意愿与大多数人的意见相协调。尽管班级的建设和发展会与自己的意愿有所不同，但经过充分自由的沟通，孩子们能够体会到自己在班级小组中得到了尊重，由此既能培养孩子养成独立的个性，又能很好地在社会集体中得到大家的支持、认可和帮助。有机适应型组织的核心就是通过一定的机制、机遇，让孩子自主地去适应环境的要求，进行自主的管理、修养和提升。其重要意义体现在三个方面：

第一，实行小学生自主管理是集体教学的基本要求。集体教学的优点是可以提高工作效率，但其不足之处是难以顾及集体中每一位成员的具体情况。自主管理是小学生自我教育的一个重要因素，它弥补了集体教学模式中管理上的不足。

第二，引导小学生进行自主管理，可以提高他们自主接受教育的能力。儿童能否受到良好的教育，受内、外两个方面因素的影响。而引导小学生自主管理正是其内部因素发挥积极作用的重要途径，能够使学生在更好的环境中接受教育。

第三，引导小学生进行自主管理，可以培养儿童独立的个性。教育的最终目的是培养社会所需要的合格人才。“合格”有着不同的解释，一方面是具备现代化的、合理的智能结构，另一方面是具备独立完善的个性。“独立”不仅指不依赖父母，有较强的生活自理能力，更重要的是要具有开拓创新的思维能力。在班级管理中有效地实行自主管理，将有利于儿童认识自我，了解他人，明确人与人之间的合作关系，为培养社会化人才打下坚实的基础。

二、实践研究的过程与方法

根据有机适应型组织理论，在总结提升我校班级自主管理经验的基础上，我们归纳出了引导小学生进行自主管理的途径和方法。

（一）强化有机适应型自主管理的模式——“班—组—队”管理模式

我们学校是大班额，每个班学生都在 70 名左右，要真正实现学生自主管理,首先要组建适合学生的自主管理模式:班级管理实行“班—组—队”结构管理模式。

全班分成六个小组,每个小组分为两个小队。六个小组的课桌呈两竖列紧靠着摆放,即学生面对面围坐,有别于统一面向黑板的插秧式座位。六个小组编号分别为一组、二组、三组、四组、五组、六组。组内小队分别命名为一组A队、一组B队,二组A队、二组B队,三组A队、三组B队,四组A队、四组B队,五组A队、五组B队,六组A队、六组B队。

班级设一个班长,两个副班长。每个组设一个组长。每个队设一个队长。班长、组长、队长的人选,一律采取民主竞选的方式产生。

班长的职责是宏观管理全班事务。副班长的职责是为语文、数学等任课教师服务。组长的职责是组织、管理全组的事务,包括记录本组成员的多元发展性评价得分档案,对本组成员岗位自主管理进行考核,班会课上代表本组进行工作总结,课堂上帮助队长进行交流、预展和展示等。队长的职责是在课堂上组织本队进行交流、预展和展示。

“班—组—队”结构形成之后,班级管理路径就可以由教师管理到个体变为教师管理到小组,管理的单位变为6个,管理变得轻松、高效。不用担心个体的管理失控:一个组长管理两个队长,是不会失控的;一个队长管理5个队员,也在有效管理范围内。所以整个班级事务或课堂秩序,就变成教师一对六、组长一对二、队长一对五的状态。

实行“班—组—队”管理结构,实施非常方便,效果也非常显著。尤其对小学科教师的课堂管理,优势就更加突出。小学科教师一般认不全学生,课堂上直接管理学生个体,由于叫不出学生姓名,使管理效果大打折扣。而现在只管6个组就可以,如果平时集会列队等,都以组为单位进行,则班级管理将更加轻松。

(二)细化有机适应型自主管理的能力——班级管理分工

小学生在小学阶段是独立自主进行生活学习的起点和开始,也是培养独立性的关键。为变粗放型班级管理为严密型班级管理,学校通过细化班级岗位分工、岗位职责、岗位标准和要求等具体事务,实施岗位自主管理,以此培养学生的主体意识和责任意识,提高学生自主管理的主动性和积极性,增强学生自主管理的管理效果。以下是为班主任提供的班级管理分工：

自购班级物品十大件：(1)小红桶(盛垃圾)，(2)大红桶(存放工具)，(3)卫生工具(抹布、笤帚、簸箕、小铲子)，(4)花卉3盆，(5)教室文化版面4块，(6)钟表、电池，(7)图书角书架，(8)讲桌收纳盒，(9)卡夹，(10)窗帘夹。

设计漂洗抹布口诀：洗抹布，要分区；淋上水，搓十次；淋上水，拧一拧；换个区，重新来；拧干水，擦干手。

设计擦地板口诀：湿干布，手中拿；左手扶，右手擦；横两次，竖两下；小岗位，顶呱呱。地板和瓷砖在每天早上上学前、中午放学后、下午上学前、下午放学后共擦四次，抹布每天漂洗一次。

统一自主管理小岗位的标准和要求：最多2块地板砖为一个岗位，最多10块墙瓷砖为一个岗位，最多3个花盆为一个岗位，全部窗帘为一个岗位，全部电棒为一个岗位，全部电扇为一个岗位，白板为一个岗位，饮水机为一个岗位，空调为一个岗位，门锁为一个岗位，推拉窗户不允许作为学生岗位，每个小组的桌凳、桌罩整理和区域卫生为一个岗位。

明确桌凳放置要求：每天下午放学时，各自将凳子放到课桌上，面朝下、腿朝上，横着摆、整齐放。早上来学校，先来者，将本组凳子统一整齐放下，腿朝下、面朝上，横着摆、整齐放。

明确教室电灯开关要求：内侧教室上午和下午第一节课不开灯，外侧教室上午第三节课、第四节课和下午不开灯。

明确饮水机开关要求：上学时开机，放学时关机，人在开机，人走关机。

明确电扇和窗帘开关要求：各班自己规定，但必须有规定。

(三)完善有机适应型自主管理的评价——及时捆绑评价

要帮助学生形成自主管理的能力，除了明确分工，还必须及时捆绑评价，坚持每个学生一个岗位，可以让个别能力强的学生一人双岗。组长每天对本组成员岗位履职情况进行考核，好的记2分，差的记1分，没履职记0分。班级实行一周一小结，一周一评比，学校一月一小结，一月一表彰，自主管理月冠军组和自主管理小明星要照相，张贴到学校的表扬栏里，同时这个评价分数计入学生期末评选优秀学生的评比中，是学校多元发展性评价中的重要内容。

教师对组的管理方式,主要采取"规则—考核—评价"的模式,即建立一系列管理规则,并适时对各组按规则考核,而后根据考核结果评价六个小组。事实证明,六个小组为了集体荣誉,组员会甘愿服从组长管理。这样的管理模式也叫捆绑评价、抱团发展。

这样的评价方式使学生体验收获的快乐,增强其责任意识,爱护其对应的小岗位,自觉做到每天坚持上岗、文明上岗。同时这种评价方式也调动了学生自主管理的积极性,让学生在充分的实际锻炼和亲身体验中学会自我教育、自我管理、自我评价。

三、研究成果的主要内容

实行学生自主管理文化体系建设以来,我们取得的成果十分喜人,主要体现在以下几个方面:

(一)有机适应型自主管理的理念在学校制定的对班级物品经费的管理规定中取得了应用性突破

根据以往的经验和对班级物品使用数量的科学评估,每个班级每个学期会确定一定的金额。殷都实验小学按照班级自主管理的理念,对班级物品实行班主任包干管理。班级包干管理的物品分为三大类:

1.归班级管理的物品

对这类物品,班主任要妥善予以管理,管理的标准是:(1)有岗位管理员专门管理;(2)能够正常使用;(3)无损坏;(4)能交接。如果物品因损坏导致不能正常使用,则由班级自主维修。

2.归班级自主购买的物品

对这类物品,班主任要及时购买,管理标准是:(1)及时购买,保证使用;(2)数量够用;(3)完整、无损、无污、能用;(4)有岗位管理员专门管理。

3.临时归班级管理的物品

对这类物品,应根据物品性质,予以妥善管理。

（二）有机适应型自主管理的理念在设置班级自主管理小岗位的应聘—竞聘程序中深入人心

学校根据多年来自主管理的经验，出台了《班级自主管理岗位设置指导意见》，指导思想是帮助班主任将班级事务分解为最小的、独立的管理单位，将这些最小的、独立的管理单位设定为小岗位，每个小岗位对应一个管理员负责管理该岗位。

规定统一设定的小岗位有门锁钥匙管理员、窗户开关管理员、窗台卫生管理员（一般为 2 个）、窗帘开关管理员、电扇开关管理员、空调开关管理员、饮水机开关管理员、白板开关管理员、教室内版面管理员、粉笔和教师教学物品管理员、桌罩管理员、宝贝袋管理员。其中桌罩管理员为每组一个，宝贝袋管理员为每队一个。

教室卫生和清洁区卫生属于班级内学生自主管理的艰巨性岗位。艰巨性岗位实行“组单位、月周期”管理制，即一组和二组、三组和四组、五组和六组为三对劳动对子，每月轮流一个对子负责艰巨性岗位，对子组抓阄确定所要负责的清洁区或室内岗位。按照这个规定，习惯好、能力强的学生将负责两个或三个服务岗位，而另一批学生则负责轮流的艰巨性岗位。

对于岗位的应聘，学校进行适当的指导、督导，确保学生能在公平、公正、公开的原则下进行竞聘。这样，有机适应型理论所倡导的理念得以全面落实，在应聘和竞聘的过程中，学生就会逐渐学会协调个人与班级、个人与小组的关系，一方面根据班级管理的需要所设置的岗位能合理地落实，一方面学生健康完善的个性在充分自由的沟通基础上逐渐形成。

（三）有机适应型自主管理的理念在班级物品设施使用意见反馈中和岗位职责规范过程中获得印证性表现

在教室内设施使用规定中，学校对空调和电扇实行统一供电控制，一般在 5 月、6 月、9 月、10 月这四个月可以使用，也可以在气温高于 28 摄氏度时使用电扇，但放学时必须关停。开学期间每天都可以使用饮水机，到校后打开饮水机电源烧水，放学时关闭饮水机电源。电灯的使用，晴天时，上午第二节课前可以使用电灯,课间操之后必须关闭电灯,下午第二节课后方可再次使用电灯;阴天时,可以适当延长使用电灯的时间。窗帘的开关必须由窗帘管理员执行,何时开、关窗帘由窗帘管理员确定。放学时,关闭窗户,锁好教室门。桌凳、桌罩按照管理规则进行管理。白板根据课堂需要开、关。

在教室卫生管理规范中,明确要求宝贝袋管理员应及时将碎纸、垃圾收集到宝贝袋中,并在下午放学时清理干净。桌凳和桌罩在上午、下午的上课前、放学后要分别进行两次摆放、铺展,摆放、铺展要整齐。下午放学后,凳子统一放在课桌上,面朝下、腿朝上地扣在桌面上(一、二年级班主任根据情况,可以要求学生将凳子放在课桌下)。窗台每天上午、下午上课前各擦一遍,保持干净清洁。粉笔盒下课后要及时整理,将散落的粉笔归入粉笔盒,保持讲桌无粉笔尘。饮水机每日擦一遍,保持干净整洁。地面每日扫三次,分别是在上午第一节课前、下午第一节课前、下午放学后,打扫标准是"扫一遍,无垃圾,无灰尘";工作方法是承包责任制,即平均分割教室地面成一个个小单位,小组成员每人固定认领一个小单位,并将其作为自己本月在打扫卫生方面的管理岗位。

在管理性班务管理规定中,作业本收发等工作,建议由组长、班长负责。组长负责考核、检查岗位自主管理的岗位履职情况,并负责记录分数。班长与副班长负责少儿科学院的学分记录工作。

在集会、两操、路队管理规定中,要求学生在集会、课间操、集中放学时,将凳子放在课桌下或放在课桌上后,从第一组开始,依照一、二、三、四、五、六组的顺序,组长排头呈单队按照规定线路走向集会地点或放学路队集合地点。集会集合、做操集合时,从出楼梯开始,必须以单队、直线、直角、甩臂、齐步的方式行进到集结地点。升旗仪式集会,每班站两队,前后左右各距离半米。做操时按照规定队形列队,基本要求有两点:动作整齐、动作到位。广播操之后是跳绳环节,等待组要静止站立,观看运动组。眼保健操做"眼球操"。广播体操可以从已经公布的9套体操中挑选出最适合的一套操作为规定体操,不一定选用最新的一套,但要执行全校的统一安排。放学时,放学路队行进成两队,在指定地点处解散,每个班只能有一处解散地点。

另外,座位调整周期为一周,实行前后左右依次轮换的调换座位办法。每学期期末评选表彰优秀学生,优秀学生是学生的最高荣誉,根据多元发展性评价体系,按照学分确定表彰对象。班级承担的学校管理岗位,按照具体工作要求执行。学生活动管理,按照具体活动要求进行管理。

(四)有机适应型组织理论通过学生管理岗位履职情况考核评价得到贯彻和实施

根据班级自主管理的岗位,学校制定了相应的考核评估体系,包括自主管理结构体系细则、科学特色课程岗位考核细则、特长发展考核细则等。各项考核细则的制定保证了所有自主管理小岗位的职责落实。

四、实践研究的效果与反思

我校自主管理文化体系经历了近十年的完善和发展,引入有机适应型组织理论后更是得到了巨大的发展和提升。

在进行自主管理文化体系建设的初级阶段,我们已经敏锐地感觉到,将学生在校进行学习活动中所应承担的义务和责任进行明确的细化和规定有助于小学生自主管理意识的提高和能力的培养。在实践中我们更深刻地体会到,学生的自主性、主动性、创造性只有在具备了相应的环境体制时才能得到培养和发展。

随着我们对有机适应型组织理论的学习和运用,我们从理论上找到了培养小学生自主管理能力的根据,并从中获得了更多的启示,从而使我校的自主管理上升到了自主管理文化体系建设的层面上来。我们体会到现代学校管理的最高境界就是自主管理,而实现自主管理的前提是建立自主管理的氛围、机制和体系。为此,我们将学生学习活动自主发展中的核心问题用有机适应型组织理论进行了分类。

一是整合,将学生的学习需求与学校班级目标统一起来。二是明确学校、家庭、社会关系问题,核心是学生应该享有的学习权利和应尽的义务及其分配。三是协作,主要是应对和解决学校班级内部的冲突问题,在承认差异的前提下实现学生群体的合作。四是适应,即学校班级如何面对充满个体差异的学生及其学习成长环境。五是复兴,即学生自主管理体系如何不断地获得动力、完成自新的过程。

当然,对有机适应型组织理论的学习和运用我们总体还处于初级阶段,所以我们理解得还不够深入和全面,在自主管理文化体系构建中的贯彻实践也还属于浅层次,不过随着今后工作的进一步开展,有机适应型理论在我校的各项工作中将会得到更广泛的应用。

让学生成为班级的主人

案例持有人：唐清方

所在单位：邓州市城区第三小学

主要合作者：程凌云　李俊玲　卢小平　丁英莲　赵凡

一、问题的提出

（一）前期的困境

大学毕业从教以来，我一直担任的是班主任工作，深知管理好一个班级是一项艰巨繁杂而意义重大的工作。刚当班主任的前两年，班级管理大多一统到底，形成了老师怎么说学生怎么做，即使班干部也只是老师的助手的现象。一个“累”字涌上心头，班主任像“救火员”一样忙碌奔波。与任课教师相比，班主任少了一份轻松与自在，每天被烦琐的事情牵绊着。

（二）未来的憧憬

为了从忙、累的班主任工作中“脱身解困”，我在学校领导和其他经验丰富的班主任前辈们的帮助下，总结前人得失，认真探索班主任工作，尝试在班级内开展学生自主管理模式，把班主任从烦琐的班级事务中解脱出来，从而有精力去打造一支有战斗力的管理团队，让所有人都参与到管理当中，个个都成为班干部，能够分担老师平时的烦琐事务。同时，让每个学生都参与班级的管理活动，对于培养学生的主人公精神和提高其自尊心、自信心，发挥其创造力及建立民主友好的师生关系，都有着十分重要的意义。

二、解决问题的过程与方法

（一）确立班集体的奋斗目标，创设和谐的班级环境

一个良好的班集体应该有一个共同的奋斗目标，这有利于形成强大的班级凝聚力。本着“以人为本”的思想，我和班级同学共同制定了班级条约。

班训：团结守纪，集体至上，发展创新，超越自我。

班规：团结友爱，文明礼貌。遵守校纪，争做楷模。尽力学习，力争上游。尊重他人，学会倾听。积极主动，完善自我。

每次班会课，全班同学会高声诵读三遍班级条约，现在你无论问六(6)班的哪位学生，他们都能告诉你六(6)班的班级条约。

（二）健全班级组织机构，建立学生自主管理的管理制度

许多人说班级难于管理，其原因是在他们的管理模式下，学生只是被动地接受管理，因而缺乏主人翁意识。若能让所有学生都体会到作为班级主人翁的责任，都能意识到自己是集体中不可缺少的一员，那么情形就大不一样了。

1.组建责任心强的班委

让学生主动参与班集体管理，老师不必事事躬亲，这有利于建立一支责任心强、素质高、工作大胆的班干部队伍。有了一支强有力的班干部队伍，班级管理就成功了一半。具体做法如下：采取学生民主选举班委、班委民主选举班长的做法。然后，由班长组织班委会，制定班干部工作的责任目标和职权范围，并向全班公布，由全班同学讨论后决定是否通过。班干部在开展工作中，由全班同学负责监督和评价，班上的一切日常管理，全部由班干部负责。班干部选拔出来后，让他们明确各自的工作职责，老师不要在工作中对其过多干预，他们毕竟只是十来岁的孩子，工作中难免会出现差错，应有计划地对其进行培养，放手让他们在工作中锻炼自己，并每半学期进行一次民主评议，让同学们互相督促，在民主评议中也要让同学们如实地、正确地对其进行评价。老师平时要多分析学生的特点，尽量做到人尽其用。

2.“轮流执政”的值周班长

一个班级需要一个相对稳定的班干部组织,可这个组织不能永久不变,班干部“终身制”不利于学生的全面发展,班级应为每个学生提供当干部的锻炼机会。值周班长是经民主推选产生的临时班长,每六个同学一组自由结合,组成一届临时班委,负责本周班级的日常事务。其中一个同学总体负责,任值周班长,其余五个学生分工负责。这种形式为每一个同学均提供了参与班级管理的机会和条件,锻炼了每个同学的能力,增强了学生的自我约束力和主人翁意识。

(三)实行岗位承包责任制,人人都是班级管理的主人

为树立学生“人人是班级主人”的观念和培养学生“班级是我家,管理靠大家”的责任感,同时也让自己将更多的时间和精力投入教学,我在班级设立了除班干部和课代表以外的“子岗位”。这些“子岗位”从课内到课外、从学习到纪律、从卫生到回收废品等,涵盖了学生生活学习的各个方面。全班每一个同学均有适合自己的岗位,有的同学为体现自己对班级的热爱,一人承担多项工作,全班一人多岗的学生占1/4。我在班级张贴了岗位负责表,并在下面打上了一行字:“希望每个同学真正为班级做事,自己承诺的事一定要做到,成为班级真正的小主人,同学和老师都会感谢你,并为你感到骄傲和自豪! 让六(6)班成为名副其实的健康、快乐、团结互助、积极向上的班集体!”岗位负责表格式如下:

卫生监督员:负责监督每天室内、室外及个人卫生,教室地面要做到无垃圾。

安全监督员:负责课间楼梯间、阳台及两操的秩序。

纪律监督员:负责课间、两操及自习课的纪律。

板报管理员:负责每周黑板报的设计制作。

图书管理员:负责整理图书、借阅图书及归还图书。

讲课桌管理员:负责讲课桌的卫生及物品的摆放。

门窗管理员:负责开、关门窗,防止损坏。

电器开关管理员:负责光线弱时提醒同学开灯,做到随手关灯。

电扇管理员:负责夏天开、关电扇。

领读员:负责早自习领读,监督同学们背书。

多媒体管理员:负责保护多媒体,做到按时开、关电源。

桌凳管理员:保证教室桌凳及桌面的整齐、干净,如发现损坏及时报修。

表册管理员:负责记录各组每周得分及评优情况。

……

这样每个同学各司其职,班里出了问题,我只要找负责该岗位的同学即可解决。当然我不可能就此对班级放手不管,我要及时和各岗位负责人联系,找其他同学调查,对负责任的岗位负责人在班里及时表扬并奖励,以提高他们的工作热情。

(四)学习小组在均衡基础上互帮互助组合

老师不可能时时对学生的学习效果进行跟踪反馈,但是如果善于组建、发动小组长,让他们随时随地对本小组同学上节、上周、上月的学习效果及导学案的完成情况进行抽查,那么对于老师来说复杂难办的事情会变得非常简单。小组划分的原则:组间同质,组内异质,优势互补;男女比例分配要适中;学生性格搭配要互补;优势学科与弱势学科要结合好;座位的安排要合理;阶段性随机调整。每6人为一组,3人为一桌,组有组长,桌有桌长,形成帮扶小对子。让组内的每个同学因自己的努力而有所进步和提高,让班级因自己的努力而有所进步。小组长以强烈的集体责任心对集体负责,小组成员努力为集体增添光彩,这才是我们集体教育的核心内涵。

(五)班级管理要善于总结,赏罚分明

为进一步提高班级自主管理水平,增强班级内部活力和小组之间的竞争意识,我对班级管理实行了“天天查、周周评、月月奖”的考评办法,以鼓励在班级管理中成绩突出的岗位责任人,同时培养学生的良好行为习惯和集体荣誉感。

天天查:由班长、值日班长、岗位负责人每天对各小组的每个学生的学习、安全、卫生、纪律、品德等表现进行常规细化检查,酌情记分。周周评:利用班会将各组本周实际评比项目进行分数汇总,根据所得总分评定出优胜小组、进步小组等,并及时张榜公布。月月奖:将当月周周评结果汇总,根据所得总分评出优秀、良好、合格小组,并以此为依据对各小组进行分层并给予奖励。

在班级管理当中,赏罚也要讲究方式方法。赏不等于单纯地发奖状。奖赏的方式有很多,比如:给家长发报喜短信;印发小奖状;减免孩子周末作业;让孩子当老师助理,或者帮助他实现一个愿望;给孩子一次讲课的机会或批改作业的机会;还可以让他当一天的班长,或临时委任他做课堂纪律的督察员;等等。让全班学生从中体会到只要付出了就会获得别人的肯定,体会到付出的快乐。惩罚的方式也有很多,但惩罚绝对不是目的,只是促进孩子改错的一种手段。特别是对孩子在工作上出现的失误要分析原因,区别对待,注意保护他们工作的积极性,多给予鼓励而不要严加批评。

(六)充分发挥班级日志的作用

班主任不可能时时守在班级里,学生也不可能事事都向班主任汇报,为了更进一步地了解学生在班级里的情况,搞好班级工作,学校为我们每个班都配备了班级日志,由班委填写。班级日志对搞好班级管理帮助很大。每周一根据班级日志开展主题班会,班主任对学生进行理想教育、集体主义教育,要坚持正确的舆论导向,树立班级正气,促进良好班风的形成。要了解学生的动态,有针对性地做通学生的思想工作,促使学生自省。班主任通过班级日志,结合自己平时对某一学生的了解,能够比较真实地向家长反映学生的在校情况,使家长和班主任在学生教育问题上达成共识。

三、成果的主要内容

在有机适应型组织理论指导下,我按原定计划操作,不断地修改和完善实施方案,在实际操作中,边学习边实践,以理论指导实践,以实践促进认识,在班级学生自主管理方面取得了一定成果。具体内容如下:

(一)整合班级努力目标,调动学生自主管理的积极性

一个良好的班集体应该有一个共同的奋斗目标,在逐步实现目标的过程中会产生激励效应,形成强大的班级凝聚力。作为班级组织者的班主任,应结合本班学生的思想、学习、生活实际,制定出本班的奋斗目标。在实现班集体奋斗

目标的过程中,要充分发挥每个成员的积极性,每一共同目标的实现,都要让大家分享集体的欢乐和幸福,从而形成集体的荣誉感和责任感,形成一种人人平等、人人有责、相互牵制、相互竞争、相互交融的良好机制。

(二)改革班级管理方法,引导学生全面参与班级管理

单一的角色不利于学生的全面发展,而通过组建班委、实行岗位轮换制度和成立学习互助小组,学生在不同的管理岗位得到了多方面的锻炼,从而获得了多方面的管理体验,提高了管理能力,激发了主动参与班级管理的积极性和主动性,并从管理者的角色中学会管理他人和自我管理。

(三)实行学生自主评价,培养其自我管理的能力

我们尝试着让学生通过自评与互评相结合的方式来进行自主管理,学生通过自评、互评、小组评,把自己所取得的进步记录下来。在评价中学生从他人的肯定中得到了满足,获得了自信;在自我批评中,学生学会了反省,逐步完善了自我。

(四)发挥教师的主导作用,“阶梯式”帮助学生自主管理

在全新的班级建设模式的具体研究和实施过程中,实际上遇到了很多的问题。比如在刚接手小学起始年级的班级时,由于低年级学生年龄小,管理能力和自制能力都比较弱,学生自主管理的效果均不够理想。个别自我约束能力差的学生在各方面不能严格要求自己,不服从班干部的管理,使班级的管理效果不够,等等。针对这些问题,我充分发挥教师的主导作用,将学生自主管理班级的过程按照班级建设的需要划分为以下三步:

第一步:班主任扶着走。学期开始班级成员刚刚聚在一起,彼此之间缺乏了解、互不相识,自主管理机构尚未建立起来。因此,这一时期班主任应发挥自己的主导作用,深入了解学生,加强常规教育,对学生提出明确的要求,然后要求学生认真地自觉执行。这一阶段要先发挥班主任在管理上的主导作用,这也是实施“学生自主管理”的前提。

第二步:班主任监护着走。这时班级成员之间已经有了一定程度的了解,

班级的领导核心——班委已经基本形成,班集体和学生个体的自我教育意识及能力都有了一定的增长。在这个师生共管的阶段,班主任在管理上只需起辅助作用,最主要的工作是培养班干部。

第三步:学生独立行走。在这一时期,全体学生参与班级管理,班级有明确的管理岗位和职责、正确统一的班级舆论、良好的班风和互助协作的人际关系,全班已成为一个组织制度健全的整体。班主任能够而且必须从班级管理中逐渐“淡出”,采用民主管理方式,实现从班级管理者角色向班级支持者角色的转变,充分放权,让学生高度自治。

四、效果与反思

以有机适应型组织理论为指导,我组织构建的“让学生成为班级的主人”的班级建设模式,在不断地实施、修改、完善、再实施。通过边学习边实践,以理论指导实践,以实践促进认识,这种模式取得了一定的阶段性成绩。具体内容如下:

其一,实施教师指导下的学生自主管理,每个教师都参与学生的教育和管理,以此形成教育合力,增强全体教师的育人意识,有利于教师全员育人机制的建立,同时也减轻了班务导师的工作负担,使他们有更多的时间和精力从事教学工作,提高了教学质量。

其二,学生干部参与管理的能动性增强了,学生的自我约束力提高了。由于班级学生干部和学生自主管理成员都是通过自愿报名后公开竞选出来的,管理者对被管理者的各方面需求更了解,管理的方式易于被接受。

其三,自主管理促进了良好班风、校风的形成。导师指导下的学生自主管理为每一个学生提供了参与班级管理的机会,学生既是被管理者又是管理者,促进了他们自我约束能力和自我管理能力的提高,增强了他们的自信心,有利于他们能力和特长的发挥。配合星级班级管理制度的建立,进一步增强了学生的集体荣誉感,从而促进了良好班风、校风的形成。

其四,导师指导下的学生自主管理为教师更加了解学生创造了条件。开学初教师要建立学生档案,调查学生基本情况,这样使教师做到了心中有数,同时也加强了家长和教师间的交流和合作,形成了教育合力,教育效果更加明显。

从学生开展自主管理以来,管理效率大大提高了,学生间的交流更加亲切和直接,学生的学习习惯与行为习惯在潜移默化中得到了强化,从而促使集体更加进步。让学生养成自我教育、自我管理的好习惯,并持之以恒,这是我追求的目标。但在具体的研究和实施过程中,也遇到很多的问题,比如在还没有培养出得力的班干部以前放手,部分班干部依赖性强、工作缺乏积极性和主动性。这都还有待于我们进一步探索和实践。作为教育工作者,要全面实施素质教育,任重而道远。

希望互助小组的探索与实践

案例持有人:傅彤方
所在单位:安阳市第三十二中学
主要合作者:岳卫忠　李志尚　李昱

教研存在于我们的日常工作中,是工作常态中的一个重要组成部分。前些年我们过分强调了教师的地位和主观能动性,只是单纯地从教师的层面进行了教研教改,导致出现了各种各样"一刀切"的教学模式,比如每节课教师只讲 15 分钟、学生必练 15 分钟等,这些教研教改是机械式的,不符合教育教学的实际情况。安阳市第三十二中学以校本教研为抓手,运用有机适应型组织理论改进了学校的校本教研,尤其在探究"希望互助小组"促进学生全面发展和教师专业水平提升上取得了一定的成绩。我们结合学校的教学实践,对希望互助小组的产生、组建、实施、评价等方面进行了总结阐述。

一、希望互助小组的产生

安阳市第三十二中学是一所生源薄弱的初中,由于历史、地理位置等原因,第一志愿选报我校的学生只占招生总人数的 30%,其中优秀学生占 3%,40%的学生来自城乡接合部的农村学校。城乡教育的差别导致进入初中后学生的水平测试成绩连续五年位于全市二十五所中学的后五位。如何改变现状是摆在我校面前的一道难题。面对程度参差不齐的学生,完全靠教师的教去改变现状,真正做到让每一个学生享受课堂给他们带来的成就感,是很困难的。很多情况下出现的结果往往是有的学生"吃不饱",有的学生听不懂,最后只是照顾了部分学生,这也是很多教师普遍面临的问题。因此,我校结合本校的实际情况,围绕有机适应型组织理论和互助理念,尝试建立了希望互助小组,以此进行合作式学习,试图激发每个学生的参与意识,以小组活动带动学生整体水平的提高。

二、希望互助小组合作学习的意义

(一)有利于部分学生克服自卑心理

在希望互助小组合作学习中,那些平时不敢在全班同学面前发言的学生有足够的时间思考问题,并且有机会和小组成员互相交流看法,获得及时的反馈,并进行必要的更正,因此能够使其降低犯错误的概率,增加成功的可能性,还能够增强其学习的自信心。

(二)有利于提高学生的学习积极性和自学能力

青少年的认知发展和社会性发展是通过同伴间相互作用得以促进的。这是因为教人越多,自己学到的也越多,掌握得越牢固。合作学习把学生由旁观者变为参与者。那些已经掌握某种知识和技能的学生把知识和技能教给其他成员,作为讲授者的学生,为了能够教得更清楚、透彻,必须对所学的材料进行认真的阅读和分析。教人的同时学生的学习积极性提高了,自学能力也提高了。

(三)有利于培养学生的合作能力

希望互助小组合作学习采取了个人成绩与小组成绩挂钩的形式,共同的学习目标创设了这样一种情境,小组成员达成目标的唯一办法是除了提高自身能力外,还要看小组能否取得成功。在这种情况下,帮助同伴、鼓励同伴促进了组内成员的互助与合作,增进了学生间的友谊,培养了学生的人际交往能力,增强了集体意识。

(四)有利于教师专业水平的提升

课堂还给了学生,就等于将学习的主动权给了学生,那么学生可能就会产生很多新的问题,这些问题可能是教师独自一人备课时所不能想到的。这对教师来说也是一种挑战,需要教师不断变换角色,更好地挖掘教材,提高驾驭课堂的能力,提高自己的专业水平,才能随时解决学生的新问题。

三、希望互助小组的组成

科学地组合小组成员,分好小组是合作学习的基础。我们本着“异质同组,组间同质”的原则进行分组,每小组4—6人。为使学生在竞争中有旗鼓相当的感觉,班级在划分小组时,力求使每个小组的水平(智力基础、学习成绩、学习能力等)保持相对均衡,这样保证了小组合作的动力与信心。同时,我们还要关注学生的个性特点,每组都要安排有较为活跃、组织能力强的学生,这样有利于调动小组的学习气氛,增强组员之间的合作意识。最后,我们更要选好组长。组长是一个小组合作学习活动的组织者,是老师的小助手,选好组长直接关系到学习活动的效率。我们采取了个人自荐、组内表决的方法选组长,并明确小组长职责。

四、希望互助小组合作学习的内容

(一)预习中的合作

以英语教学为例,由于教学时间较紧,学生人数较多,在讲授新单词时,教师难以一一面授辅导。这时,教师就可充分发挥小组合作学习的优势,先纠正部分学生的发音,然后进行小组比赛朗读单词。这时,为了集体的荣誉,发音不准的学生就会主动向发音较好的学生请教,发音较好的学生也乐于指导,这样既能增加学生的练习量,又发挥了学生的主观能动性。在讲授新课时,如果从每句话的翻译到每个基础知识点都一一讲解,时间往往很紧,但不讲可能个别学生又不会。所以我们在讲授新课前,可以先让学生个人预习,然后再进行小组合作预习,最后由教师统一讲解组内无法解决的疑难问题,这就大大提高了学生的主体地位和课堂的授课效果。学生在小组内讨论时,不是面向老师,而是面向同学,这样他就没有了畏惧心理,慢慢有了信心,而善于预习的学生在讲解时,预习结果得以外化,使自己掌握的知识也更牢固了。同时,教师也不用在课堂上逐一讲评,这样可以有的放矢地解决重点和疑点,节约了时间,提高了授课效果。教师有时还可以在难度和广度上深挖掘,这样,学生不仅课上学得轻松,参与的热情也会提高,而且能学到许多书本以外的知识,拓展了知识面。

(二)课堂学习中的合作

其实平时的课堂教学中有很多知识是学生在课前预习中就可以学会的,而在预习中没有学会的知识,借助希望互助小组同学间的相互讲解、交流、讨论、探究,基本能解决一半问题。以英语为例:大量的、准确的朗读能够促进学生听力和口语的进一步完善,而广泛的朗读更能充分提高其阅读和写作水平。可很多学生往往不敢开口讲英语,这时,教师可以充分发挥小组学习的优势,以小组为单位开展朗读比赛。组员之间为了小组的荣誉,每个学生都会不甘落后,从而互相帮助,提高学习效率。同时还可以进行课堂活动的延伸,进行合作表演对话比赛。一般来说,英语成绩好的学生都乐于承担内容较复杂的角色,英语成绩较差的学生也会不甘示弱,努力演好自己的角色,每个组员都能在小组活动中充分锻炼自己的语言表达能力,从而提高英语学习的兴趣。物理、化学等探究性的课堂,教师提出问题后,小组成员可以提出自己的猜想,他们在相互交流中形成了一个更加具体的猜想,达成了一个翔实的探究方案,然后分工进行实验探究,在探究的过程中仍然会伴随着相互的交流与评价。最后,各小组间再进行展示交流,以此让每位学生都能成为课堂的主人。

(三)习题课中的合作

每次测验后,讲评试卷都是一件棘手的事,由于学生错题类型各不相同,教师不可能在一节课内讲解完所有题目。同时,一些学生由于自卑心理,不敢把自己的问题大胆地提出来,这时我们就可以利用希望互助小组来解决这些问题,可以在小组内让学习成绩好的学生帮助成绩较差的学生,成绩中等的学生相互探讨,共同订正试卷上简单的错误。共同的疑难点提交老师统一讲解,这样既节约了时间,又可以对难题、重点题重点讲解,拓宽了学生做题的思路,使每个层次的同学都学有所获。

（四）作业中的合作

作业是学生学习中不可缺少的环节。学生通过做作业可以对所学的知识加深理解、增强记忆、加以巩固，也可以发现所学知识的缺漏并加以弥补。同时，学生做的作业，给教师提供了教学的反馈信息，教师通过批改作业、评讲作业、有针对性地辅导学生，能更有效地帮助学生掌握书本知识。但现实情况是，往往教师辛辛苦苦地批改昨日布置的作业，有些学生看也不看就慌慌张张地去做今天的作业了，更谈不上订正了。而要做到每本作业都要老师面批、督促，又没有这个时间。采取小组合作批改作业则可以有效地解决这个问题。每小组教师面批一本，讲解后再由这名学生给小组其他成员批改。较难的作业由小组内成绩较好的学生批改，简单题由其余学生做。最后教师对检查订正后的作业做出点评。这种方法实施以来，大大改善了学生做作业的效果，也督促了学生做作业习惯的养成。在小组合作过程中，学生培养了合作意识和团队精神，感受到了集体智慧的力量，分享了成功的喜悦，真正体验到做作业的乐趣和学习的快乐。

（五）小组合作的评价手段

希望互助小组的评价着眼于学习的过程和效果，采用互助、竞争的评比机制，以学习习惯、学习表现和学习效果为周期评价项，每两周为一评比周期，定期评选出优秀希望互助小组和希望之星，每个周期的评价主题依据学生的实际情况加以调整。如“课堂准备好”主题周，评价项为：上课就座快，不找、不借学习用具，预习作业完成好等。

北师大教授章志光曾说：“竞争历来被当作激发斗志、争取成绩的手段之一，在竞争过程中学生的成就动机更强烈，学习兴趣和克服困难的毅力增强，在比赛的情况下，学习的效率有很大提高。”鉴于此，希望互助小组的评价以小组为单位开展，评选出优秀希望互助小组，通过组与组间的竞争带动学生的发展。围绕周评价项，由教师和学生代表在平常学习中对小组进行考核记录、量化积分、周及期末汇总，评出优秀希望互助小组。以课堂为例，教师可以采取必答题、选答题和抢答题的形式开展比赛，教师对每次学习小组的答题、听写、作业、背诵等教学活动进行评分。对分数较高的小组进行奖励，树立榜样；对分数较低的小组进行分析、鼓励，促使小组合作学习的良性发展。

五、希望互助小组应注意的几个问题及应对措施

（一）应注意的问题

一是组长专权或管理经验缺乏，或自身不能起到示范作用，使组内不团结，没有凝聚力，组员不服从组长命令，成为落后小组。二是组与组之间恶性竞争，因为班级学习活动多以小组为单位开展，优秀小组可以获得加分和表彰，组与组之间的竞争会比较激烈，可能会出现不互相帮助的情况。三是组长为了全组利益弄虚作假，不按规定为自己和组员加分。四是学生容易养成对外部奖赏的依赖性，做什么事都带上功利目的。

（二）应对措施

一是班主任宏观调控，放手、放权、放心，但不放任、不偷懒、不懈怠。实行小组管理不等于班主任就高枕无忧了，班主任要经常到班里去走一走，查一查，找各类学生谈谈心，及时发现问题并协助组长解决问题。关心组长及组员的困难，倾听他们的想法和合理建议，指导组长正确开展工作，对能力太差的组长，手把手地进行指导。二是组长定期培训，可以由班长召集，班主任参加，定期或不定期召开组长会议，交流小组管理的先进经验，吸取教训，共同进步，共同提高管理水平，班主任应出谋划策并提出指导性意见。三是班委督促，教师派得力班委到小组尤其是问题较大的小组定点督促工作。四是对学生进行诚实守信教育，要求组长随时把记录本摆在桌面上，接受班委和全班同学的监督。五是激发学生参与学习与活动的内在动机，教师设法让学生对学习与活动本身产生兴趣，引导学生从中体验成功的愉悦，享受成长的快乐。

六、措施效果与思考

学校成立希望互助小组以来,教师的教学方式灵活了,学生的学习方式多样化了,学校师生的精神风貌更加饱满,学习氛围更加浓郁。在 2017 届毕业生中,省示范性高中达标人数占总毕业生人数的 42%,中招实验操作成绩领跑安阳市,体育成绩名列前茅,学校先后获得“全国智慧百佳校园”“河南省师德教育先进学校”“河南省文明学校”等荣誉称号。当然,希望互助小组还有一些不完善的地方,我们会在今后的实践中不断探究、不断改进。

专家点评：有机适应型组织理论指导下班级管理新意无限

近些年来，河南省各级基础教育教研机构以校本教研为抓手，积极推进基础教育课程改革，有力地促进了学生的全面发展、教师的专业成长、教研组的建设创新、学校乃至区域的组织变革。经过多年持续的实践探索，河南省运用有机适应型组织理论改进学校校本教研工作，在理论和实践层面，都取得了较为丰硕的成果。近期我们组织专家对全省第一、二批校本教研实验学校及各地基层学校、教研机构上报的运用有机适应型组织理论改进校本教研的典型案例约180项材料进行了认真的评选，共有75项校本教研优秀案例获奖，其中就包括在班级管理创新层面上脱颖而出的优秀校本教研案例。认真品鉴这些班级管理创新层面上的优秀案例，引发了我们对基础教育班级管理工作创新的几点思考。

一、优秀案例的获奖原因

无论是论文还是课题，抑或是案例，之所以能够被评定为“优秀”，往往离不开“有型”“有款”“有新”“有质”这四种特质。“有型”指的是材料整理整齐、规范、美观；“有款”指的是行文结构完整，框架清晰，辨识度高；“有新”指的是整理的素材新颖，获得的理论认识不俗，取得的成果能够推陈出新，具有新意；“有质”指的是作品耐人寻味，值得学习，易于推广，给人的整体观感上佳，品质优良。这些获奖的班级管理创新层面上的优秀案例就具有上述优点。

之所以能获奖,首先是各案例组对文件解读到位,对要求把握准确,所以编写的体例符合文件要求,案例的撰写符合文件精神;其次是各案例组在思想上重视,在态度上认真,因此材料的整理比较规范,列举的案例比较翔实。最后一点也是最关键的是他们“真”,这些案例组能够基于真问题,开展真实践,进行真研究,形成真案例,获得的成果具有真价值。例如在河南省济源第一中学魏俊起老师提供的案例《“8+1”工作室:校本化班主任专业发展共同体建设》中,可以发现他们对问题的分析比较深刻,具体的做法比较适切,成果的诠释比较客观,形成的成果十分可观。

二、优秀案例中值得推广的相同点

(一)以先进的理论指导实践,以实践提升对理论的认识和应用水平

校本教研,这是让教育界同人“扎心”的一个话题,因为当下的校本教研已经进入瓶颈期,亟待突破。河南省基础教研室为解决这一问题,把校本教研确立为单位长期推进的重点工作,不断地思考和寻找有效推进校本教研的抓手和举措。在几年的探索中,我们逐渐发现了组织文化变革就是推进校本教研的有效路径,有机适应型组织理论就是其重要的理论支撑。

在获得这一发现之后,我们采取了一定的措施,积极致力于普及和推广这一先进理论。而这时一些受困于校本教研困境的机构和老师在获知这一先进理论后,认真学习,积极实践。这其中就包括在学生管理创新层面上获奖的这些案例组的老师。一方面,他们能够自觉地运用有机适应型组织理论指导班级管理,使班级管理逐步科学、高效、可持续,人人均能发展;另一方面,在他们班级管理创新的过程中,形成的做法或者催生的模式契合了有机适应型组织理论,如果再用理论去梳理和提炼,最终形成的典型经验,往往是可良性循环的。这里要提到河南省实验中学焦秋洪老师提供的案例《“学习共同体”班级管理模式的研究与实践》和安阳市殷都实验小学赵验军校长提供的案例《运用有机适应型组织理论促进学生自主管理文化体系的建设》。这两项案例能够自始至终地围绕有机适应型组织理论这一理论核心开展研究,对该理论的理解全面、深

刻，对该理论的应用深入、到位。

（二）案例的研究方向高度满足时代必需性

典型的、优秀的案例往往是应运而生的，是被深深地打上时代烙印的，“核心素养”和“立德树人”就是当下教育的航标，这些获奖案例研究的侧重点虽然有所差异，但整体上依然是以这两大时代性教育目标作为主攻方向。例如：河南省实验中学焦秋洪老师的团队积极致力于在班级管理中构建“学习和管理共同体”，邓州市城区第三小学唐清方老师的团队通过积极倡导小学生自主管理、自我评价实现“让学生成为班级的主人”，安阳市第三十二中学傅彤方校长的团队对“希望互助小组”的组建、实施、评价等方面进行的深刻阐述，就在提高学生自主、合作等方面素养上具有异曲同工之妙。

（三）案例的研究落脚点在于解决实际问题

随着课程改革进入“深水区”，校本教研实施中存在的诸如缺乏有效的交流机制、经验的再生能力差、校本教研流于形式、校本教研内容在低水平上重复等问题日渐凸显。上述问题的存在，严重削弱了校本教研的有效性。

“善学者尽其理，善行者究其难。”虽然校本教研问题多多、困难重重，但挡不住有志之士的恒心和毅力，挡不住实干之人的踏实和落实。例如河南省济源第一中学魏俊起老师的团队就依托“8+1”工作室长期开展“校本化班主任专业发展共同体建设”，为广大辛苦的一线中、小学班主任提供了很好的班级管理的实践借鉴。

三、对班级管理创新层面上校本教研的改进建议

（一）不忘本来——需要坚持实践

实践出真知，真知服务于实践。班级管理没有止境，班级管理在创新层面上的校本教研也没有止境。虽然有机适应型组织理论促进班级管理创新层面上的校本教研取得了一定的成绩，但是，操作模式是否真正科学？案例的实践检验是否有说服力？成果的应用转化如何让受众面更大？诸多问题真的还需

要我们坚持实践、坚持研究。我们期待通过运用有机适应型组织理论来推进校本教研这项工作取得新的成绩。

（二）吸收外来——需要坚定信心

由于种种原因，目前知道有机适应型组织理论的人还比较少，甚至还有人心存疑虑，纠结徘徊。其实以有机适应型组织理论促进班级管理创新层面上的校本教研，是已经被实践检验过的，是先进的、有效的理论，这一点是毋庸置疑的。所以在这方面，大家还需要坚定信心，下定决心，打消疑虑，解放思想，积极迈进，争取百尺竿头，更进一步。

（三）面向未来——需要坚实步伐

本次优秀校本教研评选，在 75 项获奖案例中，关于班级管理层面上的案例只有 7 项获奖。7/75 的获奖比例不太高，这与目前中、小学教育"重教学，轻管理；重成绩，轻树人"的现状相符。事实上很多人明白班级管理很重要，但鉴于这方面工作的幸福指数有限，培养周期较长，德育指标不易测量等原因，很多人对此望而却步。正因如此，就需要有更多的老师参与到班级管理创新层面上的校本教研中，需要他们迈着更坚实的步伐，走在这条大路上。只有这样才会让广大班级管理工作者备感轻松，越发幸福。

（河南省基础教育教学研究室　汪豪浩）